Inhalt

Dritter Teil
Vorschläge für Unterrichtseinheiten
(in Zusammenarbeit mit Lynda Haddock)

Anhang

ARGUMENT-SONDERBAND NEUE FOLGE AS 214

Philip Cohen

Verbotene Spiele

Theorie und Praxis antirassistischer Erziehung

Herausgegeben und aus dem Englischen übersetzt
von Nora Räthzel

ARGUMENT-SONDERBAND NEUE FOLGE AS 214

Dieser Band erscheint in Zusammenarbeit mit dem Institut für Migrations-
und Rassismusforschung, Hamburg

Lektorat: Michael Haupt

Argument-Verlag: Rentzelstraße 1, 20146 Hamburg
Umschlag: Wolfgang Geisler, Berlin, unter Verwendung eines Fotos von Philip Cohen
Fotosatz: Steinhardt, Berlin
Druck: Alfa-Druck, Göttingen
Erste Auflage 1994

ISBN 3-88619-214-8

Vorwort

»Rassismus wird von den Medien erzeugt.«
»Rassismus ist eine Frage der Bildung.«
»Vom Kolonialismus über den Imperialismus bis zur Postmoderne:
immer und überall sind Schwarze von Weißen unterdrückt worden.«

Ist es möglich, am Begriff des Rassismus festzuhalten, ohne auf vereinfachende Erklärungen zurückzugreifen? Oder andersherum: Kann man die Komplexität alltäglicher Rassismen begreifen, ohne den Blick für die entscheidenden Herrschaftsstrukturen zu verlieren? Lassen sich Strategien gegen die verschiedenen Formen des Rassismus entwickeln und praktizieren, ohne daß diejenigen, gegen die sich Rassismus richtet, zu Märtyrern stilisiert werden? Wie kann man einen doktrinären Antirassismus vermeiden, der sich vor allem auf Verbote stützt und die rassistischen durch positive Bilder zu ersetzen versucht? Und wie kann man einen Relativismus vermeiden, der keinen Unterschied macht zwischen denjenigen, die Macht haben (wenn auch keine absolute) und denjenigen, die ohnmächtig sind (wenn auch nicht ausschließlich)?

In Großbritannien wurde das erste Antidiskriminierungsgesetz 1965 verabschiedet. Noch älter sind die Versuche, Rassismus oder die verschiedenen Rassismen theoretisch zu begreifen. Cohen verarbeitet diese Erfahrungen auf mehreren Ebenen: Er zeigt wie verschiedene, zum Bestandteil des Alltagsverstandes gewordene Rassismuserklärungen von sozialen Gruppen jeweils zur Stabilisierung ihrer eigenen Position eingesetzt werden. Die Theorien, denen diese Erklärungen entstammen, sind vor allem dadurch fragwürdig, daß sie ihre Teileinsichten absolut setzen. Die Vielschichtigkeit rassistischer Diskurse analysiert Cohen so, daß wir ihre Wirkungsmacht begreifen, aber auch die Schwächen erkennen, an denen Gegenstrategien ansetzen können. Wie diese Gegenstrategien in der Schule aussehen könnten, hat er in mehreren Forschungsprojekten entwickelt und erprobt. Die daraus entstandenen Unterrichtseinheiten finden sich im letzten Teil des Buches.

Cohen arbeitet in der Tradition einer Forschungsrichtung, die in den siebziger Jahren in Großbritannien unter dem Namen *Cultural Studies* zum Begriff wurde. Entwickelt wurde sie vor allem am *Centre for Contemporary Cultural Studies* (CCCS) der Universität Birmingham, unter der Leitung von Stuart Hall.

In einer vorläufigen Bilanz stellt Hall das »theoretische Vermächtnis« der *Cultural Studies* dar. Einige (sich verändernde) Charakteristika lassen sich trotz der Offenheit und Pluralität dieser Arbeitsweise ausmachen: Da ist zunächst die »Weltlichkeit« (worldliness), die »Schmutzigkeit des Semiotischen Spiels«. »Ich versuche das Projekt *Cultural Studies* aus der reinen Luft von Bedeutung und Textualität und Theorie zu den ungemütlichen Dingen zurückzubringen, die sich unten abspielen.« (1992b: 278)

Cultural Studies wurde von vielen für eine bloße Anwendung des Marxismus gehalten. Dagegen betont Hall die Auseinandersetzung mit ihm und mit den Themen, die er auf die Tagesordnung setzte: die globale und geschichtswirksame Macht des Kapitals, die komplexe Beziehung zwischen Macht und Ausbeutung; die Suche nach einer allgemeinen Theorie, die in kritischer Weise verschiedene Lebensbereiche verbinden könnte: Politik und Theorie, Theorie und Praxis, ökonomische, politische und ideologische Fragen. Entscheidend war die Entdeckung Gramscis und der Bezug auf seinen Begriff des »organischen Intellektuellen«. Er bezeichnet die schwierige Aufgabe, theoretische Arbeit als politische Praxis zu entwickeln, ohne die Spannungen zwischen diesen beiden Polen aufzuheben.

Feminismus und die Analyse des Rassismus bestimmten die Arbeit seit Beginn der achtziger Jahre: das Verhältnis von Persönlichem und Politischem, die Ausdehnung des Machtbegriffs im Zusammenhang mit Fragen von Geschlecht und Sexualität, die »Rassen«politik, der Widerstand gegen Rassismus, die Öffnung hin zur Psychoanalyse, zur Linguistik und Diskursanalyse.

Heute ist *Cultural Studies* nicht nur an vielen britischen, sondern auch an vielen Hochschulen in den USA und in Australien etabliert. Darin sieht Hall einen Erfolg, aber auch die Gefahr, daß die kritische, praxisbezogene Intention durch die Institutionalisierung verlorengehen könnte (vgl. Hall 1992b: 279-286). Im deutschsprachigen Raum sind die aus dem CCCS hervorgegangenen Arbeiten zur Jugendforschung am bekanntesten geworden (Willis 1981, 1982, 1991 und Clark u.a. 1979).

Der von uns herausgegebene Band mit Schriften von Stuart Hall (1989) erschien kurz bevor ein ähnliches Projekt in Großbritannien verwirklicht wurde. Auch die Arbeiten von Philip Cohen sind bislang nur in Sammelbänden oder Zeitschriften erschienen. Seine ungewöhnliche Fähigkeit, theoretisch *und* praktisch neue Perspektiven zu eröffnen, hat uns zur Herausgabe dieser Monographie motiviert.

Aber gerade das Zusammenfügen dieser meist getrennt vorkommenden Denk- und Schreibweisen birgt das Risiko, weder diejenigen anzusprechen, die sich »in der Praxis« bewegen, noch diejenigen, die »in der Theorie« zu Hause sind. Gelingt es jedoch, die Zäune zwischen den Bereichen einzureißen, in denen man sich sicher eingerichtet hat, könnten die in der Bundesrepublik gerade begonnenen Diskussionen um eine antirassistische Erziehung vor der Gefahr bewahrt werden, in einem bloßen »anti«, in bloßen Verboten zu erstarren.

Hiermit erscheint (nach *Rassismus und Migration in Europa*, 1992) der zweite Sonderband, den der *Argument-Verlag* in Zusammenarbeit mit dem Institut für Migrations- und Rassismusforschung veröffentlicht. In einem weiteren Band (Juli 1994) untersucht Maxim Silverman den Zusammenhang zwischen der Krise des Nationalstaates und der Rassisierung von Migranten am Beispiel Frankreichs. Die Homogenisierung der europäischen Politik schreitet voran – nicht nur auf Regierungsebene, sondern auch auf der Ebene ideologischer Diskurse. Die »neue Rechte« in der Bundesrepublik hat nicht nur einige Gedanken, sondern das Denkparadigma der »neuen Rechten« aus Frankreich übernommen: die »Bewahrung kultureller Identität«. So erscheint uns eine Analyse dieser (und der offiziellen) ideologischen Formationen an ihrem Ursprungsort als nützlich.

Danksagungen

Michael Haupt hat mehrere Fassungen der Übersetzung durchgearbeitet und in langen Diskussionen versucht, die Übersetzerin von der Holprigkeit und Unzulänglichkeit so mancher Formulierungen zu überzeugen. Wo sich solche Stellen noch im Text finden, sind sie ausschließlich meinem Starrsinn geschuldet: um dichter am Vokabular der Cultural Studies zu bleiben, habe ich zuweilen auf schönere Formulierungen verzichtet.

Auch Thomas Laugstien sei für Verbesserungsvorschläge und Fehlerkorrekturen gedankt, ebenso Ingrid Müller sowie Christa und Karl-Heinz Goetsch, die die Unterrichtseinheiten auf ihre Brauchbarkeit für hiesige Schulen überprüften.

In diesem Zusammenhang *eine Bitte an die Leserinnen und Leser*, die diese Unterrichtseinheiten erproben werden: In einer zweiten Auflage möchten wir gern ihre Erfahrungen aufnehmen. Hinweise

auf Probleme mit dem Material sowie Ideen und Vorschläge zur
Weiterentwicklung sind uns daher höchst willkommen.

Nora Räthzel

In deutscher Sprache erschienene Monographien aus dem CCCS:

Clark, John, Stuart Hall, Tony Jefferson 1979: Jugendkultur als Widerstand. Frank-
    furt am Main
Hall, Stuart 1989: Ausgewählte Schriften. Ideologie, Kultur, Medien, Neue Rechte,
    Rassismus. Berlin/Hamburg
Willis, Paul 1981: »Profane Culture«. Rocker, Hippies: Subversive Stile der Jugend-
    kultur. Frankfurt am Main
Willis, Paul [2]1982: Spaß am Widerstand. Gegenkultur in der Arbeiterschule. Frank-
    furt am Main
Willis, Paul 1991: Jugend-Stile. Zur Ästhetik der gemeinsamen Kultur. Berlin/Ham-
    burg

Erster Teil

Theorien über Rassismus und Antirassismus

»Der Rassismus ist schuld«
Verborgene Erzählungen in Rassismustheorien

Die folgenden Überlegungen sind ein Beitrag zur kritischen Revision der antirassistischen Arbeit und deshalb notwendigerweise auch ein Stück Selbstreflexion. Sie behandeln einige Ideen und Ansätze, die ich jahrelang in meiner eigenen antirassistischen Arbeit benutzt habe.[1]

Die Geschichte beginnt mit zwei Beispielen aus den frühen achtziger Jahren. Das erste stammt aus einer ethnographischen Forschung in einer großen städtischen Wohnsiedlung im Süden Londons, in der ich die rassistische Kultur junger weißer Männer untersuchte. Diese Arbeit war Bestandteil eines größeren Projekts mit dem Ziel, eine Form von Jugendarbeit zu entwickeln, die der Anziehungskraft der »National Front« bei diesen Jugendlichen etwas entgegensetzen konnte. Das zweite Beispiel ist eine inoffizielle Spottschrift, die 1982 im Gefolge des Scarman Reports[2] unter jungen Beamten der städtischen Polizei zirkulierte. Ich bekam sie am Ende eines stürmischen Kurses über *race relations* (»Rassenbeziehungen«) mit den Lehrenden der Polizeischule in Hendon. Kurz darauf wurde der für die Organisation des Kurses verantwortliche Lehrer entlassen, weil er Texte weitergegeben hatte, die das Ausmaß des Rassismus unter den Polizeischülern zeigten. Statt dessen wurde ein Trainingsprogramm für zwischenmenschliche Beziehungen *(»human awareness training«)* eingeführt.

Die beiden Texte sind ein lebendiger Beweis für die Fortdauer rassistischer Kulturen in Großbritannien. Ich werde sie hier nicht im Detail analysieren. Aber ich benutze sie als Bezugspunkt, wenn ich auf die Versuche zu sprechen komme, die in ihnen enthaltenen Formen von Rassismus zu verstehen und zu bekämpfen. Ich habe diese Texte viele Male zu Studienzwecken in unterschiedlichen Zusammenhängen benutzt: Mit LehrerInnen, SozialarbeiterInnen, AkademikerInnen, und professionellen RassismusexpertInnen. Die

Reaktionen auf die Texte und die verschiedenen Lesarten haben mir den Anstoß dazu geben, die normalerweise von AntirassistInnen vorgebrachten Erklärungen für Rassismus in Frage zu stellen.

Es heißt oft, das Problem des Antirassismus bestehe darin, daß er weiß wogegen, aber nicht, wofür er ist. Aber wissen wir wirklich genug über das Warum und Weshalb des Rassismus? Sind es nicht vielleicht die implizit oder explizit den antirassistischen Praxen und Politikformen zugrunde liegenden Rassismusmodelle, die der Entwicklung besserer und wirksamerer Strategien entgegenstehen? Welche alternativen Modelle sind möglich?

Bevor wir darüber nachzudenken beginnen, wie solche Fragen produktiv formuliert oder gar beantwortet werden könnten, ist es vielleicht sinnvoll zu überlegen, was es überhaupt heißt, ein Modell von etwas zu haben. Das Wort wird sowohl in den Sozialwissenschaften als auch in der Alltagssprache in sehr verschiedenen Bedeutungen benutzt. Es kann sich auf eine verkleinerte Version der Realität, vergleichbar einem Modellauto, beziehen oder auf eine symbolische Darstellung wie eine Landkarte. In beiden Fällen ist das Modell ein Gegenstand, der die Komplexität des Dargestellten reduziert, indem nur diejenigen Details ausgesucht und reproduziert werden, die für den jeweiligen Zweck als notwendig oder nützlich erachtet werden. Ein Modellauto muß nicht alle Elemente eines Verbrennungsmotors enthalten, um als Spielzeug zu funktionieren. Eine Landkarte muß nicht alle Eigenschaften des Gebietes abbilden, damit Leute ihren Weg finden können. Man kann dem Begriff jedoch noch eine andere Bedeutung geben: das Modell als Ideal, als beispielhafter Typus oder als Paradigma, als eine Idealschülerin, -arbeiterin, oder eine Idealehefrau. Auch diese Konstruktionen sind das Ergebnis eines selektiven Reproduktionsprozesses, bei dem einige Charakteristika bevorzugt und andere ignoriert werden. Die Idealschülerin ist zum Beispiel eine, die immer bemüht ist, den Anweisungen des Lehrers zu folgen und niemals vorlaut oder gelangweilt ist.

Um bestimmte beispielhafte Modelle antirassistischer Politik und Praxis zu entwickeln, war es nötig, mit einer reduzierten Darstellung von Rassismus zu arbeiten, die die Realität nicht nur verkleinert, sondern auch ihre komplexeren Eigenschaften ignoriert. Moralischen Gewißheiten und bestimmten politischen Idealen zuliebe hat man den Reduktionismus gepflegt und Komplexitäten geleugnet. Dies hat zur gegenwärtigen Krise der antirassistischen Erziehung geführt. Mit diesem Gedanken als Wegweiser wollte ich ein Modell des Antirassismus in der eher sozialwissenschaftlichen Bedeutung des Wortes entwickeln: Das Modell als Typologie verschiedener Fälle. Ich habe versucht, die Strukturen des Alltagsverstandes (common sense) zu identifizieren, die in den Interpretationen der zwei Studientexte wirksam sind. Ich untersuche einerseits, inwiefern sie als Erklärungsmodelle für Rassismus theoretisch adäquat sind, andererseits inwieweit sie rhetorisch wirksame Mittel sind, Zustimmung zu gewinnen für bestimmte, »beispielhafte«, »ideologisch korrekte« Aussagen darüber, wie antirassistische Arbeit aussehen soll.

Obwohl ich diesen Aspekt der Analyse hier nicht weiter ausführe, behaupte ich, daß die Bilder und Metaphern, die benutzt werden, um Rassismus zu definieren, einen Schlüssel zum Verständnis der Gefühle liefern, die in eine bestimmte antirassistische Position investiert werden. So wie wir die Bedeutung von Begehren, Verschiebung und Phantasie in der perversen Ideo-Logik des Rassismus selbst aufspüren müssen (vgl. Hall 1989), müssen wir uns der Rolle bewußt sein, die sie in unseren eigenen Praxen spielen. In diesem Sinne mache ich Vorschläge für eine Lesestrategie zum Studium rassistischer Diskurse, und ich lade die LeserInnen ein, sie an den zwei Studientexten auszuprobieren. Nicht, um die »wahre Antwort« hervorzubringen, sondern um zu vergleichen, was man an Detailliertheit und Tiefe des Verständnisses gewinnt und verliert, wenn man dieses statt anderer Modelle anwendet. Diese Reise mag zuweilen schwierig und unsicher sein. Aber sie wird sich als notwendig und lohnend erweisen, wenn sie uns zu einer weniger doktrinären und daher dem pädagogischen Prozeß angemesseneren Form von Antirassismus führt.

Aus der Unterstadt

Kampfgespräch

Ihr wart gestern Nacht in eine Schlägerei verwickelt. Was ist passiert?
Also, es gab einen *fairen* Kampf zwischen einem meiner Brüder und diesem Farbigen, o.k.? Sie fingen an, einer gegen einen. Und mein Bruder hat gewonnen. Und die Hälfte von den Schwarzen sagte: »O.k. das wars.« Aber die andern Typen kamen die nächste Nacht zurück und die nächste, und die nächste, die ganze Woche sind sie hergekommen, ungefähr 40, 50 von denen, von überall her ... Shepherd's Bush, Notting Hill, White City ...

... Black City (Gelächter)

... und hier sind bloß wir paar Leute, von unserer Siedlung hier.

Wie fing die Schlägerei an?

Weiß nicht, das weiß man nie, wissen Sie, es passiert einfach ...

Kamen alle Schwarzen von außerhalb?

Alle von außerhalb, oder? (allgemeine Zustimmung) ... *Einer*
wohnte hier, der Rest kam von außerhalb.

Würdet Ihr woanders hingehen, um Schwarze zu verprügeln?

Nee, bestimmt nicht. Wissen Sie, wenn wir aus unserer Siedlung
rausgehen, werden wir eingelocht. ... erinnert Ihr Euch noch, als
die Polizei herkam und sagte: »Wenn ihr auf Eurem eigenen Gebiet
seid, werden wir die anderen einlochen, aber wenn Ihr draußen seid,
lochen wir *Euch* ein.« Deshalb haben wir die Schwarzen *zu uns* kommen lassen, wir sind nicht zu denen gegangen. Und Freitagnacht
haben wir Flaschen, Stöcke, alles mögliche gesammelt und haben
denen eins verpaßt. Und die Bullen sind gekommen, haben sie gesehen und haben uns eingelocht, obwohl sie was anderes gesagt hatten. Und wir waren dran wegen »gemeinsam begangener schwerer
Körperverletzung«. Neun von uns waren dran. Aber die Schwarzen,
die lassen sie einfach laufen. Die tun sie bloß in die grüne Minna und
lassen sie in der Stadt wieder raus.

Warum läßt die Polizei sie Eurer Meinung nach laufen?

Race relations ... Race Relations Act[3]. Wenn die Nigger eingelocht werden, fangen die an, sich zu beschweren, sagen, sie werden
ungerecht behandelt ...

Glaubt Ihr, daß die Polizei in dieser Gegend was gegen weiße
Jugendliche hat?

Nee, die hat nichts gegen Weiße, die hat was gegen *uns*. Sie kennen ziemlich viele von uns und wenn sie dich sehen, buchten sie dich
ein. Aber wenn sie'n Haufen Schwarzer rumhängen sehen, buchten
sie die nicht ein.

... Die Schwarzen denken das Gegenteil; die denken, die Polizei
hat sich auf sie eingeschossen.

... Hier ist man fast jeden Tag durchsucht worden. Wenn man zu
mehreren war, kam ein Bulle. Wenn du nach zehn Uhr noch draußen
rumhängst, kommen sie rüber und sagen, »wenn ihr nicht alle in fünf
Minuten hier weg seid, werdet ihr eingelocht, alle.«

... Ja, früher waren wir mehr, wissen Sie, so achtzehn, neunzehn.
Jetzt sind die alle weg und verheiratet, deswegen hängen *wir* hier
rum und kriegen den Ärger.

Was machen die Mädchen dabei?

ARGUMENT-SONDERBAND NEUE FOLGE AS 214

Na ja, kommt drauf an. Manchmal stacheln sie uns an, ne?. Meistens hängen sie einfach rum und gucken zu, wenns einen Kampf gibt. Wenns wirklich Ärger mit den Schwarzen gibt, wollen die meisten nichts damit zu tun haben. Aber'n paar von denen sind schlimmer als wir, ne?

Ja, aber manche haben echt Angst vor den Niggern, ne? Zum Beispiel das Mädchen, das in dem Schreibwarengeschäft unten an der Straße arbeitet. Da war so'n Schwarzer, der ihr ewig auf die Nerven ging. Also mußten wir uns den mal kaufen. Danach hat er sie in Ruhe gelassen.

Was sagen Eure Eltern dazu?

Sie ham gesehen, daß die mehr waren. Und sie ham gesehen, wie die Bullen uns eingeloch haben und die Nigger laufen gelassen haben. Die sind auf unserer Seite.

... Ja, weil die den Ärger vom Balkon aus gesehen haben.

... Jeder hat auf'm Balkon gestanden. War'n großes Publikum. *Jeder* war draußen. Ein paar von den älteren Typen kamen raus und ham auch angefangen zu kämpfen (Gelächter). Ein Typ kam aus seiner Wohnung, der hatte bloß ne Hose und ne Weste an und der schlug los.

Ja, als die gesehen haben, wie die ganzen Weißen eingeloch wurden, sind alle Eltern sauer geworden deswegen.

Und wir ham ne Petition durchgekriegt.

Ja, wir sind einfach durch die Häuser gegangen und ham den Leuten gesagt, warum wir eingeloch worden sind und die ham gleich unterschrieben. Wir haben 100 Namen in drei Tagen gekriegt!

Sind die meisten Leute in dieser Siedlung weiß?

Das war mal so, ne? (allgemeine Zustimmung) Aber nicht mehr, seit die angefangen haben, farbige Familien reinzubringen, jetzt isses so halbe halbe.

Als die zuerst kamen, war's vielleicht o.k. Aber dann kamen immer mehr und die fingen an, sich breit zu machen, als ob ihnen die ganze Gegend gehören würde. Und da fing der ganze Ärger an.

Neulich bin ich ins Kentucky auf der Hauptstraße gegangen. Ich war grade rausgekommen und stand da, da kamen so'n paar Schwarze an und rempelten mich an und klauten mir mein chicken und chips. Einfach so, vor meiner Nase. Sowas denk ich vielleicht manchmal, aber ich würd das doch nie machen ...

Was hat sich noch verändert?

Na ja, die bauen ständig Häuser, ne? Am Ende der Straße kriegen sie jetzt ne ganze Menge neue fertig. Es wird immer größer und größer.

... und wieviel Wohnungen haben die Schwarzen in den letzten paar Jahren gekriegt? Wo mein erstes Haus war, da sind die jetzt. Es war gut, als wir jünger waren; das war viel besser, ne? (allgemeine Zustimmung).

... Wo unsere Wohnungen war'n, da ist jetzt alles grün und Bäume und alles. Früher gab's da Müllhalden und Matsch und alles. Und wir ham echt Spaß gehabt da.

... Es gab viele alte Häuser und wir sind da immer reingegangen. Aber die ham jetzt alles abgerissen. Ich meine, wir können nich mal'n Feuer machen in unserer Gegend, ohne daß die die Polizei rufen.

Wer zuletzt lacht ...?

Folgende Anweisungen ergehen an alle Beamten.

Kleidung: Hosen Nummer 2 (gebügelt), Schuhe (geputzt) verstärkte Helme. Schlagstöcke und Trillerpfeifen sind mitzuführen. Nicht erlaubte Kleidung: Sturzhelme, Stiefel mit Stahlspitzen, Jogging-Schuhe und Uniformkrawatten dürfen nicht getragen werden.

Die Gruppenführer durchsuchen die ihnen unterstellten Beamten, um sicherzustellen, daß niemand zwei Meter lange Gerüststangen oder Axtgriffe in den Taschen versteckt hat.

Schutzkleidung: Der einzige erlaubte Schutzgegenstand ist eine Medaille für »langjährigen Dienst und gute Führung«. Sie sollte an einer auffallenden Stelle getragen werden, damit die heimische Jugend alte Polizisten, die sie nicht leiden kann, von jungen unterscheiden kann, die sie noch weniger leiden kann.

Folgendes Verhalten ist aufgefallen und sollte in Zukunft unterbleiben:

Auf die Polizei geworfene Geschosse sollten nicht aufgehoben und zurückgeworfen werden, denn sobald das Wurfgeschoß den Boden berührt hat, ist es »aus dem Spiel«. Wurfgeschosse, die sich im Flug befinden, können jedoch zurückgeworfen werden. Allerdings sollte vorher der Helm abgesetzt werden, um eine Beschädigung zu vermeiden.

Die Gewohnheit, insbesondere der Abteilungen mit Schutzschildern, in Kriegsgeheul auszubrechen wie Cowboys und Indianer und mit dem Knüppel auf die Schilder zu schlagen muß aufhören, weil dadurch die Aufrührer eingeschüchtert werden und Angst bekommen.

Das »Einschwärzen« der Gesichter ist im gegenwärtigen Konflikt auf keinen Fall angemessen.

Beamte, die bedauerlicherweise durch eine Benzinbombe Feuer

gefangen haben, sollten nicht schreiend die Straße herunterrennen, sondern sich würdevoll hinlegen und warten, bis sie an der Reihe sind, gelöscht zu werden.

Vor einem Einsatz in Brixton sollten die Einsatzleiter ihre Männer über die lokalen Sitten und Traditionen informieren.

Es ist statistisch erwiesen, daß die Jugendlichen dieses Stadtteils sechsmal hilfsbereiter sind als Jugendliche in den anderen Landesteilen, wenn es darum geht, Damenhandtaschen zu tragen. Diese Handlung führt zu sechzig Mißverständnissen pro Woche.

Ebenso wie im übrigen Land gibt es in Brixton Läden mit Speisen »zum Mitnehmen außer Haus«. Hier gilt dieser Service jedoch auch für Schmuck, für alle Waren bei Woolworth und für Fotoapparate.

Die Jugendlichen in dieser Gegend feiern Feste, die unserer »Guy Fawkes Night«[4] ähneln. Bei dieser Gelegenheit setzen sie Kneipen, Geschäfte, Wohnungen und Polizisten in Brand.

Letzter Punkt: Wenn ältere Bürger den Beamten Angriffe oder Raub zur Anklage bringen, sollten sie streng verhört werden, um festzustellen, ob sie nicht einen Aufruhr provozieren wollen.

Ideologien lesen

Eine Verurteilung des in diesen Texten augenfälligen Rassismus[5] befähigt uns noch nicht zu begreifen, warum diese Kultur entsteht und wie sie sich erhält. Diese Frage sollte Gegenstand ausführlicher Forschungen und Auseinandersetzungen sein, denn ihre Beantwortung liefert wichtige Kriterien für die Entwicklung antirassistischer Strategien. Wir sollten uns nicht darüber streiten müssen, was zu tun ist, um die physischen und psychischen Verletzungen zu verhindern, die solche RassistInnen Schwarzen oder ethnischen Minderheiten zufügen. Durch entschiedenes politisches Handeln können sie vermindert oder sogar unterbunden werden. Es ist aber nicht so einfach, die *Kulturen*, die solche Praktiken hervorbringen, durch Gesetze zum Verschwinden zu bringen. Der Zuckerbrot-und-Peitsche-Ansatz hat nicht viel bewirkt. Die moralische Ökonomie der Straßenbanden hat sich dadurch ebensowenig verändert wie die der durchschnittlichen Polizeibeamten. Die Kultur verweist uns auf die tiefer liegenden Ursachen, nicht auf die unmittelbaren Wirkungen.

Wie diese Ursachen definiert werden, das beeinflußt die politischen Prioritäten, und diese haben wiederum Einfluß auf die Definition der Ursachen. Glaubt man, daß Rassismus vor allem eine Folge ökonomischer und politischer Strukturen ist, wird man alles tun, um diese zu verändern: Bessere Chancen für ethnische Minderheiten auf dem Wohnungs- und Arbeitsmarkt plus mehr Wohnungen und Arbeitsplätze = weniger Rassismus. Gesteht man aber rassistischen Ideologien ihre eigenen, relativ autonomen Bedingungen zu, wird man wahrscheinlich zu pädagogischen oder kulturellen Strategien neigen und zugleich darauf achten, die Verbindungen zu anderen Dimensionen des Rassismus nicht auszuklammern. Man wird zum Beispiel daran denken, daß mehr und bessere Arbeitsplätze und Wohnungen für Schwarze eine weiße Gegenreaktion hervorrufen werden, wenn solche Maßnahmen nicht durch pädagogische Initiativen abgefedert werden.

Diese unterschiedlichen Standpunkte wirken sich auch darauf aus, wie rassistische Diskurse verstanden werden. Im ersten Fall sieht man sie als Reflex oder Ausdruck sozialer Verhältnisse, eine weitere Analyse scheint dann unnötig. Im zweiten Fall nimmt man an, daß die Macht und die diskriminierende Gewalt, die rassistische Diskurse in den materiellen Praxen entfalten, von der Konstruktionsweise dieser Diskurse mit bedingt wird. Hier erhält die Diskursanalyse einen zentralen Stellenwert für die antirassistische Erziehung.

Wir werden uns nun einigen Zusammenhängen zuwenden, innerhalb derer Rassismus diskutiert wird. Wenn ich diese Texte in Workshops benutzte, begannen wir meist damit, sie jede/r für sich zu lesen, bevor wir uns in Gruppen aufteilten, um sie im Detail zu analysieren. Erste »Bauchreaktionen« reichten von aufrichtiger Entrüstung bis zu zynischer Belustigung, von lautem Ärger bis zu schweigender Verlegenheit. Erstaunlicherweise folgte diesen Reaktionen immer eine Art Befriedigung oder sogar Freude darüber, einen Beweis für eine bestimmte Rassismuserklärung und für einen bestimmten, damit verknüpften ideologischen Standpunkt gefunden zu haben.

In gewisser Weise ist das kaum überraschend. Wenn Leute mit so explizit rassistischem Material konfrontiert und aufgefordert werden, es rational zu erklären, ist zu erwarten, daß die meisten Auffassungen äußern, die ihr emotionales oder materielles Engagement widerspiegeln. Wenn man schwarz ist, empfindet man sich als Objekt und potentielles Opfer verbaler und physischer Attacken. Die sprechen über dich und niemand anderen. Folglich wird man versucht sein, diese Texte als Bestätigung für die Existenz eines chronischen, allgegenwärtigen Rassismus in der weißen Gesellschaft zu lesen. Als Weiße/r wird man sich dagegen (wenn man nicht gerade rassistischen Argumenten zustimmt) möglichst von den dort geäußerten Sichtweisen distanzieren wollen. Man wird daher versuchen, Rassismus so zu erklären oder zu definieren, daß diese beiden spezifischen Fälle darin eingeschlossen sind, man selbst aber ausgeschlossen bleibt. Ist man zufällig Polizist oder ein Freund der Jugendlichen, teilt aber nicht deren Meinung, dann befindet man sich in einer noch unangenehmeren Lage: Wie kann man verhindern, daß diejenigen, die einen in dem Text »repräsentieren«, für einen sprechen? Nur indem man einen Hinweis findet, der »beweist«, daß diese »Sprecher« nicht repräsentativ sind, daß sie weder für einen selbst, noch für irgendjemand anderen, sondern nur für sich selbst sprechen.

Unsere Vorgehensweise erfordert ein bestimmtes Rassismusmodell. Es muß das Element des Aushandelns, der Auseinandersetzung, das Widersprüchliche bei der Positionierung der Personen in und durch rassistische Diskurse ins Zentrum stellen. Ich behaupte nicht, daß diejenigen, die unmittelbar von Rassismus betroffen sind, eindimensionale Argumentationen bevorzugen oder daß diejenigen, bei denen das nicht der Fall ist, eine differenziertere Sichtweise haben. Aber es ist sicherlich sehr viel schwieriger und heroischer, eine nuancierte Lesart der verschiedenen rassistischen Formen zu entwickeln, wenn man in vorderster Front der Diskriminierung steht, als wenn man zu diesen Prozessen und ihren Auswirkungen Abstand haben will oder kann.

Man kann die Regel aufstellen, daß die Beziehung, in der bestimmte Gruppen zu rassistischen Diskursen stehen, die Strategien beeinflußt, die ihre Mitglieder jeweils anwenden, um Erscheinungsformen des Rassismus zu entziffern. Dies beeinflußt wiederum die Erklärungsmuster, nach denen diese Rassismen interpretiert und allgemein verständlich gemacht werden. In den meisten unserer Workshops wurden die Studientexte wie Spiegel benutzt, deren »Dekodierung« lediglich wiedergab, was man schon immer gewußt hatte. Das Problem war nicht so sehr der beleidigende Inhalt des Materials, weil es niemanden gab, der es nicht kannte. Im Gegenteil, es war gerade die Vertrautheit mit dieser Art von Rassismus, die jede neue Lesart verhinderte.

Für diejenigen, die meinten, dies alles schon gehört zu haben, handelte es sich beim Rassismus immer um dieselbe alte Geschichte. Aber das schloß auch die deprimierende Einsicht ein, daß sich seit 1981 nichts Wesentliches geändert und die antirassistische Bewegung es weder geschafft hatte, die allgemeinen Einstellungen noch die

staatliche Politik zu verändern. Diese Schlußfolgerung wurde allerdings sehr selten gezogen. Normalerweise behauptete man, ihre
Wirkungslosigkeit habe nichts mit den Mängeln antirassistischer
Strategien oder Methoden zu tun. Sie beweise lediglich, wie tief der
Rassismus verwurzelt und wie erfolgreich die Neue Rechte darin
gewesen sei, die antirassistischen Initiativen zu diskreditieren. Darauf wurde jedoch von einem anderen Standpunkt aus erwidert, eine
solche Argumentationsweise benutze die chronischen Wiederholun-
gen rassistischer Diskurse als Schutz vor der Einsicht in unverdau-
liche Wahrheiten.

Es gab allerdings eine Minderheit von LeserInnen, die sowohl die
Kampfgespräche als auch das Kommuniqué der Polizei für sehr ver-
altet hielten. Sie meinten, inzwischen habe ein »Neuer Rassismus«[6], der vor allem mit der kulturellen Differenz argumentiert,
den Schauplatz der öffentlichen Diskussionen erobert. Daraus ergab
sich eine Reihe interessanter Fragen. Wie weit hatte sich der alltägliche oder institutionelle Rassismus während des »Thatcher-Jahr-
zehnts« verändert und wodurch? Ist die nächste Generation arbeitsloser weißer Jugendlicher in die Fußstapfen ihrer älteren Brüder
getreten, oder sind sie einen neuen Weg gegangen? Sind die Polizei-
strategien infolge öffentlichen Drucks härter oder humaner geworden?

Wir werden später auf diese wichtigen Fragen zurückkommen. Im
Augenblick interessieren mich die Grundlagen dieser beiden Positionen. Sie sind zunächst einmal symptomatisch für bestimmte Diskurse. Diejenigen, die durch die Politik des schwarzen Nationalismus, durch das »Zurück-zu-den-Wurzeln« (»roots radicalism«) oder
durch die verschiedenen Schulen des klassischen Marxismus geprägt worden waren, betonten in unterschiedlicher Weise die Kontinuität des Rassismus. Sie hielten sich meist an die »Maginotlinie«
des städtisch verwalteten Antirassismus und jede Verschiebung dieser
defensiven Position erschien ihnen paradoxerweise als Rückzug.
Diejenigen, die das Universum dieser Diskurse nicht bewohnten,
hatten weniger Schwierigkeiten, mögliche Diskontinuitäten zwischen
verschiedenen Bewegungen oder Formen des Rassismus zu akzeptieren. Sie neigten aber dazu, das »Neue« auf Kosten einer angemesseneren Analyse der jeweiligen Gesamtkonstellation zu fetischisieren.

Wie verhielten sich die verschiedenen Versuche, die vorliegenden
rassistischen Texte zu begreifen, zu den Ideologien, auf die man
dabei zurückgriff? Benutzte man einfach selektiv einige Ideen, die
man in Büchern gelesen hatte? Oder ging man mit den theoretischen

Erklärungen des Rassismus genauso um wie mit dem »Primärmaterial«? Diese Frage führt zu einer weiteren, noch interessanteren Frage nach dem Status unterschiedlicher theoretischer Ansätze. Sind Theorien auch nur Erzählungen oder stellen sie eine radikal andere Form des Diskurses dar?

Sprachspiele

Ich werde nun versuchen, einige der theoretischen Annahmen und rhetorischen Mittel aufzudecken, die bei den alltäglichen Antworten auf *Kampfgespräche* und *Wer zuletzt lacht* zum Tragen kommen. Die folgenden Kommentare sind exemplarisch. Alle Sprecher, einige weiß, einige schwarz, waren in antirassistischen Kampagnen aktiv.

Position A: Rassismus als institutionalisiertes falsches Bewußtsein

Britannien ist eine durch und durch rassistische Gesellschaft … das ist institutionalisiert … das zieht sich überall durch wie Buchstaben auf einer Zuckerstange. Man braucht sich nur die Geschichte anzusehen … Sklaverei, die zum Kolonialismus führte, der sich zum ausgewachsenen Imperialismus entwickelte, bis hin zur heutigen Einwanderungspolitik. Und da kommt Frau Thatcher und erzählt uns, wir sollen zu den viktorianischen Werten *zurückkehren*. Als ob die bei der Behandlung von Schwarzen je aufgegeben worden wären. Natürlich kommt eine ganze Menge von diesem Rassismus von oben; zum Beispiel ist die Polizei ein Teil des rassistischen Rechtssystems, also muß man damit rechnen, daß sie rassistisch denkt. Nur so kann sie schwarze Jugendliche schikanieren und kriminalisieren und überzeugt sein, daß sie eine gute Arbeit leistet. Die beschweren sich, weil die schwarzen Jugendlichen zurückschlagen – das ist alles. Die weißen Jugendlichen in der Wohnsiedlung erleben die unmittelbaren Folgen – Arbeitslosigkeit, schlechte Wohnverhältnisse, aber sie haben keine Ahnung, wie man die wirklichen Ursachen angeht. Die Gesellschaft sagt ihnen, daß sie nichts wert sind, weil sie keine Arbeit kriegen, aber sie sagt ihnen auch, daß sie besser sind als schwarze Jugendliche. Kein Wunder, daß sie rassistische Schlußfolgerungen ziehen: die Schwarzen kriegen Arbeit, Wohnungen usw. auf ihre Kosten. Und so sind sie ein gefundenes Fressen für die National Front.

Position B: Rassismus als irrationales Vorurteil

Rassismus vergiftet das Denken vieler Kinder. Sie wachsen in einer
Umgebung auf, die voll von diesen Bildern ist, in Comics, Zeitungen,
im Fernsehen, in Filmen, und bei allem, was sie von ihrer Familie
und ihren Freunden hören – sie können sich gar nicht dagegen wehren, das aufzunehmen. Sie wachsen also mit der Vorstellung auf,
daß die Weißen die Guten und die Schwarzen die Bösen sind und
geben diese Stereotypen an ihre Kinder weiter. Das ist nicht ihr Fehler, sie wissen es einfach nicht besser. Als Lehrer tue ich was ich
kann, aber oft rennt man gegen eine Mauer voller rassistischer Graf-
fiti. Die Jungen sind die schlimmsten, besonders wenn sie in Gruppen auftreten, wie in diesem Fall. Sie glauben, beweisen zu müssen
wie männlich sie sind. Die Polizei verhält sich wohl mehr oder weniger genauso. Ich kann mir vorstellen, daß die Polizei Leute anlockt,
die besonders auf »Rasse« fixiert sind. Wahrscheinlich sind das nicht
gerade die tolerantesten und liberalsten Menschen. Wir müssen hoffen, daß irgendwas passiert, damit diese Leute ihre Meinung
ändern. Aber ändern Leoparden jemals ihr Fellmuster?

Position C: Rassismus als weiße Herrschaft

Wenn man schwarz ist, ist man mit einer weißen Herrschaftsstruktur
konfrontiert und es ist ganz egal, ob man von der Polizei oder von
einer Gruppe Jugendlicher auf der Straße verprügelt oder angemacht
wird, letztlich läuft alles aufs gleiche raus: Rassismus. Wenn man
eine Arbeit sucht oder einen Platz zum Wohnen, und man wird weg-
geschickt, ist das Rassismus. Diskriminierung kann institutionalisiert sein und hinter unserem Rücken ablaufen als ganz alltägliches
Verwaltungsverfahren, oder sie kann in aller Öffentlichkeit passieren, wenn Dir jemand ne Beleidigung mitten ins Gesicht sagt, das
Ergebnis ist immer dasselbe. Man kriegt so oft einen Dolchstoß versetzt ... Das ganze System macht uns fertig. Deshalb können nur
Schwarze mit dem Rassismus Schluß machen; das sagt uns unsere
ganze Erfahrung.

Position D: Rassismus als Klassenherrschaft

Rassismus ist letztlich Propaganda der herrschenden Klasse; man muß
sich nur die Massenblätter der Tory-Presse ansehen, sie produzieren
das alles am laufenden Band. Alle gehören den Kapitalisten, die
ein direktes Interesse daran haben, weiße gegen schwarze Arbeiter

auszuspielen, um die Einheit der Arbeiterklasse zu untergraben. Die Jugendlichen und die Polizisten, die sie einlochen, lesen dieselben Zeitungen und im Prinzip schlucken sie beide die gleichen Lügen.

Position E: Rassismus als rationales Eigeninteresse

Ich glaube, das ist totaler Quatsch. Die sind nicht so blöd wie ihr sie darstellt. Es ist viel wahrscheinlicher, daß sie aus purem Eigeninteresse handeln. Wenn du weißt, daß die Arbeitgeber Einwanderer als billige Arbeitskräfte benutzen und wenn du weißt, daß sie benutzt werden, um deinen Lohn zu senken, dann bist du dagegen. Wenn du glaubst, daß dein Haus mehr wert ist, wenn du Schwarze draußen hältst, dann wirst du das machen. Und wenn du'n Polizist bist, der nach der Beförderung schielt, dann ist nichts naheliegender, als ein paar schwarze Jugendliche von der Straße weg einzubuchten, um eine hohe Verhaftungsquote zu erreichen. Oder andersrum gesagt, was für Anreize gibt es für Polizisten oder die weiße Arbeiterklasse, nicht rassistisch zu sein?

Diese Ansichten erschöpfen natürlich nicht die möglichen antirassistischen Positionen. Sie beziehen sich alle auf aktuelle Realitäten und enthalten auch allgemeinere Einsichten. Sie können unter verschiedenen Bedingungen mit unterschiedlicher Wirkung vorgebracht werden. Zum Beispiel kann das Argument über den institutionalisierten Rassismus in der Position A gegen die Verleugnung von Existenz und Wirkung rassenspezifischer Ungleichheiten ins Feld geführt werden. Die Denunziation des weißen Rassismus in C wird oft eingesetzt, um Weißen ein Schuldgefühl wegen ihrer historischen und strukturellen Teilhabe an der Unterdrückung von Schwarzen zu vermitteln und sie dadurch zu zwingen, deren Forderungen Legitimität zuzubilligen. Im Gegensatz dazu bieten Erklärungen, die mit Vorurteilen (B) oder Eigeninteresse (E) argumentieren, Weißen einen Ausweg und sie weisen auf bestimmte Motive oder Intentionen hin, die in der antirassistischen Arbeit Priorität haben sollen. Die Definition von Rassismus als kapitalistisches oder ökonomischer Kräfte behandelt. Dadurch wird faktisch das Psychische ins Soziale aufgelöst und das Soziale wird verdinglicht, indem man es zu einer starren Struktur macht. Diese Tendenz findet sich in den meisten Theorien über »institutionalisierten Rassismus« (vgl. Troyna und Williams 1986).

Bei den anderen drei Positionen bewegt sich der Reduktionismus genau in die entgegengesetzte Richtung. Die hier in ihnen wirkende

Erklärungsform wird als »*methodologischer Individualismus*«[7] bezeichnet. Sie versucht, alle größeren institutionellen und historischen
Einheiten in die Praxen und Beziehungen der in ihnen handelnden
Individuen oder Gruppen aufzulösen. Strukturelle Prozesse werden
zu sozialen oder psychologischen Eigenschaften erklärt, aus denen
totalisierende Erklärungsprinzipien entwickelt werden. Elemente
der Makroebene, die sich so nicht erklären lassen, erscheinen dann
von untergeordneter Wichtigkeit für den Ausgang der Geschichte.
Die Positionen B, D und E gehen beispielsweise davon aus, die Folgen der race relations seien auf der Mikroebene aus der Natur
bestimmter Individuen oder Gruppen erklärbar: Arbeiterkinder
oder deren Eltern (B), Kapitalisten (D), Weiße oder Polizisten (E).
Von dieser Warte aus ist Rassismus das Ergebnis individueller Vorurteile, die, auch wenn sie institutionalisiert sind, letztlich durch die
Haltungen und Handlungen von RassistInnen aufrecht erhalten werden. Wie der Disput zwischen D und E zeigt, besteht bei den Aussagen, die sich aus diesem Reduktionstyp ableiten, nicht unbedingt
Einigkeit über die Bedingungen, unter denen die rassistischen
Dispositionen oder Handlungsweisen entstehen.

   Die zwei Erklärungsformen haben recht unterschiedliche politische Implikationen. Holistische Theorien legen nahe, daß Rassismus nicht eliminiert werden kann ohne eine radikale Transformation
des Staates, der Ökonomie und der Zivilgesellschaft – sei es durch
Entmachtung der Schlüsselinstitutionen oder durch die Zerstörung
der Machtstrukturen insgesamt. Ob methodologische Individualisten sich solchen Ansichten anschließen oder nicht, für sie ist entscheidend, daß die Machtpositionen von bestimmten strategisch pla-
zierten Individuen oder Gruppen besetzt sind. Das macht ihren
Ansatz jedoch nicht weniger deterministisch. Auch hier wird aufgrund bestimmter Merkmale auf bestimmte Verhaltensweisen
geschlossen. Der Unterschied besteht darin, daß Holisten die Merkmale jeweils aus dem strukturellen Ort herleiten und Individualisten
aus den jeweiligen sozialen Eigenschaften der Protagonisten. In dem
einen Fall zählt die »objektive Position«, die Weiße innerhalb der
rassistischen Machtstruktur einnehmen; im anderen ist es ihre
Sozialisation oder es sind ihre kulturellen Traditionen, die ihren
Beziehungen zu Schwarzen eine rassische Bedeutung geben.

   In der Praxis können diese Erklärungsmodelle im Gegensatz
zueinander stehen oder sich ergänzen. Elemente von beiden können
in Alltagsargumentationen kombiniert werden. So hört man in der
Hitze des Gefechts nicht selten radikal holistische Verurteilungen

des »Kapitalismus« oder der »rassistischen Machtstruktur«, aus denen die Notwendigkeit ihrer vollständigen Zerstörung abgeleitet wird, denen im nächsten Atemzug Appelle an bestimmte dafür angeblich prädestinierte Individuen oder Gruppen folgen, »das System zu verändern«. Ein gutes Beispiel findet sich in Position C, wo eine Aussage über »das ganze System« und der spezifische Appell an Schwarze, mit dem Rassismus aufzuräumen, nebeneinanderstehen.

Solche Wechsel zwischen den beiden Formen des Reduktionismus zahlen sich in mehrfacher Hinsicht aus. Sie lassen die Argumentationsweise weniger engstirnig erscheinen und sorgen für ein weniger fatalistisches Szenario. Im speziellen Fall C wird es beispielsweise politisch aktiven Mitgliedern der schwarzen Gemeinwesen entschieden leichter gemacht, einflußreiche Positionen innerhalb der existierenden Machtstrukturen einzunehmen, ohne des »Verrats« beschuldigt zu werden. Vor allem wird es so möglich, einen Gattungsbegriff von Rassismus als globaler ideologischer Form mit einem hochdifferenzierten Modell seiner jeweiligen Merkmale so zusammenzuschließen, daß rassistische Praxis bzw. das Erleiden von Rassismus jeweils zum Monopol bestimmter Individuen oder Gruppen wird. Alles in einer gegebenen Gesellschaft dient dazu, ihren Rassismus zu erklären, und dieser Rassismus soll wiederum alles erklären, was mit einer bestimmten ethnischen Minderheit innerhalb dieser Gesellschaft zusammenhängt.[8]

Das Zusammenflicken der beiden Reduktionismen zu einer einzigen Position, die vernebelnde Generalisierungen mit dem Verweis auf Partikularismen verknüpft, macht den Kern der diskursiven Strategien aus, die der Burnage Report[9] als moralischen, symbolischen und doktrinären Antirassismus kritisiert hat. Die Formel des doppelten Reduktionismus wird bewußt ausgesprochen in der Gleichung: Rassismus = Macht und Vorurteil. In den achtziger Jahren wurde sie in weiten Teilen der antirassistischen Bewegung aufgegriffen.[10]

Es wäre unfair, an die von mir zitierten Positionen zu hohe Anforderungen zu stellen. Sie sind Beispiele für das, was Leute spontan denken, wenn sie versuchen, ihre Reaktionen auf Texte zu rationalisieren, die sie »unter der Gürtellinie treffen«. Ihre Absicht bestand oft darin, ihre StudienkollegInnen (und mich) von der Richtigkeit ihres politischen Standpunktes zu überzeugen. Ich will hier nicht die theoretischen Defizite dieser Positionen kritisieren, sondern denke vielmehr, daß die in diesen Argumenten enthaltenen Erzählungen ebenso im elaborierten akademischen Diskurs zu finden sind.

Problemanordnungen

Es lassen sich starke Argumente für Holismus und Individualismus als theoretische sozialwissenschaftliche Modelle finden. Problematisch sind sie als praktische Modelle zum Verstehen und Bekämpfen von Rassismus. In Argumentationsweisen wie den gerade analysierten taugen sie zwar zur moralischen Verurteilung, ihre Erklärungskraft ist jedoch gering und dadurch reduziert sich zwangsläufig ihr strategischer Wert gegenüber rassistischen Praxen.

Die holistischen Aussagen über den institutionellen Rassismus (A) und über die weiße Macht (C) bewegen sich im Rahmen der sozialwissenschaftlichen These von der »herrschenden Ideologie«.[11] Ihr zufolge hat Ideologie die Funktion, die Wahrnehmungsweisen und Überzeugungen bei den Individuen zu erzeugen, durch die hegemonialen politischen und ökonomischen Klassenstrukturen und/oder ethnischen Strukturen reproduziert werden. Macht- und Diskursformen etablieren ein bestimmtes System von Werten, Überzeugungen und Hoffnungen, das die Herrschaftsbedingungen festigt. So wird die Ideologie der herrschenden Klasse – oder »Rasse« – von weiten Teilen der Gesellschaft, einschließlich solcher Gruppen, die dabei eigentlich wenig zu gewinnen haben, zum selbstverständlich akzeptierten Bestandteil des Alltagsverstandes. Die Strukturen der Ungleichheit werden als notwendig und legitim erfahren, während die bloße Möglichkeit alternativer gesellschaftlicher Organisation undenkbar erscheint oder marginalisiert wird.

Dies ist eine komplexe Formulierung, die jeweils unterschiedlich akzentuiert werden kann. Aber immer ist unterstellt, daß subjektive Haltungen von objektiven Herrschafts- und Unterordnungsbedingungen abgelesen werden können. Indem die Position A zum Beispiel Sklaverei, Kolonialismus, Imperialismus und die gegenwärtige Einwanderungsgesetzgebung beschwört, legt sie den Schwerpunkt auf das Gewicht der Geschichte und auf die Kontinuität der Praxen, die diese Resultate hervorbringen. Die Vorstellung von der Unsichtbarkeit und dem alles durchdringenden Charakter des Rassismus in der Position C unterstreicht die Trägheit der Institutionen und die Bindekraft des »ideologischen Zements«. Es herrscht Einverständnis über die Rolle der Ideologie bei der Legitimierung »rassischer« Ungleichheit. Aber in einem Fall (A) leitet sie sich von der Existenz einer herrschenden (obwohl unbestimmten) Klasse her, im anderen (C) von der einer herrschenden »Rasse«. Dieses Modell trifft auf seine eigenen Grenzen, wenn es den »popularen Rassismus« der

Arbeiterklasse erklären soll (vgl. dazu Miles 1979, Phizacklea 1980 und Cohen 1990). Soweit diesen Rassismen subordinierter Gruppen ein bestimmtes Maß an relativer Autonomie zugestanden wird und sie nicht lediglich als Echo der herrschenden Ideologie verstanden werden, greift die Argumentationsweise auf den klassischen Lehrsatz vom »notwendig falschen Bewußtsein« zurück. Das geschieht in der Position A. Beim Konzept des notwendig falschen Bewußtseins liegt das Hauptproblem in der Verbindung dieser drei Begriffe.[12] Sind die Phänomene, die dieses Konzept uns enthüllt, wirklich *notwendig*, das heißt, unvermeidliche Begleiterscheinungen der sozialen Strukturen? (Es gibt viele weiße Arbeiterjungen aus der Arbeiterklasse und sogar ein paar Polizisten, die keine ausgeprägt rassistischen Auffassungen haben.) Sind sie *falsch* in dem Sinne, daß sie im Gegensatz stehen zu einem definierbaren »richtigen« oder »wahren« Bewußtsein? Hängen sie lediglich mit dem *Bewußtsein* zusammen oder stehen sie nicht auch in Beziehung zu ontologischen Prinzipien oder zu in rassistische Ideologien investierten Emotionen, die vor- oder sogar unbewußt sind?

Die von methodologischen Individualisten vorgebrachten Argumente vermeiden solche Probleme nicht unbedingt. Ein gutes Beispiel hierfür sind die von dem Lehrer in Aussage B gemachten Vorschläge. Einer offensichtlich holistischen Analyse rassistischer Bilder und ihrer ideologischen Wirkung folgt im zweiten Satz eine Wendung zur Reproduktion des Rassismus in Mikrokontexten wie der Familie oder der *peer-group*. Die entscheidende Frage ist hier, was Individuen anfällig für oder widerständig gegen rassistische Ideen macht. Die Antwort ist offenbar, daß dies von ihrer unmittelbaren Umwelt abhängt, vom Sozialisationsprozeß, vom Niveau ihrer Erziehung oder »Kultur«. Es wird angenommen, daß Kinder aus der Unterschicht eher rassistische Haltungen und Argumente aufgreifen, weil ihr kulturelles Umfeld unfähig ist, sie mit einem aufgeklärteren Bewußtsein über die Ursachen ihrer Probleme auszustatten.[13]

Dieses Modell einer pathologischen und defizitären Arbeiterklassenkultur nimmt oft eine holistische Wendung und wird mit Begriffen wie »notwendig falsches Bewußtsein« verknüpft. Rassismus als ein irrationales Vorurteil zu behandeln, ist eine mikroreduktive Variante dieses Modells. Bei der Position B läuft die Argumentation darauf hinaus, Rassismus als eine Veranlagung zu begreifen, die von einer Generation zur nächsten weitergegeben werden. Die ursprüngliche Annahme eines Milieudeterminismus schafft zunächst Raum für eine Erziehung, die diesen Trend unterbrechen oder wenden kann. Aber diese Möglichkeit wird schwächer, je mehr der Reduktionismus im Laufe der Argumentation an Stärke gewinnt. Der letzte Vergleich mit den »Leoparden, die ihr Fellmuster nicht ändern«, zeigt, wie weit sich diese Erklärung schon auf den Boden des Rassedenkens begeben hat. Rassismus wird »naturalisiert« bis er nicht mehr eine kulturelle Norm (und als solche bestreitbar ist), sondern zu einer quasi-biologischen Eigenschaft wird, zum Symptom einer angeborenen individuellen Pathologie.

Das pathologische Modell wird auf die Spitze getrieben in den Versuchen, Entstehung und Verbreitung rassistischer Überzeugungen aus den individuellen Eigenschaften derjenigen zu erklären, die sie vertreten. Ihren akademischen Ausdruck findet diese Vorstellung in psychologischen Theorien über Vorurteile[14]. In der Position B wird eine solche Erklärung auf die Polizei angewandt, wenn behauptet wird, daß eine bestimmte Art junger weißer Männer aus der Arbeiterklasse zur Polizei geht: Unabhängig von der Einstellungs- und Ausbildungspolitik handele es sich dabei höchstwahrscheinlich um autoritäre Persönlichkeiten, die »auf ' Rasse' fixiert sind« und in einer paramilitärischen Umgebung aufblühen.

Die Schwäche dieses Arguments besteht darin, daß jeder psycho-soziale pathologische Faktor, der mit Rassismus oder RassistInnen verknüpft wird, genauso häufig in jeder anderen Institution oder Gruppe nachgewiesen werden kann. Auch die aus solchen Indizien gezogenen Schlußfolgerungen sind problematisch; besonders die Annahme, der Charakter eines Regimes ließe sich aus den unbewußten Motiven oder bewußten Intentionen seines Personals ableiten. Aus der Tatsache, daß Schwarze im Rechtssystem systematisch diskriminiert werden, folgt nicht, daß diese Diskriminierung sein unmittelbarer Zweck, seine *raison d'être*, ist; nicht einmal, daß sie die Folge der zweifellos vorhandenen Vorurteile von Polizei und Richtern ist. Plausibler wäre es, das Argument auf den Kopf zu stellen: Das Operieren mit inoffiziellen Kategorien von Verdächtigen hat vielleicht die »verborgene Funktion«, die Verwaltung der Un/Gerechtigkeit effizienter und »rationeller« zu machen. Dies führt dann dazu, diese Praxen zu institutionalisieren und sie in den Status eines »ordnungsgemäßen juristischen Verfahrens« zu erheben.

Es gibt jedoch eine umgekehrt argumentierende Version des methodologischen Individualismus, dessen Ausgangspunkt vielversprechender scheint. Demzufolge ist Rassismus eine rationale und kalkulierte Strategie bestimmter Individuen oder Gruppen, die versuchen, die Durchsetzungschancen ihrer politischen oder ökonomischen Interessen

zu maximieren. Ein Beispiel könnte die »Teile-und-herrsche-These«
sein, die in der Position D vorgestellt wird. Es ist im Interesse der
Unternehmer, EinwanderInnen als billige Arbeitskräfte zu benutzen, und dies schwächt nützlicherweise die ArbeiterInnen auch politisch, weil dadurch innere Spaltungen entstehen. Da die Kapitalisten
die Massenpresse besitzen und kontrollieren, sind sie in der Lage,
Desinformationen über ethnische Minderheiten zu verbreiten und
die allgemeinen Vorurteile gegen sie zu schüren. Die dem Rassismus
hier zugesprochene Rationalität fällt zusammen mit einem vom
Standpunkt des Klasseninteresses vorgenommenen Kalkül: Rassismus ist ein Mittel der Profitmaximierung, die wiederum das individuelle Ziel jedes kapitalistischen Unternehmens ist.[15]

Hier handelt es sich um eine doppelte Reduktion, bei der psycho-
logische Motive oder Intentionen aus einem ökonomischen oder politischen Effekt abgeleitet werden: Das »Profitmotiv« bestimmt die
Haltungen und Handlungen der individuellen Unternehmer (wie am
Beispiel ihrer Rekrutierungs- und Ausbildungspolitik dargestellt)
wie auch die allgemeinen Bedingungen der rassistischen Diskriminierung, welche die »Pressezaren« ihrerseits bewußt ausnutzen, um
mehr Zeitungen zu verkaufen. Aber wie erklärt man sich dann die
kollektiven und sogar internationalen Dimensionen von Kapitalismus
und Rassismus, die unabhängig von lokalen Netzwerken operieren
können und dies auch tun? Um dies zu beantworten, muß man eine
globale Verschwörungstheorie erfinden, in der die »objektiven Interessen« von Kapitalismus und Rassismus immer schon zusammenfallen und von den zahlreichen Agenten der herrschenden Klasse
koordiniert werden. Dies ist dann eine mikroreduktionistische Version der These von der »herrschenden Ideologie«. Die andere Seite
der »Teile-und-herrsche-These« lautet, daß die RassistInnen aus der
Arbeiterklasse betrogene Opfer der »bürgerlichen Propaganda« sind.
Das Argument, Rassismus sei ein Produkt von Unwissen und Aber-
glauben, gilt weiterhin für die »ungebildeten Massen«, während er
für die Elite eine »rationale Entscheidung« (rational choice) darstellt
(vgl. dazu Hechter in Rex und Mason 1986).

Der Begriff »rationale Entscheidung« bringt uns auf eine andere,
gewitztere Konzeption eines rationalen Rassismus, die es nicht nötig
hat, mit zweierlei Maß zu messen. Ausgehend von der Prämisse,
daß Taten und Haltungen durch den Wunsch bestimmt sind, die
Durchsetzung der eigenen Interessen zu maximieren, wird der Blick
auf die mikrosozialen Bedingungen gelenkt, unter denen die Ideologie des Individualismus überschritten und kollektiven Zielen

Priorität eingeräumt wird. Unter solchen Bedingungen können sich, so argumentiert die Position E, weiße ArbeiterInnen oder AnwohnerInnen zusammentun und schwarze EinwanderInnen herausekeln, weil sie glauben, ihre Anwesenheit senke ihre Löhne oder die Preise der Häuser, oder sie bedrohe die Allokationspolitik, durch die Arbeitsplätze und Wohnungen bislang der eingeborenen Bevölkerung vorbehalten wurden. Dieses rassistische Verhalten sei rational, weil solche Strategien sozialer Abschottung logisch konsistent seien mit dem Ziel, weiße Privilegien zu schützen und weil dies wiederum am besten durch eine organisierte Form der Diskriminierung erreicht werden könne und weniger dadurch, daß Vorurteile auf individueller Ebene artikuliert würden. Offenbar wird hier ein Kristallisationspunkt defensiver rassistischer Strategien, der mit relativem Wohlstand einhergeht, zutreffend beschrieben. Inwieweit paßt dieses Modell jedoch auf den aggressiveren Rassismus relativer Verarmung, wie er in *Kampfgespräche* zum Ausdruck kommt? Und gibt es nicht auch grundsätzliche Probleme mit einer solchen »rationalistischen« Theorie des Rassismus?

Wenn die Rationalität einer Aktivität lediglich an ihrem Realismus gemessen wird, dann ist Vernunft natürlich immer nur eine Eigenschaft derjenigen, die die Macht haben, ihre Politik in die Praxis umzusetzen, niemals eine derjenigen, die den Machtstrukturen Widerstand entgegensetzen. Selbst wenn wir zugestehen, daß es in rassistischen Praxen immer ein gewisses Kalkül gibt (eher noch als blinden Haß), ignoriert dieses Modell offensichtlich die tieferen Schichten der rassistischen Vorstellungskraft, die Strukturen von Gefühl und Phantasie, in die selbst die rationalisiertesten rassistischen Argumentationen und Handlungen eingebettet sind. Verleiht man zudem rassistischen Begründungen den Status realistischer Annahmen, ohne ihre ideologische Konstruktion im mindesten in Frage zu stellen, dann nimmt man solche Alltagsvorstellungen für bare Münze. Nur weil sie zum Beispiel unterstellen, daß der Zuzug schwarzer Familien in ihre Nachbarschaft diese »unbeliebt« macht, handeln weiße Anwohner »rational«, wenn sie Schwarze draußen halten, um den Wert ihres Eigentums schützen. Die Voraussetzung ist selbst schon rassistisch und ignoriert die makroökonomischen Faktoren, die die Nachfrage auf dem Immobilienmarkt beeinflussen. Dem Alltagsverstand erscheinen die diskriminierenden Handlungen vernünftig, weil sein Erklärungsmodell mit der Reduzierung der Makro- auf die Mikroebene schon die Voraussetzungen ausgeklammert hat, von denen aus sie in Frage gestellt werden könnten.

Rassismus erklären:
Phantasie, Metapher und der Idealtyp

Modelle der »rationalen Entscheidung« und Theorien der »Klassen-
verschwörung« können als mikroreduktive Varianten der These von
der »herrschenden Ideologie« betrachtet werden. Rassismus als
»notwendig falsches Bewußtsein« läßt sich wiederum als makro-
reduktives Korrelat zum Argumentieren mit »irrationalen Vorurteilen« begreifen. Diese Korrespondenzprinzipien verknüpfen zwei
grundsätzlich verschiedene Theoretisierungsformen des Rassismus.
Im ersten Fall (herrschende Ideologie/rationale Entscheidung) wird
Rassismus insofern als *funktional* für die Gesellschaft oder für die
Individuen betrachtet, als er dem Machterhalt bestimmter Gruppen
dient. Im zweiten Fall (notwendig falsches Bewußtsein/irrationales
Vorurteil) wird Rassismus als *dysfunktional* betrachtet, weil er die
Wahrnehmung der Realität verzerrt und diejenigen spaltet, die auf
derselben Seite der Barrikade stehen sollten.

Dieser Gegensatz wirkt sich auch auf die Pragmatik dieser Modelle aus, denn sie werden alle in politischen Debatten und Kampagnen angewandt. Das »Funktionalitätsargument« ermöglicht eine diskursive Strategie, durch die alle möglichen Gruppen und Individuen
in den Rassismus einbezogen werden können, die andernfalls ein
hieb- und stichfestes Alibi hätten. Deshalb ist es effektiv, einen »gemeinsamen Gegner« oder ein »System« zu konstruieren, wogegen
die Leute sich zusammentun können. Das »Dysfunktionalitätsargu-
ment« kann als nützlicher Trick gegen diejenigen dienen, die offi-
ziell die Einheit bestimmter staatlicher Institutionen oder Einrichtungen der Zivilgesellschaft repräsentieren: Wenn sie nicht verantwortlich sein wollen für »zunehmende Rassenkonflikte« auf der
Straße oder am Arbeitsplatz, dann sollten sie x, y, oder z tun. Natürlich können solche Argumente nach hinten losgehen. Man wird
wahrscheinlich die Überzeugungen der ehemaligen Kolonisatoren
nicht ins Wanken bringen, wenn man argumentiert, Rassismus sei
für ihre Lebensweise »funktional« gewesen und sei es nach wie vor.
Und man wird vielleicht feststellen, daß Gewerkschaftsfunktionäre
oder andere BürokratInnen nicht etwa dazu gebracht werden, sich
rational für Antirassismus zu entscheiden, sondern im Gegenteil die
Einwanderung und nicht etwa den Rassismus für dysfunktional halten
werden. Aber weder für dieses noch für das Ergebnis irgendeiner
anderen Pragmatik gibt es jemals eine Gewähr.

In keinem Fall ist es möglich, ein bestimmtes Erklärungsmodell einer bestimmten politischen Strategie oder einem bestimmen politischen Standpunkt zuzuordnen. So wird zum Beispiel oft angenommen, Multikulturalismus sei methodologischer Individualismus und würde Rassismus auf eine individuelle Pathologie oder auf ein Vorurteil reduzieren, während Antirassismus radikal holistisch sei und auf dem Vorrang struktureller Prozesse besteht. Unsere Diskussion legt nahe, daß dies nicht immer der Fall ist. Theorien, die auf dem Modell rationaler Entscheidungen beruhen, sind oft unter linken AntirassistInnen populär, die durch eine bestimmte Lesart von Marx inspiriert sind. (Theorien »rationaler Entscheidung« im Marxismus stammen von Roemer 1982, Elster 1985 und Levine et al. 1987.) Ebenso machen einige radikale Versionen des Multikulturalismus von holistischen Argumenten über Macht und Ideologie Gebrauch, zum Beispiel um die Kulturen der ethnischen Minderheiten als Bildungsressource zu legitimieren. (Vgl. Foster 1990.) MultikulturalistInnen und AntirassistInnen haben auch Gemeinsamkeiten: Sie verlassen sich im allgemeinen auf Problemdefinitionen, die die detaillierte Lektüre und Analyse rassistischer Diskurse als irrelevant erscheinen lassen. Wie ich gezeigt habe, gilt dies für theoretische Erklärungen und für Erklärungsmodelle des Alltagsverstandes, wie sie in den fünf von mir zitierten Positionen zum Einsatz kommen.

Alle diese Erklärungen haben etwas gemeinsam, ihren *Essentialismus*. Damit meine ich ihre Tendenz, Rassismus als »Idealtypus« oder Modell zu erklären, das apriorische Bestimmungen über seine Ursprünge, Ursachen, Bedeutungen und Wirkungsweisen enthält. Diese Bestimmungen entsprechen spezifischen Formen des Rassismus oder Erfahrungen mit ihm. Letztere werden in universelle Merkmale übersetzt, durch die sein »Wesen« definiert ist. Typen von Rassismus, die mit diesem Modell nicht übereinstimmen, werden entweder ignoriert, marginalisiert oder in einer Weise »umdefiniert«, die ihre eigenständige Bedeutung leugnet. Rassismus wird durch Merkmale definiert, die zum Beispiel für die schwarzen (oder afrokaribischen) Erfahrungen oder für die Besonderheiten der englischen Geschichte spezifisch sind, so daß Antisemitismus, oder bestimmte Artikulationsformen des Rassismus, die sich, sagen wir, im irischen oder schottischen Kontext oder in anderen europäischen Ländern entwickelt haben, als »Sonderfälle« behandelt werden. Denn würden sie einbezogen, würden sie den Idealtypus dekonstruieren. Gleichzeitig bestimmt man auf der Mikroebene, anhand einiger wesentlicher Eigenschaften oder Veranlagungen, wer als rassistisch zu definieren ist und wer nicht.[16]

Das soll nicht heißen, daß nicht jede Gattung antirassistischer Erklärungen etwas Wichtiges über die bestimmte Form von Rassismus zu sagen hat, die sie als Paradigma privilegiert. Leider ergibt eine Zusammenfügung dieser Aussagen jedoch kein mehrdimensionales Modell, das als Grundlage für eine allgemeine Theorie dienen könnte – ihr Essentialismus wird dadurch nur verschärft. Gerade wenn diese Positionen versuchen, über sich selbst hinauszuweisen, um die Komplexität des von ihnen behandelten Phänomens zu erfassen, greifen sie am ehesten zu rein rhetorischen Mitteln. Diese nehmen oft die Gestalt von Bildern oder Metaphern an, mit deren Hilfe versucht wird, Rassismus im Analogieverfahren zu definieren. (Vgl. zum metaphorischen und analogisierenden Denken Zizek 1989.) So wird beispielsweise in der Position A die Beständigkeit des Rassismus mit einer beschrifteten Zuckerstange verglichen. Was bedeutet dieses Bild in diesem Kontext? Es verweist auf ein Kontinuitätsprinzip, das sich erst herstellt, wenn man darin einbricht, das aber weder unterbrochen noch verschoben werden kann[17]. Diese Metapher ist ein Versuch, sich mit der Frage der Diskontinuität herumzuschlagen, aber innerhalb einer Problemanordnung, die dafür keinen Raum läßt. Das so entstehende Bild stellt den Reduktionismus nicht etwa in Frage, sondern macht Rassismus zu einer fortwährenden Sinnesverführung.

Die Position B macht deutlich, wie schwierig es sein kann, diese Art des Denkens zu überschreiten. Hier ist das Kontinuitätsprinzip in dem Wissen verankert, das von Generation zu Generation weitergegeben wird. Rassismus wird mit einem Gift verglichen, das Kinder, wenn nicht direkt mit der Muttermilch, so doch mit ihren künstlichen Ersatzstoffen zu sich nehmen. Es ist eine gefährliche Substanz, die, einmal verinnerlicht, ins »System« eindringt und seine Abwehrkräfte angreift. In vielen Aussagen dieser Art wird Rassismus mit einer ansteckenden Krankheit verglichen, die Leute sich bei anderen holen, oder mit einem Krebsgeschwür im Gemeinschaftskörper. Rassismus erscheint als etwas, das man nur aufhalten kann, indem man entweder seine Träger eliminiert oder die anderen, besonders die Kinder, vor Kontakt mit dem Krankheitsherd schützt. Bei weniger drastischen Maßnahmen, so fürchtet man, werden sich die »Bazillen des Rassismus« weiter vermehren.

In der Position C ist eine andere Metapher wirksam. Rassismus wirkt überall, manchmal offen, manchmal insgeheim, um Schwarzen

den Dolchstoß zu versetzen. Diese Vorstellung einer weißen Verschwörung zwischen der Polizei, den arbeitslosen Jugendlichen, den
Arbeitgebern und den Massenmedien beruht auf der Annahme, daß
ähnliche Wirkungen in unterschiedlichen Kontexten durch den gleichen allgegenwärtigen Agenten produziert oder verursacht werden
müssen. Solche Konstruktionen sind »paralogisch«, das heißt, die
Schlußfolgerungen folgen nicht unmittelbar aus den Voraussetzungen. In diesem Fall erzeugt die Phantasie das Bild einer allmächtigen
Zerstörungsmacht, die »überall eindringt« und es darauf abgesehen
hat, Leute fertig zu machen. Eine ganz ähnliche Phantasie bestimmt
die Teile-und-herrsche These, nur daß es hier die herrschende Klasse
ist, deren Macht alles durchdringt und die Saat der Rivalität unter
den Brüdern und Schwestern ausstreut, die ihrem tyrannischen
Willen unterworfen sind.

Die große Macht dieser Metaphern beruht auf den unbewußten
Wirkungen, die die rassistischen Diskurse selbst entfalten. Denn bei
ihnen geht es vor allem darum, eine durch die Geburt ein für allemal
festgelegte Beziehung zwischen Herkunft und Schicksal nachzu-
weisen. Daher arbeiten sie mit Bildern von Geburt und Blut und
beziehen sich auf Körperfunktionen, sexuelle Reproduktion, Familie und Verwandtschaft[18]. Es ist nicht überraschend, daß diese Sym-
bolik unbewußt die infantilen Strukturen der Darstellung wieder-
kehren läßt oder heraufbeschwört, in denen Identität und Differenz
zuerst ausgehandelt und mit einem Gefühl der Kontrollfähigkeit ausgestattet wurden. So erstaunt es auch nicht, daß solche Strukturen
des rassistischen Diskurses bei der Theoretisierung des Rassismus
selbst reproduziert werden[19]. (Zur Rolle des Unbewußten bei der
Formung von Ideologien vgl. Zizek 1989). Natürlich sind die antirassistischen Konstruktionen nie bloße Phantasien. Die Verschwörungstheorie verleiht einer bestimmten gesellschaftlichen Wirklichkeit Sinn: Weil die Polizei, die eigentlich die Gerechtigkeit bewahren
und die ethnischen Minderheiten vor rassistischen Angriffen schützen sollte, selbst für einen großen Teil der Gewalt und Ungerechtigkeit verantwortlich ist, unter der die schwarzen Gemeinwesen zu leiden haben, wird sie als Teil desselben Unterdrückungssystems
erfahren, zu dem auch die Banden arbeitsloser weißer Jugendlicher
gehören, die Leute auf der Straße zusammenschlagen. Diese objektive Übereinstimmung ermöglicht es, daß Rassismuserfahrungen
mit paranoiden Empfindungsstrukturen und Phantasien verbunden
werden, die einer ganz anderen, unbewußten Ebene der Repräsentation entspringen.

ARGUMENT-SONDERBAND NEUE FOLGE AS 214

Im allgemeinen läßt sich sagen, daß die Realitätsprinzipien des Rassismus um so mehr »totalisiert« werden, je übermächtiger die Verfolgung ist. Es wäre logisch, daß ethnische Minderheiten sich durch solche Konstruktionen noch ohnmächtiger fühlen als sie tatsächlich sind. Paradoxerweise, oder besser, paralogischerweise haben sie aber die umgekehrte Wirkung. Der Grund dafür ist, daß sie Bestandteil einer, wie ich es genannt habe, *Teleologie der Unterdrückten* sind. Diese Metaphern sind wichtige rhetorische Mittel in Erzählungen, die Handlungsfähigkeit und Emanzipation erzeugen. Sie »naturalisieren« bestimmte Viktimologien[20] oder rechtfertigen manchmal sogar Racheakte.

Wenn man die mehrdeutigen, wechselnden Formen des Rassismus allmächtiger, kohärenter und dauerhafter macht als sie sind – stärkt das die Einheit der antirassistischen Bewegung oder eher die sektiererischen Elemente in ihr? Ich würde sagen, der positive Aspekt besteht darin, daß es offenbar leichter fällt, Rückschläge durchzustehen und in harten Zeiten am Glauben an den letztendlichen Sieg festzuhalten, wenn die Kontinuitäten rassistischer Unterdrückung hervorgehoben werden. Indirekt mag dies auch helfen, einen autonomen Raum der Repräsentation für ethnische Minderheiten zu rechtfertigen, die sonst zum Schweigen gebracht oder marginalisiert sind, einen Ort, an dem sie ihre eigene politische Stimme in ihrer eigenen Muttersprache finden können. Andererseits ergeben sich aus dieser Sichtweise jedoch nur sehr globale Strategien, die wenig Einfluß auf konkrete rassistische Vorkommnisse haben. Statt dessen nehmen sie die Bürde eines messianischen Projektes auf sich: das Böse aus der Welt zu verbannen – wenn es nicht anders geht, dann muß der Feind geschlagen, vernichtet oder für immer ausgerottet werden. In letzter Konsequenz führt dies dazu, daß man die Welt in eine gute und eine böse »Rasse« aufteilt. Ist eine solche Polarisierung erst einmal in Gang gesetzt, wird sie zu einer sich selbst erfüllenden Prophezeiung, nach der jeder, der nicht für uns ist, gegen uns ist. Wenn du weiß bist, bist du nicht Teil der Lösung, sondern Teil des Problems ...

Randbemerkungen

Im folgenden werde ich mit einer allgemeinen Methode der Textlektüre die spezifischen Merkmale rassistischer Diskurse untersuchen, die sich in *Kampfgespräch* und *Wer zuletzt lacht* finden. Daraus werden sich einige Fragen ergeben, die als Leitfaden für weitere Forschungen und Debatten dienen können. Zunächst müssen wir uns die außerdiskursiven Realitäten vor Augen führen, die diesen Aussagen zugrundeliegen. Ob man sich auf diese Realitätsprinzipien bezieht oder sie verleugnet: sie bedingen die Aussagen über Rassismus und setzen ihnen Grenzen. Zuerst und vor allem müssen wir die unmittelbaren sozialen Bedingungen berücksichtigen, unter denen die rassistischen Aussagen gemacht werden: Im ersten Fall handelt es sich um eine Intervention im Rahmen eines Jugendprojektes in einer städtischen Wohnsiedlung, in der die interviewten Jugendlichen das Feld beherrschten. Im zweiten Fall geht es um einen Kursus für Polizeibeamte, die vor allem dafür verantwortlich waren, junge Polizeianwärter in der Kunst auszubilden, »gute Beziehungen zur Bevölkerung« zu pflegen. In beiden Fällen waren Leute, die direkt oder indirekt in rassistische Angriffe verwickelt waren, aufgefordert, über ihre Handlungen und Haltungen zu reflektieren, und zwar gegenüber einem Außenseiter, der ihre Ansichten nicht teilte; als Forscher war ich darüber hinaus damit befaßt, rassistische Auffassungen oder Praxen hervorzulocken, die ich als Pädagoge zugleich zurückweisen mußte. Wie hat diese Beziehung und der Kontext, in dem sie stattfand, diese Texte »überdeterminiert«? Wie haben sie die Art und Weise beeinflußt, in der zum Beispiel die Geschichte über die Schlägerei erzählt, oder die Art, in der das inoffizielle Kommuniqué benutzt wurde?

Wir müssen uns auch die allgemeinere politische Konstellation ansehen. Der Hintergrund von *Kampfgespräch* war die wachsende Anziehungskraft der National Front auf junge weiße Arbeiter in den innerstädtischen Bereichen mit hoher Jugendarbeitslosigkeit. Meine Intervention war verbunden mit weitergehenden Versuchen, diese Einflüsse durch die Entwicklung neuer antirassistischer Formen von Kulturpolitik auf der Basis der »Zweitonmusik«[21] zurückzudrängen (vgl. dazu Gilroy und Lawrence in Bains und Cohen 1988). Der zweite Fall muß im Zusammenhang mit der Kritik an der Polizei gesehen werden. Vor allem ihr Verhalten bei den städtischen Unruhen und Aufständen in den Jahren 1981/1982 wurde in der Öffentlichkeit stark kritisiert. Hinzu kamen die zunehmenden Beweise für eine systematische Diskriminierung der schwarzen Gemeinwesen. Das führte dazu, daß die Praxis der »Bullen auf Streife«[22] innerhalb der Polizei selbst wie auch von Bürgerinitiativen streng überprüft wurde.[23] Natürlich beeinflussen diese Bedingungen die Pragmatik dieser Aussagen in unterschiedlichen Weisen, die durch eine genaue Analyse herauspräpariert werden müssen.

Schließlich gibt es einige tiefergehende strukturelle Faktoren, die die heimlichen oder unbewußten Voraussetzungen dieser Art rassistischer Diskurse bilden. Um sie zu verstehen, müssen wir *Kampfgespräch* in eine historische Perspektive einordnen, wir müssen die verschiedenen Versionen von Ethnizität und Gemeinschaft beachten, die sich in den Kulturen der Arbeiterklasse entwickelt haben und ihre komplexen Verknüpfungen mit den herrschenden Ideologien der »Rasse«, der Nation und des Imperiums. Um das Verhalten der Polizei zu verstehen, sollten wir die wechselnden Rollen untersuchen, die die juristischen Institutionen und Praxen dabei gespielt haben, dem Raum, den die eingewanderte Bevölkerung in der städtischen Sozialstruktur eingenommen hat, eine »rassische« Bedeutung zu verleihen. Aber auch die internen Widersprüche des staatlichen Zwangsapparates wären zu analysieren.[24]

Zu sagen, daß diese Faktoren, die den jeweiligen Kontext, die historische Konstellation und die umfassenderen Bedingungen des rassistischen Materials ausmachen, »außerdiskursiv« sind, bedeutet nicht, daß der Diskurs sie nicht mitbestimmt, sondern nur, daß in ihnen Prozesse wirksam sind, die nicht auf den Effekt von Diskursen reduziert werden können. Das heißt auch, daß die diskursive Konstruktion solcher Faktoren nicht immer der Rolle entspricht, die sie in anderen, nichtdiskursiven Formen rassistischer Diskriminierung spielen. Manchmal kann die Beziehung zwischen diskursiver und nicht-diskursiver Praxis sehr direkt sein, obwohl jeder Hinweis darauf gelöscht ist. Zum Beispiel hatte die Tatsache, daß einige der Jugendlichen aktive Mitglieder der National Front waren, einen unmittelbaren Einfluß auf ihre Position als Erzähler. Sie waren jedoch darauf bedacht, ihre Rolle so zu spielen, als gäben sie lediglich die öffentliche Meinung in der Wohnsiedlung wieder. Das inoffizielle Kommuniqué war mit Sicherheit Teil eines Protestes der Polizeibasis gegen einige Reformen, die durch den Scarman Report in die Wege geleitet wurden, auch wenn dieser nicht erwähnt wird.

Oft ist die Beziehung indirekter. *Kampfgespräch* entwickelte sich in einem Kontext, in dem die Jungen vielleicht stark daran interessiert waren, den Forscher durch den übertriebenen Extremismus ihrer Ansichten über »Rasse« zu beeindrucken. Ihre sonst üblichen Irreführungsstrategien wenden sie jedoch nicht an. Das ist wohl dem vorherrschenden Bemühen geschuldet, ihre Handlungen und Haltungen gegenüber jemandem zu rechtfertigen, der sie zwar ablehnt, von dem sie jedoch annehmen, daß er ihre Situation zum Besseren oder Schlechteren wenden kann. Also führen uns die Jugendlichen

ihr qualvolles Leiden am Unrecht vor, das ihnen ihrer Meinung nach
als Folge des Zuzugs einer schwarzen Wohnbevölkerung widerfährt.
Der Eindruck der Fensterrede entsteht dadurch, daß sie den Kampf
wie ein Stück Straßentheater darstellen, bei dem die Erwachsenen
vom Balkon herab Beifall klatschen, während die Mädchen ihnen
ihre stumme Unterstützung anbieten, da sie ja die Ehre des weißen
Gemeinwesens gegen die »schwarze Invasion« verteidigen. So schaffen sie es, beide gewünschten Resultate zu erzielen: einerseits ihre
Straßenkampf-Fähigkeiten vorzuführen und ihr moralisches Eintreten für Rassismus zu rechtfertigen, und andererseits mich, zusammen
mit den Eltern und den Freundinnen, in die Rolle des bewundernden
Zuschauers ihres »Beschützerkrawalls« zu drängen. Freilich, während sie glauben, mich zu beschwatzen und einen guten Eindruck zu
machen, beliefern sie mich mit genau den Indizien für geschlechts-
spezische, generationsspezifische Aspekte des Rassismus, die ich
suche. Aber wäre mir die Geschichte in der gleichen Weise erzählt
worden, wenn ich schwarz gewesen wäre, oder eine Frau, oder
wenn ich ihrem Alter oder sozialen Hintergrund näher gewesen
wäre? Wäre die Geschichte dann überhaupt erzählt worden?

Solche Fragen zeigen, daß es wichtig ist zu erkennen, wie die Realitätsprinzipien der Macht »intradiskursiv« bearbeitet werden. Betrachten wir zum Beispiel die Version des Zahlenspiels, die am Beginn von
Kampfgespräch steht: »und die anderen kamen die nächste Nacht runter und die Nacht danach und die Nacht danach, die ganze Woche,
ungefähr 40, 50, von überall her ...« Der Gebrauch der Wiederholung
gekoppelt mit der Stimmlage (erhöhte Tonlage und Geschwindig-
keit) schaffen die dramatische Atmosphäre eines sich rasch zuspit-
zenden »rassischen« Konflikts. Der Erregung ist eine Spur von Angst
beigemischt (entschärft durch den Witz über »Black City«). Diese
Gefühlsstruktur wird durch spezifische rhetorische Mittel aufge-
baut. Das entstehende Bild läßt einen unausgesprochenen Diskurs
aufscheinen: Die »Wellen schwarzer Einwanderer, die in die britische Lebensweise eindringen« – ein Thema, das der Thatcherismus
damals popularisierte. Bemerkenswert ist, daß Schwarze mit einer
enorm übertriebenen Fähigkeit ausgestattet werden, sich zusammenzuschließen, während die ethnische Mehrheit auf einen Minder-
heitenstatus reduziert wird – »bloß unsere Gruppe aus der Siedlung«. So wird die das Leben dieser Jungen bestimmende reale
Machtlosigkeit durch das Gefühl, von einer Gruppe majorisiert und
entmachtet zu werden, die politisch und demographisch in einer
noch schwächeren Position ist, verdoppelt und zugleich verschoben.

Eine ganz andere Bearbeitung finden wir in *Wer zuletzt lacht*. Die rhetorische Wirkung entsteht durch die Parodie auf die Sprache offizieller Kommuniqués, die von höheren Befehlsebenen an die unteren Ebenen weitergegeben werden. Die Unpersönlichkeit dieses Machtdiskurses wird eingesetzt, um die Gefühllosigkeit einer Bürokratie zu zeigen, die den Kontakt zu den Realitäten der Aufstandsbekämpfung verloren hat – »Beamte, die bedauerlicherweise durch eine Benzinbombe Feuer gefangen haben, sollten nicht schreiend die Straße herunterrennen, sondern sich würdevoll hinlegen und warten, bis sie an der Reihe sind, gelöscht zu werden.« Dieser Kode, in dem Regeln aufgestellt werden, wird noch wirkungsvoller bedient, wenn er den Austausch von Wurfgeschossen zwischen Aufständischen und Polizei in ein surreales Fußballspiel verwandelt, in dem die Regeln absichtlich so gebeugt worden sind, daß die »gegnerische Mannschaft« einen unfairen Vorteil erhält.

Alle Texte enthalten Elemente der Metakommunikation – Mittel, die den Rezipienten auf die bevorzugte Interpretation des Zusammenhangs verweisen, aus dem heraus die Aussagen gemacht werden: *Kampfgespräch* bezieht seinen Anspruch auf Glaubwürdigkeit aus der Erzählkonvention des autobiographischen Realismus; das ständige Zitieren von Erlebnissen »aus erster Hand« vermittelt implizit die Botschaft, ihr Zusammentreffen mit Schwarzen habe diese Jungen dazu gebracht, rassistische Argumente zu übernehmen, und nicht irgendwelche äußeren ideologischen Einflüsse. Die Funktion solcher durch Augen- und Ohrenzeugen untermauerten Geschichten wie des Kentucky-fried-chips-Vorfalls besteht darin, die Rassisierung von Erfahrungen zu autorisieren und authentisch erscheinen zu lassen. Die Rassenkonstruktion erscheint darin als spontaner und natürlicher Prozeß, für den Schwarze selbst verantwortlich gemacht werden müssen.

In *Wer zuletzt lacht* wird eine andere Zitierstrategie angewandt, eine, die bewußt darauf zielt, die Aufmerksamkeit des Lesers auf den uneindeutigen Status des Textes zu lenken. Obwohl wie eine Samisdat-Schrift aus dem Untergrund aufgemacht, soll dieses Dokument entdeckt werden. Es soll die Aufmerksamkeit der Polizeiführung auf den starken Unmut an der Basis lenken. Die quasi-offizielle Sprache, in der provozierend rassistische Aussagen gemacht werden, soll die Glaubwürdigkeit der offiziellen Version von den »guten Beziehungen zur Bevölkerung« unterminieren. Dazu wird deren unrealistische Sichtweise mit der realen Notwehrsituation »im Dienst« kontrastiert. So werden beispielsweise Multikulturalismus

(»Informationen über lokale Sitten und Traditionen«) und ein quasi-
soziologischer Jargon (»es ist statistisch erwiesen ...«) eingesetzt,
um die Theorien ironisch zu kommentieren, die die Beamten kennen-
lernten, als sie für »gute Beziehungen zur Bevölkerung« ausgebildet
wurden. Das Zitieren ist hier ein Akt der Rache gegen eine liberale
Haltung, die als Apologie schwarzer Kriminalität betrachtet wird.[25]
    Andere zitierte Quellen sind vielleicht schwerer zu erkennen oder
unbewußt. Wie ein Echo auf den kolonialen Diskurs klingt beispielsweise die von den Jugendlichen getroffene Unterscheidung zwischen
»guten Schwarzen« (die das Urteil des ersten, verlorenen Kampfes
akzeptieren) und »bösen Schwarzen« (die »Foul« schreien und zurückschlagen und versuchen, das Urteil der Gesellschaft umzukeh-
ren, das sie zu permanenten Verlierern macht). Auch im Polizeikom-
muniqué wirkt der koloniale Diskurs: bei der surrealen Anthropolo-
gie von Brixton und seinen »fremdartigen Schwarzen Einwohnern«.
Aber das Bild einer dünnen rot-weiß-blauen Linie[26], die die Zivilisation, das britische »Fair Play«, vor den eng geschlossenen Reihen
schwarzer Barbaren schützt, wird plötzlich durch ein noch atembe-
raubenderes Bild gekontert – das einer Polizei, die die Einwohner
Brixtons in Schrecken versetzt, indem sie wie die Indianer in Kriegsgeheul ausbricht und wie die Zulu-Kämpfer auf ihre Schilder trom-
melt. Warum charakterisieren sich die Polizisten als Leute, die sich
»wie Wilde« aufführen? Ist es eine bewußte, ironische Umkehrung
der negativen Stereotypen von Schwarzen? Oder handelt es sich um
einen distanzierenden Kommentar zu dem Bild, das sich viele von
der Polizei tatsächlich machen? Zeugt es gar von der, wenn auch ver-
leugneten, Erkenntnis, daß die Polizei die »Gesetze zivilen Verhaltens«, die sie eigentlich sichern sollte, selbst verletzt, und daß dies
nirgends so offensichtlich ist wie in ihrer Behandlung der schwarzen
Bürger? Was bedeutet in diesem Kontext die ironische Aussage, die
das »Einschwärzen« verbietet, bedenkt man seine doppelte Konnota-
tion als Tarnung bei nächtlichen Militärmanövern und als Verklei-
dung weißer Unterhaltungskünstler, die Schwarze darstellen?

Zwischen den Zeilen

Unsere Untersuchung hier enden zu lassen, würde bedeuten, die
Elemente auszuklammern, von denen ich vorher behauptet habe,
daß sie die Tiefenstruktur des Textes ausmachen. Um die Kulturen
des Rassismus zu verstehen, aus denen heraus diese Texte produziert

wurden, müssen wir von einer semiotischen Analyse zu Problemen fortschreiten, die in den sozialen Verhältnissen begründet sind. Ich beginne mit einem offensichtlichen Paradox. Wir haben es mit einer Bande arbeitsloser weißer Jugendlicher zu tun, die sich als eine Art lokale herrschende Klasse imaginiert, und die wütend ist, daß diese Position der Allmacht von einer Gruppe schwarzer Jugendlicher usurpiert wird, die noch benachteiligter ist als sie. Und da gibt es eine Gruppe vom Staat zur Gewaltausübung autorisierter Polizeibeamter, die sich als belagerte und unterdrückte Minderheit imaginiert, als Opfer einer allmächtigen Verschwörung zwischen dem weißen liberalen Establishment und dem schwarzen Gemeinwesen. Die rassistische Vorstellungskraft stellt die Welt auf den Kopf, aber durch die Verinnerlichung der existierenden Machtstrukturen und -diskurse in konservativer Perspektive. Die weißen Jugendlichen schreiben den schwarzen eine imaginäre Position zu, von der aus diese im Vorteil sind. So können sie nicht nur die Bedingungen der Unterdrückung leugnen, unter denen Schwarze leben, sondern darüber hinaus diese Bedingungen für sich selbst beanspruchen und damit die Ausschließungspraxen legitimieren, die Schwarze »eine Stufe tiefer« stellen und sie selbst »eine Stufe höher«. Die Polizisten, die in schwarzen Wohngebieten gewohnheitsmäßig die Gesetze beugen, stellen die Jugendlichen in Brixton so dar, als täten sie das Gleiche, als würden sie sich »über das Gesetz erheben«. Sie versuchen den Eindruck zu erwecken, man habe spezielle Methoden erfunden, um schwarze Jugendliche vor den Konsequenzen ihrer illegalen Handlungen zu schützen: eine ziemlich gute Beschreibung ihrer eigenen Situation – bis vor kurzem.

Dieser »Tausch der Positionen« hat sicherlich seine Rolle dabei gespielt, die Dynamik des Rassenhasses anzutreiben. Die weißen Jungen bewundern die Dreistigkeit der schwarzen, die ihnen ihre Kentucky Chips wegschnappen und wollen sie gleichzeitig dafür verprügeln. Viele von ihnen sind heimlich auf den schwarzen Straßenstil neidisch und versuchen, ihn nachzumachen, während sie ihn gleichzeitig als Einbruch in ihren Bereich empfinden. Ebenso ist die Wut der Polizei auf »Schwarze, die bei einem Mord ohne Strafe davonkommen«, durchsetzt mit einer widerwilligen Bewunderung für die Art, wie sie auf Autoritäten pfeifen. Aber Neid ist eine ambivalente Gefühlsstruktur; sie beinhaltet sowohl den Wunsch, bestimmte idealisierte Attribute des Anderen zu besitzen, als auch den Wunsch, sie zu zerstören, weil sie etwas darstellen, was einem selbst fehlt. Der Rassismus der relativen Benachteiligung, mit seinem ständigen Refrain »die Schwarzen nehmen uns *unsere* Arbeitsplätze, Wohnungen, Frauen und jetzt noch *unsere* Ausbildungsplätze weg«, spielt darauf an, »*unser* Eigentum« zurückhaben zu wollen.

Das zentrale Paradox dieses »Tauschens von Positionen« besteht darin, daß gerade durch die Symmetrie der Umkehrung eine imaginäre Entsprechung zwischen den schwarzen und weißen Positionen behauptet wird, während gleichzeitig versucht wird, Differenz und Herrschaft zu naturalisieren. Liegt der Grund darin, daß die Konstruktion »rassischer« Identitäten ohne die Existenz der Anderen unmöglich ist, während die Anwesenheit dieser »fremdartigen Anderen« zugleich so identitätsbedrohend erscheint, daß ihre vollständige Vernichtung erforderlich ist? Ist das Messen mit zweierlei Maß (gute/böse Schwarze) und der *double bind*[27] (seid verdammt, wenn ihr anders seid, und seid verdammt, wenn ihr wie die Herrenrasse seid) eine Folge dieses widersprüchlichen Verhältnisses zum Anderen? Oder müssen wir konkretere und historisch spezifischere Formen der Vermittlung betrachten, um zu erklären wie Neid und Begehren eine »rassische« Bedeutung bekommen?

In diesem Zusammenhang ist es vielleicht sinnvoll, sich daran zu erinnern, daß die politische Klasse zwischen zwei widersprüchlichen Formen schwankt, die Zivilbevölkerung anzurufen. Sie sind diejenigen, die als das Rückgrat »der Nation« bejubelt, als Verteidiger »alter Freiheiten und Rechte« idealisiert und mit dem »freigeborenen Engländer« assoziiert werden; und sie sind diejenigen, die als »andere Rasse«, als »innerer Feind«, als das »andere England« verunglimpft werden. Durch diese beiden Anrufungen wurde eine moralische Trennungslinie zwischen den »respektablen« und den »groben« Elementen der Arbeiterklasse gezogen und ebenso zwischen den eingeborenen und den eingewanderten Bevölkerungsgruppen. Darüber hinaus hat eine ganze Reihe subkultureller Gruppen diese Anrufungen in ihre verschiedenen kulturellen Formen und Praxen eingearbeitet (vgl. genauer in Cohen 1990).

Beide, eingewanderte und eingeborene Teile der Arbeiterklasse hatten zu unterschiedlichen Zeiten das Anliegen, von den Institutionen des öffentlichen Anstandes (Kirchen, Arbeiterorganisationen, Vereine) als wahres Rückgrat »der Nation« anerkannt zu werden (zum Beispiel im Gegensatz zur dekadenten Aristokratie oder zur unpatriotischen Bourgeoisie). Sie wollten als diejenigen wahrgenommen werden, die die Integrität ihrer Traditionen gegen negative Einflüsse aus der Gesellschaft insgesamt verteidigen. Dies ist per definitionem vor allem die Aufgabe der älteren Generation und von

Frauen jeglichen Alters. Sie sind damit betraut, diese Traditionen an die nächste Generation weiterzugeben. Aber es gibt auch Gruppen innerhalb dieser Gemeinwesen, die den anderen Weg gewählt und die Rolle der »anderen Rasse« übernommen haben. Sie haben etwas Positives daraus gemacht, ein Mittel, die Exklusivität ihrer eigenen Kultur und ihre Fähigkeit herauszustellen, der herrschenden Gesellschaftsform zu widerstehen. Das war hauptsächlich ein Unternehmen männlicher Jugendlicher, die sich durch territoriale Regeln und Rituale auf der Straße behauptet haben. In diesen gegensätzlichen Formen sind ethnische und stadtteilbezogene Gemeinschaften aufrechterhalten worden, deren Mitglieder dadurch einen gewissen Stolz auf ihre historischen Ursprünge und auf ihren gegenwärtigen Platz in der Gesellschaft entwickeln konnten. Wenn diese Strukturen jedoch rassische Bedeutung bekommen, dann werden Alte und Frauen sich für den Erhalt des öffentlichen Anstandes einsetzen, während männliche Jugendliche Kämpfe um territoriale Vorherrschaft austragen. Die einheimischen Arbeiterkulturen des Rassismus sind intern nach Geschlechtern und Generationen gespalten.

Die Polizei hat bei der Entwicklung dieser kulturellen Formen eine Schlüsselrolle gespielt. Die gesetzliche Definition des Schutzes der öffentlichen Ordnung, die auf dem Prinzip des »freien Verkehrs« basiert, bringt sie unvermeidlich gegen die Aneignung der Straße durch männliche Jugendkulturen auf. In der Praxis erweist es sich jedoch als logistisch unmöglich, die strikte Einhaltung des Gesetzes zu überwachen oder diese Kulturen völlig zu unterdrücken. Statt dessen werden an vielen Orten informelle Regeln ausgehandelt, die die öffentliche Souveränität über Plätze anerkennen als Gegenleistung für eine Kooperationsbereitschaft von seiten der »verantwortlichen« Agenturen der sozialen Kontrolle. Es gibt ein Beispiel dafür in *Kampfgespräch*. Dort, wo die Polizei zitiert wird, wie sie die Territorialregeln der weißen Jugendlichen nutzt, um sie von den schwarzen Jugendlichen getrennt zu halten (»... wenn ihr auf eurem eigenen Territorium seid, werden wir die anderen einlochen, aber wenn ihr draußen seid, lochen wir euch ein!«). Die Jungen sind wütend, als die Polizei ihre eigenen Regeln bricht und sie wegen »gemeinschaftlich begangener Körperverletzung« verhaftet, obwohl sie sich auf ihrem eigenen Gebiet geschlagen haben. Damit steht das Gesetz wörtlich und metaphorisch auf der Seite der Schwarzen, die ebenfalls »außerhalb der Ordnung« stehen, weil sie die Regeln eines fairen Kampfes gebrochen haben. Und dies mobilisiert wiederum die für Sitte und Anstand zuständigen Kräfte in Gestalt der älteren

Mitglieder des Gemeinwesens, die die Siedlung »sauberhalten«
wollen und bereitwillig eine Petition unterschreiben, damit sie so
weiß wie möglich bleibt.

Die Ironie der Situation besteht darin, daß die Polizei in Wirklichkeit nicht gegenüber den weißen, sondern gegenüber den schwarzen
Jugendlichen mit zweierlei Maß mißt. Denn bis vor kurzem hat sie
keinerlei Konzessionen an die schwarze Straßenkultur gemacht,
sondern statt dessen die Statuten der öffentlichen Ordnung rigide
interpretiert und rücksichtslos durchgesetzt. Zuerst durch das be-
rüchtigte »SUS-Gesetz«[28] (das nach langen Kampagnen schwarzer
und weißer Bürgerrechtsgruppen abgeschafft wurde) und dann durch
routinemäßige Durchsuchungs- und Verhaftungsaktionen. Durch
solche Mittel werden die willkürliche Macht und die Vorrechte der
»Polizisten auf Streife« realisiert. Die schikanösen Praktiken werden
nicht nur deshalb so eifersüchtig verteidigt, weil sie zur Kultur des
institutionalisierten Rassismus innerhalb der Polizei gehören, sondern weil sie einen Teil der »Arbeiterkontrolle« gegen das Vordringen des Leitung sind. Daß die Polizei, ähnlich, wenn auch nicht
genauso wie die Arbeiterklasse, zugleich Rückgrat des Staates und
Paria der Zivilgesellschaft ist, gibt der Geschichte noch eine weitere
Wendung.

Die Rassisierung von Orten, die Entstehung einer politischen
Geographie, in der bestimmte Gebiete wie Brixton und White City
als »Frontlinien« der »rassischen« Konfrontation kodiert sind (Innen-
stadt/städtischer Dschungel/Ghetto), ist also das Ergebnis viel-
schichtiger Antagonismen innerhalb und zwischen der Polizei und
Gruppen der Arbeiterklasse, die diesen Prozeß jeweils mittragen. Er
wird ergänzt durch eine Rassisierung der Zeit, durch die Konstruktion eines »goldenen Zeitalters« vor der Ankunft von Schwarzen/
Juden/Iren. *Kampfgespräch* verknüpft beide in der nostalgischen
Darstellung einer idyllischen Kinderlandschaft, die aus großen Gär-
ten und zugänglichen öffentlichen Plätzen besteht, in denen man her-
umgammeln konnte, so lange man wollte. Dieser Tagtraum von Zeit
und Raum, in dem grenzenlose Freiheit herrscht, wird jäh unterbrochen durch die Macht des Staates (in Gestalt städtischer Bull-
dozer) und die asiatische Geschäftokratie (als Grundbesitzer). Diese
unheilige Allianz soll nicht nur die traditionellen Einrichtungen der
Arbeitergemeinschaft zerstört, sondern zudem noch diese Jugendlichen ihrer Kindheit beraubt haben!

Betrachtet man die komplexen Verschiebungen von Macht und
Positionen, die bei diesen Konstruktionen im Spiel sind, fällt es

schwer, in dem Ganzen so etwas wie eine einzige kontrollierende
Hand einer herrschenden Ideologie zu sehen. Wenn es überhaupt ein
gemeinsames Thema oder einen roten Faden gibt, dann ist es die
unausgesprochene Annahme, daß »jeder es zu etwas bringen kann,
wenn er es versucht und sich an die Regeln hält«; diejenigen, die versagen, leiden entweder unter einem angeborenen Mangel an Fähigkeiten oder haben irgendeine fremdartige Veranlagung. Eine solche
Überzeugung müßte zu einem unangenehmen Vergleich zwischen
arbeitslosen weißen und erfolgreicheren schwarzen Jugendlichen
führen. Aber dieser wird durch die Behauptung vermieden, Schwarze
bekämen einen unfairen Vorsprung durch die unsichtbare helfende
Hand der *race relations industry*[29]. Die Leistungen Schwarzer haben
demzufolge nichts mit ihren Kämpfen zu tun und das Versagen der
weißen Jungen wird von möglichen persönlichen Unzulänglichkeiten
abgekoppelt. Im Kampf gegen ihre Vorgesetzten übernimmt die Polizei Elemente dieser Position der Arbeiterklasse zur Verfolgung ihrer
eigenen, ganz andersgearteten Ziele. In beiden Fällen haben wir es
also offenbar mit einem »subordinierten Rassismus« zu tun. Zum
selbstverständlichen Bestandteil des Alltagsverstandes wird er durch
die Verknüpfung mit einer *herrschenden, aber selbst nicht rassistischen Ideologie* des Konkurrenzindividualismus – eine Konstellation also, die das genaue Gegenteil dessen ist, was normalerweise
über den Rassismus behauptet wird.

Die Frage des Individualismus wirft das Problem auf, ob wir es
hier mit einem »Neuen Rassismus« oder lediglich mit einer moderni-
sierten Version der alten Geschichte von » 'Rasse' und Imperium« zu
tun haben. Es gibt sicherlich Kontinuitäten in der Art und Weise, wie
Schwarze charakterisiert werden. Ich habe auf einige hingewiesen,
und zweifellos werden andere LeserInnen weitere finden. Ich
glaube, daß die wesentlichste Diskontinuität in den diskursiven Formen liegt, in denen die Positionen rassischer Überlegenheit konstruiert werden. Statt der selbstbewußten Ansichten, deren bloßes
Aussprechen schon die beanspruchte Überlegenheit Realität werden
läßt, durch die man sich mit der »Herrenrasse« als jemand identifiziert, der alles das ist und hat was den unterlegenen »Rassen« fehlt,
finden wir Diskurse, die auf alle möglichen Mittel zurückgreifen,
um eine Erzählung zu konstruieren, die aus flehentlichen Bitten
besteht. Sie ist gekennzeichnet durch auffällig uneindeutige und ironische Selbstbezüge und eine Litanei wirklicher oder eingebildeter
Leiden. Dies ist ein rassistischer Diskurs, der geprägt ist durch die
Identitätsbruchstücke, die ihn hervorgebracht haben. Seine inneren

Widersprüche sind deshalb sowohl expliziter artikuliert, als auch stärker verleugnet. Zum Beispiel ist es heute schwieriger als je zuvor, den respektablen Rassismus Marke »Rückgrat der Nation« mit der aggressiven Politik der »territorialen Armeen« zu versöhnen, die unter dem Banner der Fußballvereine Milwall oder Manchester United marschieren. Die »last-night-of-the prommers«[30] mögen die gleiche Fahne schwenken wie die Fans der englischen Weltmeisterschaftsmannschaft, aber letzten Endes tanzen sie doch nicht zur gleichen Melodie.

Ich glaube, dies ist wirklich einmal ein Grund zur Freude. Die populare Kultur des Rassismus ist weder so einheitlich, noch sind die Positionen in ihr so stabil, wie manchmal angenommen wird. Nicht jeder Aspekt von *Kampfgespräch* hat eine rassistische Bedeutung. Es gibt Momente, in denen ein schwarzer Standpunkt auftauchen kann (»Die Schwarzen denken das Gegenteil; sie denken, die Polizei hat es auf sie abgesehen«). Einige Mitglieder der Gruppe waren begeisterte Reggae-Anhänger – sie liebten die Musik und haßten diejenigen, die sie machten. Es gab Elemente in ihren Lebensgeschichten, die für nicht-rassistische Artikulationen offenblieben. Dies sind mögliche Eingriffspunkte für eine antirassistische Arbeit. Selbst die Polizeikultur ist nicht monolithisch. Der Beamte, der uns das inoffizielle Kommuniqué gab, riskierte seinen Kopf, als er sich öffentlich gegen den Rassismus unter seinen Kollegen stellte. »Seine Kameraden verraten« und Kooperation mit dem »inneren Feind« (Antirassisten, Liberale) sind laut Verhaltenskode der Mannschaft Kapitalverbrechen. Dennoch hatte er genug Mut und Beistand, um dieses Material der öffentlichen Diskussion zugänglich zu machen.

Das bringt uns schließlich auf einige mehr praktische Fragen. Sollten Sozialarbeiter versuchen, diese Jugendlichen in die Gemeinschaft zu integrieren, oder sie von ihr isolieren? Wäre es eine gute Taktik gewesen, die Feindseligkeit der Erwachsenen gegen das delinquente Verhalten der Gruppe auszunutzen, statt den Rassismus der Jugendlichen zu betonen, dem die Erwachsenen ganz offensichtlich bis zu einem gewissen Grad zustimmten? Hätte ein solcher Versuch es erleichtert oder erschwert, die örtliche Polizei mit ihrer Unfähigkeit zu konfrontieren, das schwarze Gemeinwesen vor rassistischen Angriffen zu schützen? Besteht langfristig die Gefahr, daß diese »zum harten Kern gehörenden Rassisten« einen gewissen Ruhm erlangen, wenn man die Aufmerksamkeit auf sie konzentriert? Ist es produktiver, sich darauf zu konzentrieren, antirassistische Arbeit mit Eltern und jüngeren Kindern zu machen, also zu versuchen, den Einfluß, den solche Banden als Vorbilder für die nächste Generation haben, zu minimieren? Oder ist das ein Rat der Verzweiflung, der die Kultur des Rassismus für fester verwurzelt und unveränderbarer hält als sie es tatsächlich ist?

Was die Polizei angeht: sollte die Veröffentlichung solcher Aussagen wie sie in dem inoffiziellen Kommuniqué gemacht werden, als Disziplinarvergehen behandelt werden, oder würde das nur den Widerstand der einfachen Beamten gegen die Einführung von antirassistischen Maßnahmen in der Truppe verstärken? Wäre es nützlicher, Ausbildungsformen zu entwickeln, in denen solche Haltungen systematisch angegangen werden könnten? Welche Veränderungen in der Polizeistruktur und in ihrer Ideologie wären nötig, damit solche Ausbildungsformen das unmittelbare Verhalten der Polizei gegenüber Schwarzen auf der Straße beeinflussen?

Selbst wenn es niemals einfache Antworten auf solche Fragen geben wird und sicherlich keine, die von einer »korrekten Analyse« abgelesen werden könnten, lernen wir dennoch um so schneller aus unseren Fehlern, je besser wir über die komplexen Zusammenhänge informiert sind, die diesen Fragen zugrundeliegen.[31]

Regeln der relativen Autonomie

Die von mir hier vorgeführte Form, rassistische oder antirassistische Diskurse zu lesen, geht davon aus, daß das, was in und zwischen ihnen vorgeht, komplexer und widersprüchlicher ist, als man gemeinhin annimmt. Betrachtet man sie als Beispiele einfacher binärer Gegensätze zwischen gut und böse, rational und irrational, begeht man den Fehler, sich nicht mit dem zu befassen, was in diese Diskurse investiert wird. Ich habe diese »anderen Schauplätze« der theoretischen und politischen Ideologie in einem früheren Artikel im Detail untersucht (Cohen 1990). Hier möchte ich nur die Elemente darlegen, die für einen anderen Argumentationsmodus nötig sind. Wie müssen die »Etiketten« des Antirassismus verändert werden, damit die Bedingungen für eine produktivere Debatte geschaffen werden?

Es gibt eine Reihe ungeschriebener Gesetze oder Axiome, die in Frage gestellt werden müßten. Das erste und restriktivste können wir als das »Totalisierungs«-Gesetz bezeichnen. Danach muß jede theoretische Aussage oder politische Initiative Rassismus als Ganzes angehen, und zwar auf einen Schlag und ein für allemal. Tut sie das nicht, wird sie als »reformistisch«, »liberal« oder sogar »rassistisch«

verurteilt. Ich schlage vor, daß wir an diese Stelle die Regel der »relativen Autonomie« setzen. So wie verschiedene Seiten und Formen des Rassismus ihre eigenen Existenzbedingungen und Artikulationsweisen haben, so erfordern sie jeweils bestimmte Formen der Analyse und der Intervention, wobei jede ihre eigenen Kriterien und ihre eigene Wirksamkeit hat. Diese Regel kann uns helfen, klar zu unterscheiden zwischen solchen Interventionen, die versuchen, die strukturellen Bedingungen zu verändern, unter denen rassistische Diskurse direkt oder indirekt reproduziert werden und solchen, die versuchen, ihre Verbreitung in bestimmten Mikrokontexten zu unterbrechen oder/und alternative Geschichtsentwürfe einzuführen. Beide sind nötig, aber beide erfordern radikal verschiedene Organisationsformen und Handlungsweisen. Ein Erfolg auf der Ebene der makroinstitutionellen Politik produziert nicht automatisch einen Folgeeffekt auf der Ebene der alltäglichen sozialen Interaktion. Lokale »Graswurzel«-Initiativen bringen nicht notwendigerweise Modelle hervor, die als Strategien zur sozialen Transformation verwendbar sind. Dies ist kein Grund, das mit diesen Mitteln jeweils Erreichbare geringzuschätzen. Viele antirassistische Initiativen haben ironischerweise deshalb versagt, weil sie angenommen haben, es gäbe einen unmittelbaren Transfer von der Politik zur Alltagspraxis. Aber wie jeder bestätigen wird, der einmal in einer Gleichstellungskommission gesessen hat, ist es eine Sache, Politik zu formulieren und eine ganz andere, sie durchzusetzen. Denn je näher man an die konkreten *race relations* herankommt, desto weniger entsprechen sie den Modellen, die Grundlage für die Entwicklung einer bestimmten Politik waren[32].

Ein zweites Problem ist »ethnische Glaubwürdigkeit«, d.h. die Glaubwürdigkeit aufgrund ethnischer Zugehörigkeit. Sie führt dazu, daß bestimmte Texte kanonisiert oder bestimmte Denkschulen ausgezeichnet werden als besäßen sie eine authentische und damit korrekte Perspektive in bezug auf Rassismus. Die ungeschriebene Regel dieses Wissens-/Machtspiels lautet, daß an die Arbeiten, die von »ethnischen« Autoren produziert werden (schwarz, jüdisch oder irisch etc.) sehr milde Maßstäbe angelegt werden und andere, sehr viel kritischere an die Arbeiten derjenigen, die nicht in gleicher Weise »autorisiert« sind. Die Ausbeutung der Ethnizität ermöglicht vielleicht so etwas wie eine ursprüngliche Akkumulation von kulturellem Kapital, aber sie trägt nichts dazu bei, die Zahl der Rezipienten einer solchen Arbeit zu erhöhen oder ihre Aussagekraft zu steigern. Die meisten KünstlerInnen und AutorInnen von Format haben solche Zuschreibungen deshalb zurückgewiesen, auch wenn sie indirekt davon profitiert haben. Das Beharren darauf, eine bestimmte intellektuelle Tradition oder eine Gruppe von Werken besitze ein Monopol auf die Wahrheit über den Rassismus, weil sie die »objektiven Erfahrungen derjenigen« widerspiegele, die ihm unterworfen sind, ist Teil desselben Spiels.[33]

Gegen diese Überlegungen schlage ich die Regel der eingeschränkten Selbst-Referenz vor: Jede Arbeit oder Praxis sollte zuerst nach ihren eigenen Leistungen bewertet werden, unabhängig von der ethnischen Herkunft, den Verbindungen oder dem ethnischen Status des Autors. Die Urteile sollten auf Kriterien basieren, die direkt und unmittelbar auf Form und Inhalt des Textes bezogen sind. Es ist durchaus angemessen, auf eine politische Aussage, ein Manifest oder ein politisches Dokument politische Kriterien anzuwenden. Es ist jedoch nicht angemessen, einen Roman oder einen Film, ein Kunstwerk oder eine Philosophie politisch zu bewerten, wenn die fragliche Arbeit nicht diese Form hat (d.h. wenn sie sich nicht in Begriffen des politischen Diskurses artikuliert). Lediglich literarische, filmische, ästhetische oder philosophische Kriterien auf eine solche Arbeit anzuwenden, heißt nicht, daß sie nicht nach bestimmten Wertmaßstäben klassifiziert werden kann. Es ist zum Beispiel sicherlich möglich, die Merkmale einer rassistischen Ästhetik oder einer antirassistischen philosophischen Praxis zu identifizieren und den Beitrag zu untersuchen, den ein bestimmtes Werk für deren jeweilige Entwicklung leistet.[34]

Eine Konsequenz dieser Regel und eine Bedingung ihrer Wirksamkeit wäre die Etablierung einer angemessenen individuellen Arbeitsteilung, die nicht mehr auf dem Anspruch basiert, Theorien oder Disziplinen zu totalisieren. So hat der historische Materialismus uns viel über die politische Ökonomie der Wanderarbeit und den ungleichen Tausch zwischen dem Kapitalismus der Metropole und der Dritten Welt zu sagen, aber er war ziemlich unfähig, die Mikrogrundlagen der rassistischen Ideologie zu erfassen. Ebenso ist die Psychoanalyse eine unentbehrliche Methode zur Erforschung der tieferen Schichten der rassistischen Vorstellungswelt, aber sie produziert die absurdesten reduktionistischen Theorien, wenn versucht wird, Aufstieg und Fall des Faschismus und des Nationalstaates mit ihren Begriffen zu erklären.[35] Respekt für die relative Autonomie dieser Ebenen und für die ihnen entsprechenden verschiedenen Modalitäten der Untersuchung ist eine unentbehrliche Voraussetzung für die Entwicklung anti-reduktionistischer Perspektiven.

Eine weitere Schwierigkeit hat sich aus der Bevorzugung juristischer oder quasi-juristischer Maßnahmen zur Unterdrückung rassistischer Diskurse ergeben. Obwohl es nötig ist, ethnische Minderheiten vor verbalen Angriffen zu schützen und zu demonstrieren, daß alle Formen rassistischer Beleidigungen gesellschaftlich geächtet sind, folgt daraus nicht, daß Kriminalisierung immer die beste Methode ist. Man riskiert damit nicht nur, aus Tätern Helden und Märtyrer zu machen. Es kommt in der Praxis auch zu einer schädlichen Spaltung zwischen reaktiven Strategien, die sich gegen sehr spezifische Zielgruppen richten, und aktiven Ansätzen, die sich auf nebulöse Allgemeinplätze berufen, zum Beispiel darauf, »die richtige moralische Einstellung« zu schaffen. Noch ernster zu nehmen ist ein weiteres Problem: Formen von Disziplinierung und Überwachung können zwar diskriminierendes Verhalten in der Öffentlichkeit kontrollieren – und hoffentlich verhindern –, aber die informellen Kulturen des Rassismus, die diese Praxen aufrechterhalten, werden damit in einen unerreichbaren Raum »privaten Verhaltens« verwiesen. Versuche, auf dieser Ebene zu intervenieren, verwenden oft ähnliche Methoden, zum Beispiel das antirassistische Training (RAT)[36] (eine gute Kritik findet sich bei Sivanandan 1985). RAT hat vielleicht die Kulturen des Rassismus erfolgreich in den Untergrund gedrängt, aber die erzwungene Abschiebung ins Private hat sie nicht immer zum Schweigen gebracht; in vielen Fällen führte sie zu verdeckten kodierten Ausdrucksformen, die letztlich den populären Widerstand gegen Antirassismus gestärkt haben.

Der exzessive Rückgriff auf die Wirkung von Strafen und Sanktionen beim Versuch, rassistische Ideologien zu verbieten (ein rein äußerlicher Eingriff), ist ein Merkmal des »Superegoismus«, der mit dem doktrinären Antirassismus assoziiert wird. Statt dessen schlage ich die Regel der »verhältnismäßigen Reaktion« vor. Wenn Leute eine rassistische Sprache benutzen, um Mitglieder ethnischer Minderheiten einzuschüchtern, ist es angemessen, alle notwendigen Sanktionen anzuwenden, um sie daran zu hindern. Wenn rassistische Witze, Geschichten und Bilder als Mittel sozialer Abschottung benutzt werden, um ethnische Minderheiten kulturell auszuschließen, dann sollte dies durch besondere pädagogische Methoden, gekoppelt mit Maßnahmen, die die ausschließende Wirkung verhindern, angegangen werden.[37]

Die Grundregeln, die ich für antirassistische Arbeit vorschlage, lassen sich nicht mit Gewalt durchsetzen. Man kann sie nicht einmal vorschreiben. Sie schließen ausdrücklich jeden Versuch aus, eine

einzige korrekte Linie oder einen einzigen Ausgangspunkt zu er-
zwingen. Ihrer Definition nach können sie nur funktionieren, wenn
man sich im Rahmen einer demokratischen Diskussion freiwillig auf
sie einigt. Sie entsprechen dem Bedürfnis, einen Antirassismus ohne
die Bequemlichkeit unveränderbarer Definitionen und undurchlässi-
ger Grenzen zu entwickeln, und ohne die damit einhergehenden
moralischen Gewißheiten. Aber wenn ich für einen neuen Pluralis-
mus der Anstrengungen plädiere, dann nicht, um einen ziellosen Relativismus zu propagieren, bei dem »alles geht«. Im Gegenteil, die
Anforderungen, die nun an das intellektuelle und politische Engagement gestellt werden, sind sogar höher. Sie nötigen uns beispielsweise zu erkennen, daß Rassismus nicht nur ein Minenfeld persönlicher Interessen ist, sondern daß hier unvermeidlich mächtige
Gefühlsstrukturen – Zorn, Haß, Schmerz und Neid – ins Spiel kommen, die sublimiert oder verleugnet werden. Wir müssen unsere
Theorien und Praxen im Lichte dieses »verborgenen Programms«
beständig in Frage stellen. Aber wenn wir zwischen den Zeilen lesen
können, wenn wir so sensibel für das Schweigen und die Mehrdeutigkeiten des Diskurses werden, wie wir es bereits für seine lautstar-
ken und repressiven Formen sind, dann sind wir vielleicht besser
gerüstet, die Widersprüche des Rassismus auszunutzen. Das ist meiner Meinung nach kein Rat der Verzweiflung, sondern ein Prinzip
der Hoffnung.

50

Zweiter Teil
Spiel und antirassistische Erziehung

Verbotene Spiele

Das Spiel denken

Kinderspiele sind erst seit relativ kurzer Zeit (seit hundertundfünfzig Jahren) Thema öffentlichen Interesses und öffentlicher Debatten. Erst seitdem Kinder nicht mehr als Quelle zusätzlicher Arbeitskraft gelten, sondern statt dessen zum besonderen Objekt emotionaler Zuwendung wurden, konnte die Kindheit zur privilegierten Stufe menschlicher Entwicklung werden und das Spiel zur zentralen, sie definierenden Aktivität. Diese »bildende« Funktion des Spiels wird wahrscheinlich in Zukunft noch höher bewertet werden, da Freizeit und Lebensstil für die Erwachsenenidentität einer zunehmenden Zahl von Menschen in postindustriellen Gesellschaften genauso wichtig (wenn nicht noch wichtiger) werden wird wie die Arbeit.

Es wäre verwunderlich, wenn in Gesellschaften, die soviel Hoffnungen, Ängste und Bargeld in Kinder investieren, allgemeinere öffentliche Anliegen (zum Beispiel die Lage der Familie oder der Nation) nicht in den Theorien über das Spielen ihr Echo fänden. Einige Autoren argumentieren umgekehrt. Ihrer Meinung nach haben die Diskurse, die »das Kind« und sein Spiel als besonderes Objekt »normalisierender« Interventionen konstruieren, eine zentrale Rolle dabei gespielt, die hegemoniale Position von Vorstellungen über Nation, Familie und Erziehung zu stabilisieren, die andernfalls in Frage gestellt worden wäre.

Von welcher Seite wir es auch betrachten, die Theorie des Spielens, die jeweils in Mode ist, entspricht nicht unbedingt den Erfahrungen der Spielenden. Was Experten als »bedeutsam« ansehen, kann Kindern trivial erscheinen. Theoretische Ideologien oder bestimmte Methoden der Analyse können ForscherInnen blind machen für Aspekte der Schulhofkultur, die für Eltern oder LehrerInnen »klar auf der Hand« liegen. Eine ältere Generation kann ein starkes emotionales Interesse daran haben, die Kontinuitäten in Theorie und Praxis des Spiels gegen neues Denken und neue Zeiten zu verteidigen.

Hier schließen sich Eltern, ErzieherInnen und KinderpsychologInnen oft zusammen, um den Untergang der traditionellen Spiele (z.B. derjenigen, aus ihrer Kindheit) und der alten Zeiten zu betrauern – und sei es nur, um sich für diese »Tatsache« gegenseitig verantwortlich zu machen.

Die Spielplätze der neunziger Jahre dieses Jahrhunderts *sind* sehr verschieden von denen der neunziger Jahre des letzten Jahrhunderts: sozial, kulturell und was die Umwelt angeht. Die materielle Kultur der Kindheit ist nicht wiederzuerkennen, wie ein Vergleich der Bilder aus diesen Epochen schnell bestätigen wird. Viele Veränderungen sind den Transformationen der Geschlechter-, Klassen- und ethnischen Verhältnisse geschuldet, die bis zu den kulturellen Formen der Kindheit durchgedrungen sind; einige ergaben sich aus Veränderungen im offiziellen Denken, in der Kommunalpolitik, in der Bildungspolitik. Sie haben jeweils das Grundmuster des Spiels beeinflußt und neue Bedingungen dafür geschaffen. Auch die Theorien des Spielens haben sich verändert – je nachdem, welche Aspekte der Kindheitserfahrung jeweils in den Vordergrund gestellt wurden. Beim Lesen der wissenschaftlichen Literatur ist manchmal ziemlich schwer festzustellen, ob die Kinder sich geändert haben oder bloß die Theorien über sie.

Zum Teil sind die Arbeiten deshalb problematisch, weil alle sich als ExpertInnen auf diesem Gebiet betrachten. Aber wann immer jemand diesen oder jenen Aspekt des Kinderspiels zum Ausgangspunkt von allgemeinen Betrachtungen über den Zustand der Menschheit oder die Wertekrise macht, können wir ziemlich sicher sein, daß es sich um die Projektion eines bestimmten ideologischen Standpunktes – der oft auf einer sehr privilegierten, eurozentrischen Sichtweise der Welt beruht – auf die Leinwand der Kindheitserinnerungen handelt.

Natürlich ist es einfacher, dies bei einigen der früheren Theorien zu erkennen; aber manche ihrer Ideen sind inzwischen so sehr zum Bestandteil der »selbstverständlichen« zeitgenössischen Kindererziehung geworden, daß es oft ein ziemlicher Schock ist, wenn ihre Herkunft auf so »altmodische« Wurzeln zurückführt werden kann.

Die klassischen Theorien: Hall, Freud und Piaget

Die beständigsten und populärsten Theorien sind diejenigen, die versuchen, das Spielen auf einer bestimmten Verhaltens»stufe« sowohl in der Entwicklung des Selbst als auch in der Gesellschaftsentwicklung zu lokalisieren. Sie beginnen mit Stanley Halls berühmter Rekapitulationstheorie, die 1880 veröffentlicht wurde. Hall zufolge wiederholt das Kind im Prozeß des Erwachsenwerdens die historischen Entwicklungsstufen der menschlichen Gesellschaft, indem es sich vom Steinzeitbaby zum modernen Menschen entwickelt. Man nahm an, dem Spielen komme in diesem Zivilisationsprozeß eine zentrale Bedeutung zu. Hall schreibt: »Im Spiel ist jede Empfindung und jede Bewegung Instinkt und Erbe. So üben wir die Handlungen unserer Vorfahren ein und wiederholen ihre Lebensarbeit in einer Weise, die unbewußt an unsere Abstammungslinie erinnert.« (1901: 2)

Die Probleme der Vererbung, die im Zentrum der Rekapitulationstheorie stehen, sind stark beeinflußt von sozialdarwinistischen Themen. Hall kam als erster auf den Gedanken, man könne die Spiele so strukturieren, daß Kinder durch sie ihre Lernfähigkeit verbessern oder darin, wie er es ausdrückte, »ihre soziale und moralische Anpassungsfähigkeit an die städtische industrielle Revolution kultivieren.« Wie wir noch sehen werden, wurde dieser Gedanke später von Politikern und Erziehern im ersten Jahrzehnt des zwanzigsten Jahrhunderts aufgegriffen, die sich um die »Zukunft der Rasse« sorgten und an den Jugendlichen die Anzeichen für den beginnenden »Niedergang des Imperiums« wahrnahmen.

Das Kind als Verkörperung des Primitiven, und Spielen als milde Regression waren keine auf die wilden Gefilde der Rassenpsychologie beschränkten Vorstellungen. Sie finden sich in verschiedenen Formen auch in den Arbeiten Freuds und Piagets. Freud sieht in Kinderspielen aggressive Formen der Wunscherfüllung, in denen die emotionalen Konflikte der ersten Lebensmonate entweder agiert oder in symbolischer Form beherrscht werden. Sein Schlüsselbeispiel ist das Spiel, in dem ein Kleinkind immer wieder eine Garnrolle aus der Wiege wirft, damit jemand sie zurückbringt, wobei es jeweils »weg« und »da« sagt. Dieses Spiel, der Prototyp des Such- und Versteckspiels und zahlloser anderer Verfolgungsspiele, wird von Freud als Versuch des Kleinkindes erklärt, mit der Dialektik der mütterlichen Anwesenheit und Abwesenheit fertig zu werden. Das Ritual und seine Wiederholung ermöglichen es dem Kleinkind, den Schmerz über Verlust und Trennung zu beherrschen. So weit, so gut. Aber Freud ging einen Schritt weiter und geriet auf ein sehr viel heikleres und ideologisch gefährlicheres Gebiet, als er in »Das Unbehagen in der Kultur« behauptete, solche obsessiven Rituale und das sie begleitende magische Denken seien symptomatisch für das, was Kind, Künstler, erwachsenen Neurotiker und primitiven »Wilden« verbinde (vgl. Freud 1991 und 1993).

Im Gegensatz dazu entdeckt Piaget (z.B. 1981) im Spiel ein geordnetes Universum von Regeln und Gesetzen, die das Kind im Laufe seiner kognitiven und moralischen Entwicklung, in der es jeweils Stufen steigender Komplexität durchläuft, zu beherrschen lernt. In dem Maße, in dem das Kind vom prä-operationalen zum operationalen und schließlich zum voll reflexiven Denken vorwärtsschreitet, ändert sich auch der Charakter des Spiels. Die frühen Phantasiespiele verlieren ihre Anziehungskraft und Spiele mit höherem sozialen Organisationsgrad, die mehr an Regeln gebunden sind, nehmen ihren Platz ein. Der Fortschritt verläuft von Monstern über Murmeln zu Schach. Freuds Kind ist eine Dichterin oder ein Träumer, der/die Batman oder Wondergirl in einem Familienroman spielt und dabei den Tagtraum edler Herkunft mit dem (allzu häufigen) Schicksal der Subordination versöhnt. Piagets Nachwuchs kommt dagegen gleich zur Sache und spielt Tausch, um die Gesetze des Austauschs und der ursprünglichen Akkumulation zu lernen.

Beide Theorien sind typische Beispiele dafür, wie ein allgemeines Modell menschlicher Psychologie auf einzelne Aspekte von Kinderspielen gestützt wird und deshalb letzten Endes kein allgemeines Modell ist. Freud konzentriert sich auf Phantasie oder auf »Als-ob-Spiele«, die allein gespielt und normalerweise improvisiert werden und die, wie Tagträume, »Primärprozesse« des Denkens sind. Für Piaget haben solche Spiele vor allem eine negative Bedeutung, weil sie in seinen Augen nicht die Entwicklung der Vernunft fördern. Er interessiert sich mehr für hochstrukturierte und kodifizierte Spiele wie das Murmelspiel, bei dem Kinder die sozialen und kognitiven Fähigkeiten trainieren, die für das spätere Erwachsenenleben nötig sind. Beide würden aber darin übereinstimmen, daß die Elemente von Ritual und Phantasie in Kinderspielen Beispiele »primitiven« oder regressiven Verhaltens sind. Während sie jedoch für Freud und für Huizinga nach vorne weisen, in Richtung auf höhere Formen kultureller Sublimierung und kreativer Aktivität, bleiben sie für Piaget ein irrationaler Rest, der die späteren intellektuellen Leistungen zu unterminieren droht.

Romantiker und Rationalisten

Trotz ihres wissenschaftlichen Anspruchs bleiben die klassischen Theorien (vielleicht unbewußt) beeinflußt von den herrschenden

Erzählungen und alltäglichen Vorstellungen darüber, wie Kinder aufwachsen und Mitglieder ihrer Gesellschaft werden. Das Thema Spielen als Freund oder Feind des »Zivilisationsprozesses« hat seinen Ursprung in einer sehr viel früheren Periode, nämlich in der »großen Debatte« zwischen den Rationalisten und Romantikern des achtzehnten Jahrhunderts, deren Refrain noch heute in der Literatur widerhallt.

Im pädagogischen Projekt der Aufklärung hatte das Spielen eine besondere Stellung. Man war der Auffassung, es sei das fehlende Zwischenglied zwischen Natur und Kultur, Leidenschaft und Vernunft, Primitivität und Zivilisation. Es verwies zurück auf die tierischen Ursprünge und zugleich nach vorn auf die höchsten Entwicklungsformen der Menschheit. Deshalb konnte es für die erzieherische Aufgabe eingespannt werden, Kinder aus der Versklavung durch ihre niedrigeren Instinkte zu befreien und sie in den Stand der moralischen und geistigen Aufklärung zu versetzen, der durch die »höherwertige« Kraft der Vernunft zu erreichen war.

Diese hierarchische Sicht der menschlichen Entwicklung führte zur Bildung sozialer Spaltungen. Die »natürliche« Veranlagung zum Spielen war das Merkmal des edlen Wilden und konnte ebenso Frauen, Kindern und der Arbeiterklasse zugeschrieben werden. Gemeinsam war ihnen die Unfähigkeit, aus Spiel Arbeit zu machen, die kapriziösen Gelüste des Körpers im Dienste der Vernunft und der Gesellschaft zu disziplinieren.

Dem Spielen wurde deshalb im Prozeß der »Sozialisation« eine produktive Funktion zugeschrieben. Im viktorianischen Zeitalter verbreitete sich die Auffassung, daß die Fähigkeit, das Spiel in kreativer Arbeit sublimieren zu können, als Beweis dafür gelten könne, daß man das Stadium wirklichen Menschseins erreicht habe. Verkörpert wurde es jeweils durch den Unternehmer, den aristokratischen Kunstmäzen oder den intellektuellen Forscher.

Gegen dieses Aufklärungsmodell gab es immer eine Opposition. Die romantische Bewegung brachte einleuchtende Argumente für ihre Ansicht vor, im Zivilisationsprozeß der westlichen Gesellschaften gäbe es überflüssige Formen politischer und emotionaler Repression. Für die Romantiker ist das Spiel, nicht die Arbeit, das wesentliche Merkmal menschlicher Kreativität. Verschiedentlich hieß es, Frauen, Kinder, die Arbeiterklasse oder Nicht-Europäer könnten, gerade aufgrund ihrer überlegenen Fähigkeit, das Spiel selbstzweckhaft zu genießen, die moralische Ökonomie des Kapitalismus, des Patriarchats oder des Rassismus zersetzen.

Seit Rousseau ist diese romantische Vision des Spielens ein wichtiges Mittel gewesen, die Philosophien einer libertären Erziehung
mit den Ideologien der politischen Revolution zu verbinden. Aber
sie hat auch viele Wandlungen durchgemacht. Im utopischen Denken des neunzehnten Jahrhunderts fand das Bild der Revolution als
Fest der Unterdrückten seine Entsprechung in der Porträtierung von
Kindern als »natürlichen Anarchisten«. Diese Verknüpfung wurde in
der Rhetorik des Mai '68 aktualisiert, am deutlichsten in den Pro-
grammen der französischen Situationisten, in ihrer lyrischen Beschwörung der im Alltagsleben steckenden Möglichkeiten des Spielens, mit denen das Konsumspektakel unterwandert werden könnte.

Die Linke hat keinen Alleinanspruch auf diese Argumente. Die
romantische Position wird problemlos von einer narzißtischen Kultur aufgenommen, die mit der vorherrschenden Ideologie des Individualismus und mit dem Ziel, »nur die eigenen Wünsche zu verwirk-
lichen«, restlos vereinbar ist. In Britannien hat das Entstehen der
Unternehmerkultur in den achtziger Jahren dieser Geschichte eine
neue Wendung gegeben. Es entwickelte sich eine auf den Bau von
Abenteuerspielplätzen für Erwachsene spezialisierte Freizeitindu-
strie. Dort konnten die Yuppies lernen, mit Streß fertigzuwerden,
indem sie Tarzan oder den nackten Affen spielten. Die Entdeckung
des Spielens als natürlichen Weg, die Entfremdung in der Arbeit zu
heilen, versöhnte sogleich Genuß und Profit.

Es gab auch direktere Interventionen der Neuen Rechten. An
Popularität gewonnen haben ethologische Theorien, die auf der
Gemeinsamkeit zwischen menschlichem und tierischem Spielen
insistieren: Es handele sich jeweils um eine friedliche Ritualisierung
von Aggressionen, die mit sogenannten »Gesetzen der Territorialität« zusammenhingen. Soziobiologen treten auf und erklären, wenn
Mädchen lieber sitzen und stricken oder in geschützten Ecken des
Schulhofes Seilhüpfen spielen, während die Jungen über den ganzen
Platz toben und Verfolgungsjagden oder rauhe und chaotische Spiele
bevorzugen, dann habe das nichts mit der ungleichen Machtvertei-
lung im sozialen Raum zu tun, sondern sei das Ergebnis eines langen
evolutionären Prozesses im Primatenverhalten, in dessen Verlauf
sich Mädchen als Sammlerinnen und Jungen als Jäger spezialisiert
hätten (das genaue Gegenteil der wirklichen Arbeitsteilung in Samm-
ler- und Jägergesellschaften).

Die Schwäche der romantischen Position ist ihr zähes Festhalten
an einem antiindustriellen und städtefeindlichen Standpunkt, von
dem aus sie die degenerierende Wirkung des »modernen Lebens«

(einschließlich der Massenmedien) auf die »natürliche Kreativität« der Kinder betont. Diese Themen sind wie geschaffen für konservative Kulturideologien, die Argumente für den Erhalt »traditioneller« Formen der Sozialisation (die starke Familie) suchen.

Es gibt also eine gewisse Verwandtschaft zwischen libertären Definitionen des Spielens als Form spontaner Anarchie und autoritären Versuchen, es als Bedrohung der Moral und der sozialen Ordnung zu unterdrücken. Beide gründen auf ähnlichen Voraussetzungen, selbst wenn deren Bewertungen jeweils diametral entgegengesetzt sind.

Nach und nach setzt sich jedoch eine dritte Position durch, die zwischen diesen beiden Extremen vermittelt. In den Handbüchern der Kinderpsychologie ist sie heutzutage als »selbstverständlich« akzeptiert. Diese moderne konventionelle Weisheit sieht im Spielen ein wesentliches Element der emotionalen und kognitiven Entwicklung – für Erwachsene wie für Kinder. Die aggressiven und egozentrischen Impulse können darin kanalisiert und in eine sozial akzeptierte Form gebracht werden.

Die Sozialwissenschaften haben viel getan, um einen allgemeinen Konsens über diesen »Mittelweg« herzustellen. Dennoch sind im interdisziplinären Gerangel immer noch Echos der Debatte zwischen Rationalisten und Romantikern hörbar. SoziologInnen neigen eher zur rationalistischen Position und beharren darauf, Spielen sei vor allem ein Mittel, Kinder in »normative Rollen« zu sozialisieren; KulturanthropologInnen sind den Romantikern näher und betonen die eher subversive Funktion des Spielens, Autorität und Konventionen der Erwachsenen in Frage zu stellen. SozialwissenschaftlerInnen sehen im Spielplatz die Welt der Erwachsenen im Kleinformat; KulturwissenschaftlerInnen das Königreich jugendlicher Chaoswirtschaft, eine auf den Kopf gestellte Welt. Wieder werden verschiedene Formen und Funktionen des Spiels beschworen, um allgemeine Theorien über soziale Prozesse zu untermauern, die doch nur einen Teil der Geschichte erzählen. Und ebenso wie im Fall von Freud und Piaget ergänzen sich die beiden Sichtweisen. Einige Spiele (zum Beispiel Als-ob- oder Phantasiespiele) können einen Rahmen abgeben, in dem mit nicht traditionellen Rollen experimentiert oder Machtpositionen parodiert werden. Aber diese »Lizenz« kann zugleich indirekt die »normalisierende« Funktion anderer Spiele stärken, die vorhandenen sozialen Spaltungen und Machtverhältnisse zu reproduzieren.

Revisionen oder Reversionen? Erikson und die Opies

Die klassischen Theorien und die romantischen/rationalistischen Erzählungen beruhen alle auf einem dichotomischen Modell der menschlichen Psyche: das Spielen gehört entweder zur Natur oder zur Kultur; es schafft ein Theater der Emotionen oder bildet eine Schatzkammer des Intellekts; je nachdem wie man zur einen oder zu anderen Seite der Gleichung steht, wird man das Spiel positiv oder negativ bewerten: als Schlüssel zur psychischen Gesundheit und zum aufgeklärten Bewußtsein, dessen Verlust für Erwachsene gefährlich ist; oder als gefährliches, atavistisches Lustprinzip, das die Disziplin der Arbeit und der zivilisierten Gesellschaft untergräbt.

Wie weit ist dieses Modell im Denken und Forschen der neueren Zeit in Frage gestellt oder konserviert worden?

Der vielleicht elaborierteste Versuch, die Bedeutung des Spielens im klassischen Rahmen der Entwicklungspsychologie neu zu denken, läßt sich bei Erik Erikson (1978, 1982) finden. In gewisser Weise hat er Stanley Halls Rekapitulationstheorie modernisiert und relativiert. In Eriksons Modell des Lebenszyklus wiederholt die Ontogenese nicht nur die Phylogenese, sondern sie reproduziert auf jeder Stufe konfligierende Muster sozialer Identitäten und moralischer Entscheidungsmöglichkeiten, die für die ideologische Formation einer bestimmten Gesellschaft charakteristisch sind. Im Verlauf seines Lebens muß das Individuum deshalb in einer Serie »normativer Krisen«, in denen Elemente psychischer und sozialer Konflikte zusammenfallen, Entscheidungen aushandeln (z.B. zwischen Autonomie/Abhängigkeit, oder Isolation/Wechselseitigkeit). Für Erikson besteht die Funktion des Spielens darin, zwischen diesen der sozialen und der psychischen Dimension zu vermitteln und so dazu beizutragen, die Entwicklungskrisen in eine progressive Richtung zu lösen. Das ist möglich, weil durch die Ritualisierung der Erfahrungen beim Spielen ein zeremonieller Rahmen geschaffen wird, in dem das innere und das äußere Drama artikuliert, interpretiert und gelöst werden kann.

Obwohl Eriksons Modell historische und kulturelle Variationen erlaubt und deshalb auf eine Vielzahl von Gesellschaften und Perioden angewandt worden ist, kommt sein Grundschema dem spezifischen Sozialisationsmuster am nächsten, das unter dem Namen »*American Way of Life*« bekannt ist. Seine Betonung der ständig wiederkehrenden Identitätskrisen und der sozial integrierenden Funktion

des Rituals könnten als Transkription der Erfahrungen weißer EinwanderInnen in die USA gelesen werden – des ewigen Kampfes zwischen kultureller Assimilation in einer Welt des Konkurrenzindividualismus und dem Aufrechterhalten des Glaubens an die traditionellen Werte durch die Rituale des Gemeinwesens. Die Tatsache,
daß die Theorie diesen spezifischen Bezug hat, daß sie in Eriksons
persönlicher Lebensgeschichte verortet ist, entwertet sie natürlich
nicht, denn die meisten Theorien haben starke, wenn auch verleugnete autobiographische Elemente. Wir sollten aber gegenüber ihrem
Universalitätsanspruch skeptisch sein.

Der Anspruch der meisten allgemeinen Theorien auf universelle
Gültigkeit stützt sich auf eine sehr schmale, manchmal inexistente
empirische Basis. In den detaillierten ethnographischen Studien
über Kinderkulturen wurde zuweilen versucht, diese oder jene allgemeine Hypothese über die Funktion des Spiels zu »beweisen«. Aber
darin bestand im allgemeinen nicht ihre Hauptleistung, oder ihre
größte Bedeutung. Die berühmte Studie von Iona und Peter Opie
zum Beispiel, ignorierte wohl absichtlich die theoretischen Entwicklungen in der Kulturanthropologie. Tatsächlich hat ihre Arbeit,
statt die bestehenden Begriffe des Primitivismus in bezug auf vorschriftliche Völker in Frage zu stellen, der Idee vom Kind als edlen
Wilden neuen Aufschwung gegeben. In ihrer Einführung zu »Language and Lore of School Children« (Sprache und Überlieferung der
Schulkinder) schrieben sie:

»Der Volkskundler und Anthropologe kann, ohne sich eine Meile
von zu Hause fortzubewegen, eine Kultur untersuchen, die sich ihrer
selbst ebenso wenig bewußt ist, die ebenso unbemerkt ist von der
hochentwickelten Welt und ebenso wenig von ihr berührt, wie die
Kulturen eines verschwindenden Aboriginal-Stammes, der seine hilflose Existenz im Hinterland eines Eingeborenenreservats fristet. Wie
ungehobelt Kinder immer erscheinen mögen, sie bleiben die besten
Freunde der Traditionen. Wie der Wilde respektieren sie die Bräuche, bewundern sie sogar. In ihrer sich selbst reproduzierenden Gemeinschaft, scheinen sich Basissprache und grundlegende Überlieferungen über Generationen hinweg kaum zu verändern.« (1959: 2)

Die Opies forschten vor allem in den fünfziger Jahren dieses Jahrhunderts. Wie ein roter Faden zog sich die beruhigende Annahme
zwischen den Zeilen ihrer Arbeit durch, weder das kriegsbedingte
Auseinanderbrechen der Familie und des Gemeinschaftslebens,
noch das gerade entstehende Fernsehen hätten die Kinder sehr
verändert. Um diese Unzerstörbarkeit der Kultur der Kindheit zu

dokumentieren, mußten sie leider den oralen Traditionen den Vorzug vor den sozialen Beziehungen geben, die den Kontext für »Sprache und Überlieferung« bildeten und ihnen ihre Bedeutung gaben. So schufen sie den Mythos einer allgemeinen Kinderkultur, die ebenso autonom wie konservativ war und fähig, dem Vordringen des »Zivilisationsprozesses« zu widerstehen. Das war genau das Bild das viele kolonialen Anthropologen in der Zwischenkriegszeit von den »Eingeborenenkulturen« gezeichnet hatten. Es ist deshalb umso ironischer, daß die Opies, in dem Bedürfnis, das Inseldasein dieser »allgemeinen Kultur« der Kindheit zu feiern, die zahlreichen Beweise für die Volksvorurteile, die in ihren Felddaten präsent sind, ignorieren oder beschönigen.

Hier sind einige Beispiele der von ihnen gesammelten Auszählreime:

Iky Moses King of the Jews
Sold his wife for a pair of shoes
When the shoes began to wear
Iky Moses began to swear
When the swearing began to stop
Iky Moses bought a shop
When the shop began to sell
Iky Moses went to H-E-L-L

Itzig Moses, König der Juden
Verkauft seine Frau für ein Paar Schuhe
Die Schuhe war'n bald schief und krumm
und Itzig Moses fluchte 'rum.
Bald hörte er mit Fluchen auf
und hat 'nen Laden sich gekauft
Es lief der Laden ziemlich schnell
Da ging Itzig Moses zur H-Ö-L-L-

oder:

Get a bit of pork
and stick it on a fork
and give it to the jew boy jew

Hol dir Fleisch vom Schwein
Pieks die Gabel rein
und gibs dem Judenjungen.

oder:

Ching Chong Chinaman
Born in a jar
Christened in a teapot
Ha Ha Ha

Tsching Tschong Tschinesenmann
kommt im Krug zur Welt
wird im Tekännchen getauft
wie es euch gefällt
Gar nicht zu reden vom infamen:

Eena, meena, mina mo
Catch a nigger by his toe
if he hollers let him go
O-U-T spells out so out you must GO.

Ene, mene, mine, me
Pack den Nigger mal am Zeh
Wenn er brüllt, laß ihn in Ruh
R-A-U-S heißt raus, und raus bist Du.[38]

Die Tatsache, daß diese ritualisierten Ausgrenzungspraxen eine so offen rassistische Form annehmen, wird nirgends kommentiert. Die Opies ordnen sie lediglich unter die allgemeine Rubrik »Nonsensreime« ein. Dreißig Jahre später richten sich viele Reime auf den Spielplätzen der Innenstädte gegen »Pakis« und »Nigger« – eine orale Tradition auf die wir gut und gerne verzichten könnten. Aber entsteht diese Kontinuität lediglich durch Weitergabe einer Kultur von einer Kindergeneration zur nächsten? Oder hat sie auch etwas mit der Art und Weise zu tun, in der bestimmte, mit der rassistischen Ideologie einhergehende, strukturelle Bedingungen historisch reproduziert werden?

Die Opies haben ein »evolutionistisches« Modell kultureller Veränderungen, das solche Fragen ausschließt. Sie verbringen eine Menge Zeit damit, die regionalen Entwicklungen und Variationen bestimmter Spiele zu verfolgen, aber sie ignorieren die Machtverhältnisse, die bei der Selektion, Förderung und Marginalisierung bestimmter kultureller Formen eine Rolle spielen. Da sie dem Begriff der allgemeinen Kultur verpflichtet sind, nehmen sie ethnische Differenzen wenn überhaupt, dann nur in einem implizit assimilatorischen Rahmen wahr. Die »Demokratie des Schulhofes« besteht darin, daß schwarze Kinder die traditionellen »englischen« Spiele lernen.

»Es ist nur ein Spiel« –
Von Winnicott und Bateson zu den Poststrukturalisten

Wenn wir das Projekt verfolgen, die besonderen Einflüsse zu erforschen, die das Spiel bei der kulturellen Formierung hat, und die
Rolle zu untersuchen, die es bei der Reproduktion sozialer Gegensätze spielt, müssen wir sowohl mit den klassischen Theorien als
auch mit den dualistischen Modellen von Rationalismus/Romantik
brechen. Wenn wir darüber hinaus »universalistische« Theorien der
psychischen Entwicklung und ethnozentrische Versionen einer allgemeinen Kultur zurückweisen, welche Ressourcen bleiben uns, mit
denen wir das Spiel durchdenken können?

D.W. Winnicott war Kinderarzt und entwickelte zusammen mit
Melanie Klein eine Psychoanalyse des Kindes, die Spielzeug und
spontane Spiele als Mittel der Diagnose und der Therapie nutzte.
Ebenso wie für Freud, war für Winnicott das erste Spielobjekt ein
Substitut (Ersatz) für die abwesende Mutter oder die Brust. Es war
ein Mittel, etwas Verlorenes darzustellen und ein Schutz gegen die
durch den Verlust entfachten Gefühle der Wut und Zerstörung. Teddybären und Puppen waren für das Kind vielleicht nicht nur imaginäre
Kameraden, sondern förderten auch die Entwicklung von Phantasien, Spielen und Geschichten, durch die Positionen der Omnipotenz schrittweise zugunsten gegenseitiger Abhängigkeiten aufgehoben werden konnten. Winnicott argumentiert, daß Spielzeug und
andere Übergangsobjekte einen Raum zwischen Mutter und Kind
besetzen, der keinem von beiden gehört, aber auch nicht vollkommen »anders« ist. Er erlaubt spielerische Interaktionen, in denen die
unvermeidlichen Spannungen zwischen psychischer und sozialer
Struktur vorübergehend überwunden werden können. Winnicott
nennt dies einen »potentiellen Raum«, weil in ihm neue Bedeutungen
entstehen können.

Der Gedanke, im Spiel und in den mit ihm verbündeten Kunstfor-
men, sei ein Prinzip der Transzendenz (oder »Heilung«) enthalten,
das sich in keiner anderen menschlichen Aktivität finden läßt, ist
natürlich nicht gerade neu. Wie wir gesehen haben, war er ein stets
wiederkehrendes Thema vieler philosophischer Spekulationen.
Aber in Winnicotts Arbeiten wird er zum ersten Mal durch konkrete
klinische Beobachtungen und Praxen untermauert.

Einen ähnlichen Standpunkt vertritt Gregory Bateson. In seinem
berühmten Artikel »Die Botschaft 'dies ist ein Spiel'« (1956) versucht er die verschiedenen Diskursmerkmale zu identifizieren, die

Spielen ermöglichen. Er entdeckt sie zum Beispiel in der Tatsache, daß eine Aussage gleichzeitig ihren unmittelbaren Referenten bedeuten, und, auf einer anderen Ebene, eine Metaaussage über den Beziehungskontext sein kann, in dem sie getroffen wird. Eine besondere Situation, so Bateson, entsteht bei Aussagen, bei denen die referentielle und die relationale Bedeutung nicht überstimmen, insbesondere wenn sie gegeneinander arbeiten und eine Doppeldeutigkeit, oder *double binds*, erzeugen. Diejenigen, die eine Aussage machen, sind dann die einzigen, die über ihren Wahrheitsgehalt bestimmen, während die Rezipienten völlig verblüfft sind. Nehmen wir das Beispiel des Philosophieprofessors, der eine Ausgabe des »Kapital« von Marx herausnimmt und zu seinem neuen Studenten sagt: »Bei dem Buch sehe ich rot«. Wenn der Student nicht schon etwas weiß über die politischen Sympathien des Professors (ist er Mitglied einer linken oder einer rechten Gruppe?) und über seine Persönlichkeit (ist er dafür bekannt, ironische Bemerkungen zu machen?), wird er nicht wissen, was er darauf antworten soll. Eine ähnliche Situation entsteht, wenn eine Krankenschwester in einer psychiatrischen Klinik zu einer älteren Patientin sagt: »Das ist ein schöner Hut, Mary« aber durch verschiedene non-verbale Zeichen zu verstehen gibt, daß sie die Patientin lediglich auf den Arm nimmt und den Hut in Wirklichkeit furchtbar findet. Wenn Mary das ganze durchschaut und ärgerlich reagiert, wird man sie wahrscheinlich als paranoid diagnostizieren. Macht sie jedoch bei dem Spiel mit, ist sie ebenfalls die Verliererin.

Was hat das mit Spielen zu tun? Erinnern wir uns, wie Kinder sich gegenseitig darüber verständigen, daß es sich nur um ein »Als-ob-Spiel« handelt, daß es nur ein »Kampf*spiel*« ist. Sie machen alle Bewegungen eines »wirklichen Kampfes«, nur daß sie »sich nicht wirklich wehtun«. Selbst wenn ein Schlag wirklich trifft, wird das, was er normalerweise wäre, nämlich ein Zeichen der Aggression, durch die »Metakommunikation« negiert, die den Kontext und die Bedeutung der Handlung als Spiel definiert. Es ist natürlich möglich, daß der geschlagene Spieler die Dinge nicht so sieht und ein wirklicher Kampf losgeht. Es ist auch möglich, daß ein Kind die Konventionen eines »Kampfspieles« ausnutzt, um alte Rechnungen zu begleichen. Die meisten Kinder lernen es jedoch, sehr subtile Unterscheidungen zwischen verschiedenen Typen von Kontexten zu treffen. Aber einige lernen es nicht und das sind häufig diejenigen, die schikaniert werden. Andere werden Meister im Spiel mit den Uneindeutigkeiten der referentiellen/relationalen Bedeutung – sie werden Fachleute für Irreführung und lernen schon früh, daß Sprache ein Machtspiel ist. Die Anschuldigung, jemanden schikaniert zu haben, weisen sie mit den Worten zurück: »War nur'n Spiel, Fräulein«.

Batesons These ist, daß diese Manöver die Paradoxien ausnutzen, die in den multidimensionalen Strukturen der menschlichen Kommunikation enthalten sind. Er unterscheidet schärfer als man es normalerweise tut zwischen dem Spielen *(play)* – das aus solchen Uneindeutigkeiten besteht – und den Spielen *(games)*[39], die sie durch die Konstruktion eigener Regeln eliminieren. Indem sie es lernen, zu spielen, testen Kinder Neues aus und können so manchmal die Bedeutungsgrenzen innerhalb einer Kultur ausdehnen. Spiele lehren sie nur, sich sozial akzeptiert zu verhalten.

Von diesem Ausgangspunkt aus haben sich zwei Hauptdenkrichtungen entwickelt. Die erste konzentriert sich auf das Spiel als Text statt als Kontext und befaßt sich vor allem mit den formalen Mitteln, oder den Grammatiken, die darin wirken. Durch die Anwendung semiologischer Methoden und der strukturalen Linguistik ist man zu der Auffassung gekommen, daß Kinderspiele auf eine endliche Reihe von symbolischen Funktionen reduziert werden können, die in einer bestimmten Weise angeordnet sind. In seiner jüngsten Untersuchung hat Sutton-Smith versucht, eine gemeinsame »Tiefenstruktur« herauszuarbeiten, die in den Phantasiespielen, den Geschichten und den Traumerzählungen der Kinder wirksam ist; diese Struktur ähnelt – was vielleicht nicht überrascht – sehr stark der von der Psychoanalyse enthüllten Struktur der Sprache und Logik des Unbewußten und der »anderen Szene« der Kindheit. Die Rationalität des Spielens liegt demnach in seiner eigenen inneren Organisation und nicht in der Bildung externer, sozialer Verhaltensmuster. Aber finden wir hier nicht lediglich eine etwas intelligentere Version der »allgemeinen Kultur der Kindheit« vor wie sie die Opies formulierten? Läßt diese Art der Analyse Raum für historische und kulturelle Varianten?

Die zweite Denkrichtung sieht im »So-tun-als-ob« des Spiels eine zentrale Metapher – ein Medium – für eine allgemeinere kulturelle Transformation in westlichen Gesellschaften. In dem Maße, in dem die protestantische Arbeitsethik vom Genußprinzip der Konsumgesellschaft abgelöst wird, wird Bedeutungsmanagement – die Fähigkeit, Bilder zu manipulieren – ein entscheidendes Element der Produktion und Reproduktion des Sozialen. Zum Beispiel meint Baudrillard, dem Spiel komme in diesem Zusammenhang eine neue

Bedeutung zu, da es sowohl die Simulation des Realen als auch seine Dissimulation beinhalte (noch einmal: »Es ist nur ein Spiel«). Das Spiel ist nicht mehr Befreiung von der Arbeit, oder auch nur Lernort für künftige Erwachsenenrollen, seine »Plastizität« bereitet die Kinder vielmehr auf die »postmodernen Identitäten« vor, in denen Selbstbilder so leicht gewechselt werden können wie Rollen in einem Verkleidungsspiel. Das Spielerische der frühen Kindheit muß so weit wie möglich erhalten werden, um den Erwachsenen als Grundlage für subversive Strategien zu dienen. Trotz der präzisen rationalen Analyse primärer Denkprozesse stoßen wir hier auf eine Form des Romantizismus, bei dem es zudem fraglich ist, ob er die Strukturen wirklicher Ungleichheit und Macht, die im Spiel ausgehandelt – und geleugnet – werden, überhaupt erfassen kann.

Klasse, Geschlecht und Spielzeug

Teilnehmende Beobachtung von Kinderspielen konzentriert sich zunehmend auf die sozialen Beziehungen auf dem Schulhof. Unter dem Einfluß von Piaget und den Opies lag der Schwerpunkt ursprünglich darauf, die kognitiven Fähigkeiten und die soziale Kompetenz zu dokumentieren, die im Spiel sind, wenn Kinder die moralische Ökonomie des Schulhofes konstruieren und kontrollieren. Man stellte signifikante Geschlechterunterschiede fest, sowohl was die Art der Spiele, als auch was die übernommenen sozialen Rollen anging. Die Mädchen würden Spiele mit komplexen Regelstrukturen bevorzugen, die narratives Aushandeln erforderten und auch allein gespielt werden könnten; ihre Spiele betonten Ausschließungs- und Einschließungsbeziehungen und beruhten auf individuellen Kriterien. Dies stünde in Beziehung zu den Rollen, die Mädchen und Frauen in der Familie spielten. Jungen würden demgegenüber relativ simple, handlungsorientierte Spiele mit Wettkampfergebnissen bevorzugen, die sozial organisiert seien. Ihre Rollenspiele seien nach Dominanzhierarchien strukturiert und beruhten auf zugeschriebenen Kriterien. Dies wurde in Verbindung gebracht mit den angenommenen männlichen Rollen in der Arbeit und im Gemeinwesen.

Solche Beobachtungen müssen mit einiger Vorsicht behandelt werden. Sie beobachten empirische Unterschiede zwischen den Spielen der Jungen und der Mädchen und versuchen, aus diesen Merkmalen Geschlechterrollen abzuleiten. Oder man sieht umgekehrt in Kinderspielen lediglich ein passives Medium durch das die

Ungleichheit der Geschlechter reproduziert wird. Diese Darstellungen schwanken ständig zwischen der Behauptung, Mädchen würden bestimmte Spiele spielen (z.B. Himmel und Hölle) weil sie Mädchen sind und bestimmte Spiele (z.B. Himmel und Hölle) seien für Mädchen attraktiver, weil sie »weiblicher« seien.

Ist die Frage erst einmal so zugespitzt, wird deutlich, daß sie falsch formuliert war. Es wird nämlich schon unterstellt, was erst erklärt werden soll, nämlich wie eine bestimmte Version des Junge-Seins oder Mädchen-Seins durch bestimmte Modalitäten des Spiels produziert wird und wie dies wiederum bestimmten Spielen eine geschlechtsspezifische Bedeutung gibt und wie diese Prozesse sich schließlich zur geschlechtsspezifischen Arbeitsteilung bei Erwachsenen verhalten. Es gibt keine einfache Kausalitätskette, die diese verschiedenen Elemente verknüpft. Wenn Mädchen anfangen, Fußball zu spielen, oder Jungen Seilspringen lernen, kann das die geschlechtsspezifische Bedeutung der Spiele verändern; es kann oder kann auch nicht einige der strukturellen Merkmale der Spiele selbst verändern; was die Wirkung auf die Erwachsenenrollen angeht, so ist es wahrscheinlich schwierig, darüber irgendetwas genaueres zu sagen. Die Neuverteilung der Geschlechterrollen im Spiel wird sie möglicherweise nicht dekonstruieren. Seilspringen wird vielleicht einfach nur umdefiniert als eine Machohandlung – schließlich machen es alle Boxer. Und wenn Fußball jemals ein »Mädchenspiel« wird, können wir sicher sein, daß eine große Zahl von Arbeiterjungen zum American Football übergehen wird.

Damit will ich mich nicht dagegen wenden, die bestehenden Geschlechtertrennungen im Spiel in Frage zu stellen, sondern für ein Modell plädieren, das die komplexen sozialen und kulturellen Vermittlungsglieder berücksichtigt, die das Ergebnis beeinflussen und überdeterminieren. Diese Faktoren und ihre Bedeutung können nicht durch eine Analysemethode erklärt werden, die eine absolute Entsprechung zwischen Rollen im Spiel und gesellschaftlichen Rollen unterstellt und die eine von der anderen abliest.

Ein ähnlicher Vorbehalt ist gegenüber Studien angebracht, die versuchen, Spielmuster mit sozialen Klassen zu korrelieren. Einige davon operieren mit einem Defizitmodell der Arbeiterkultur, das davon ausgeht, Kinder mit einem solchen sozialen Hintergrund seien systematisch die kulturellen Ressourcen entzogen, die es ihnen ermöglichen, phantasievolle und bildende Spiele zu spielen. Eine etwas raffiniertere Version dieser Argumentationsweise meint, Spielsachen seien das erste kulturelle Kapital, das Kinder der Mittelschicht erhalten. Ihre Eltern würden nicht nur Spielzeug aussuchen, das frühe kognitive Entwicklungen erleichtere, sondern auch die besondere Umgebung schaffen, in der sie lernen, sie als Mittel zur Beherrschung verbaler und anderer Fähigkeiten zu nutzen.

Das krude Defizitmodell ist glatter Unsinn, wie selbst die oberflächlichste Beobachtung auf dem Schulhof schnell bestätigen werden. Arbeiterkinder zeichnen sich bei »Als-ob-Spielen« und allen möglichen anderen phantasievollen Spielen aus. Die Anschauung legt nahe, daß Kinder der Mittelklasse sich eher und länger *allein* phantasievollen Spielen hingeben und in solchen Ritualen häufiger Sprachen mit individuellem Bezug entwickeln. Arbeiterkinder übernehmen die Erzählelemente ihrer Phantasiespiele eher vom Fernsehen oder von Comics und stellen damit Konflikte in der *peer-group* dar, die sie in sozialen Spielen agieren. Aber selbst das ist eine grobe Verallgemeinerung. Es wäre eine detaillierte Erforschung der Mikrokontexte von Schulhofkulturen nötig, um diese Muster mit einiger Sicherheit verifizieren zu können.

Die Argumentation mit der klassenspezifischen Funktion des Spielzeugs ist noch komplexer und erfordert ebenfalls weitere Forschung, insbesondere im Lichte von Winnicotts Theorie der Übergangsobjekte. Zweifellos gibt es verschiedene Verhaltensmuster in bezug auf Spielzeug und diese Muster variieren mit den jeweiligen Familientypen, die man wiederum mit der Verteilung kulturellen Kapitals korrelieren kann und daher in letzter Instanz mit Klassenteilungen. Einem Mädchen oder Jungen, die/der beispielsweise ein viktorianisches Schaukelpferd bekommt, das seit einigen Generationen in der Familie ist, wird durch das Medium des Genusses ein kulturelles Erbe vermittelt. Ein solches Kind steht in einer anderen Beziehung zu diesem »Übergangsobjekt« als das Kind von »Yuppie-Eltern«, die ein Schaukelpferd wegen seines nostalgischen Werts in einem Antiquitätenladen kaufen. In diesem Fall wird das Kind unbewußt dazu gebracht, eine »authentische Kindheit« zu kopieren, deren Original lediglich in den gesellschaftlichen Ambitionen ihrer Eltern existiert.

Die Marktforschung hat den Nachweis erbracht, daß eine signifikant höhere Zahl von Eltern aus der Arbeiterklasse einen größeren Anteil ihres Einkommens ausgeben, um ihren Kindern große, teure und modische Spielsachen zu kaufen als Eltern aus der Mittelklasse. »Verwöhnen« sie ihre Kinder, weil sie das Gefühl haben, ihnen fehle das kulturelle Kapital, das die »gebildeten Klassen« ihren Kindern weitergeben können, um deren Erfolg im künftigen Leben zu sichern?

Wollen sie sicher sein, daß es ihren Kindern »an nichts fehlt« und sie die Chancen bekommen, die ihnen selbst verweigert wurden? Wenn dies der Fall ist, dann steht das Kind tatsächlich in einer »*double bind*«-Situation. Denn auf der einen Ebene ist das Spielzeug ein Geschenk, das scheinbar eine Omnipotenzphantasie befriedigt – alles zu geben oder alles zu bekommen, was man sich wünscht; auf einer anderen, unbewußteren Ebene, bezeichnet es einen Mangel, den alle verleugnen. Mit anderen Worten, das Spielzeug funktioniert wie ein Fetisch, als Ersatz für etwas, das das Kind braucht und das die Eltern meinen, ihm nicht geben zu können. Diese Falle kann vermieden werden, wenn das Spielzeug als Bestandteil einer kulturellen Lehrzeit genutzt wird, in der bestimmte Fähigkeiten gelernt werden, die zum traditionellen Erbe der Arbeiterklasse gehören und integraler Bestandteil der Erfahrung sind, in ihr aufzuwachsen. Dazu gehören zum Beispiel manuelle Geschicklichkeit, physische Koordination usw. Aber wir wissen nicht, wie groß die Variationsbreite der sozialen Positionen sein kann, bevor nicht eine detaillierte Forschung der familiären Mikrokulturen diese möglichen Muster gefunden hat.

»*Rasse*« und Ethnizität

Die Studien der Newsons, wie problematisch sie sonst sein mögen, haben zumindest in mancher Hinsicht den Mythos einer allgemeinen Kultur der Kindheit zerstört. Was die Spielplatzkulturen durch ihre Rituale und durch die oralen Traditionen konservieren, sind Muster sozialer Ungleichheit und sozialer Spaltung. Geschlechterblinde Arbeiten sind zwar inzwischen passé, aber Klassenunterschiede, die weniger sichtbar und schwieriger zu analysieren sind, werden nach wie vor kaum beachtet. Es gibt jedoch einen anderen Grund für diese Vernachlässigung und das ist die neue Auffälligkeit der »Rassenbeziehungen« auf dem Schulhof.

Bis in die jüngste Gegenwart ist der multikulturelle Charakter der Kinderspiele ignoriert worden. Das Ausmaß, in dem verschiedene ethnische Identitäten durch das Spiel bestärkt oder geleugnet, marginalisiert oder ins Zentrum gerückt werden, ist einfach nicht Gegenstand der Untersuchungen gewesen. So betont das strukturalistische Modell die universellen oder unveränderlichen Merkmale von Kinderspielen und behandelt kulturelle Variationen ein Oberflächenphänomen. Selbst in dem evolutionistischen Modell der Opies wird angenommen, daß die dominante Kultur (die englische) sich einfach die ähnlichen Elemente einverleibt und die andersartigen unterdrückt.

Die Tatsache, daß ein Spiel wie »Schlangen und Leiter« in seiner ursprünglichen Version eine ganz bestimmte Funktion innerhalb der indischen Kultur hat (als ein altes pädagogisches Mittel, die Kinder Aspekte der Hindu-Mythologie zu lehren), wird entweder zum Vorwand für einen abstrakten Multikulturalismus oder erscheint einfach als irrelevant. In jedem Fall wird angenommen, Kinder vom indischen Subkontinent würden sich schnell an die »englische« Variante des Spiels gewöhnen und sich dadurch leichter in die Gastgesellschaft integrieren können.

Noch gravierender ist die Vernachlässigung rassistischer Praktiken auf dem Schulhof gewesen. Erst seit kurzem ist die »rassische« Bedeutung, die Einschließungs- und Ausschließungsrituale in Spielen bekommen können, ist die aktive Anpassung von Freundschafts- und Feindschaftsmustern an Bilder von »rassischen« Antagonisten in den Mittelpunkt des Interesses gerückt. Das wäre nicht ohne den fortwährenden Druck von seiten schwarzer Eltern geschehen, die zunehmend besorgt waren über das Ausmaß an physischen und verbalen Schikanen, denen ihre Kinder auf den Schulhöfen ausgesetzt waren und über die geringe Beachtung, die die LehrerInnen dem schenkten. Die jüngsten Ereignisse in der Burnage Schule in Manchester und die darauffolgende Veröffentlichung der Ergebnisse der McDonald-Untersuchung[40] haben viel dazu beigetragen, die Aufmerksamkeit auf die Bedeutung des Schulhofes als öffentlichen Schauplatz zu lenken, auf dem »Rassenbeziehungen« ausgetragen werden, auf dem aber weder die staatlichen Institutionen noch die Erwachsenen großen Einfluß haben.

Die meisten Forschungen der letzten Zeit haben sich auf die offenkundigsten Formen rassistischen Verhaltens konzentriert wie die Benutzung von Schimpfwörtern, Schikanen, und Schlägereien. Die Betonung der negativen Aspekte von Kinderspielen in diesen Forschungen bildet ein notwendiges Gegengewicht zu den Lobpreisungen in einem Großteil der Literatur, hat aber auch ihre Probleme.

Einige der subtileren Aspekte des popularen Rassismus wurden übersehen, zum Beispiel die Art, in der rassistische Stereotypen in den Als-ob-Spielen der Kinder reproduziert werden. Diese symbolischen Formen haben jedoch starken Einfluß auf die Entstehung einer Haltung, die die offeneren Formen rassistischen Verhaltens duldet oder hervorbringt. Eine andere Schwierigkeit ergibt sich aus den angewandten vereinfachenden Rassismusmodellen. Das Problem wird darin gesehen, daß weiße Kinder schwarze schikanieren. Aber häufig ist die Situation sehr viel komplexer. Beispielsweise können sich weiße englische und afro-karibische Kinder gegen indische, pakistanische und chinesische Kinder verbünden. Der rituelle Austausch rassistischer Beleidigungen kann zur allgemeinen linguistischen Währung zwischen Kindern aus ethnischen Minderheiten werden, in einigen Fällen sogar zu einem Zeichen der Freundschaft zwischen ihnen. Schließlich werden viele Vorfälle mit rassischer Bedeutung, wie Schlägereien auf dem Schulhof, mythologisiert. Sie werden zu dramatischen Ereignissen, die alltägliche Vorurteile bestätigen oder konstruieren; der populare Rassismus wird dadurch fest in den oralen Traditionen des Schulhofes verankert, durch Bilder, Witze und Geschichten übermittelt und von den älteren an die jüngeren Kinder weitergegeben.

Wenn diese Vielschichtigkeit rassistischer Konflikte bislang wenig Beachtung gefunden hat, dann zum Teil deshalb, weil sie ein differenziertes Verständnis erfordern, das unvereinbar ist mit den beiden vorherrschenden ideologischen Standpunkten. Die AssimilationistInnen sehen in solchen Konflikten einen notwendigen Prozeß, durch den die Kinder in die allgemeine Kultur des Schulhofes integriert werden. Für militante AntirassistInnen drückt sich darin unmittelbar der Kampf der schwarzen Unterklasse gegen die weiße Herrschaftsstruktur aus. Beide Positionen sind weder imstande, theoretisch oder praktisch mit den in den Kulturen der Kinder existierenden komplexen Artikulationen von Klasse, Geschlecht, Alter und Ethnizität umzugehen, noch mit den Ritualen, Mythen und Phantasien in denen sie ausgelebt werden.

Interventionsstrategien

Seit Kinderspiele Objekt der Forschung sind, werden sie vom Standpunkt der Erwachsenen, d.h. vom Standpunkt des Eingreifens und der Überwachung untersucht. Die Transformation des spontanen Spiels in eine zweckgerichtete und produktive Aktivität war und ist der Kern des Aufklärungsprojekts.

Das war auf jeden Fall die Sichtweise der frühen zivilisierenden Missionare auf dem Schulhof. Der körperliche Drill in den öffentlichen Schulen und die vernünftige Erholung, die Jugendklubs und andere Organisationen boten, waren Strategien, die Kinder davon abhalten sollten, mit sich selbst und mit anderen zu spielen (vor allem sexuelle Spiele). Statt dessen wurden sie aufgerufen, Geist und Körper nach einem Koordinierungsprinzip zu disziplinieren, das auf den herrschenden Formen der Industrie- oder Hausarbeit

beruhte. Die Institution des Schulhofs und das Angebot an von
Erwachsenen überwachten Aktivitäten schufen einen Raum, in dem
die theoretischen Diskurse in Form von Strategien der Überwachung,
der Untersuchung und der sozialen Kontrolle angewandt und ausge-
arbeitet werden konnten. Der Schulhof wurde darüber hinaus zu
einem Ort der Auseinandersetzungen zwischen den popularen
Straßenkulturen einerseits, mit ihren besonderen, geschlechtsspezifischen Formen der Territorialität und der durch den heimlichen
Lehrplan der Staatsschulen institutionalisierten Trennung und Hier-
archisierung von Kopf- und Handarbeit andererseits, mitsamt ihrer
Etikette des öffentlichen Anstandes.

Der Wechsel von einer autoritären zu einer utilitaristischen Herangehensweise an das Spiel fällt mit der Veränderung der staatlichen
Erziehung nach 1945 zusammen. Als die in der Arbeiterklasse
üblichen Formen der Lehre[41], die auf die Arbeit vorbereitet hatten
und im wesentlichen an der Schule vorbeigegangen waren, obsolet
wurden, konnte das Spielen zum ersten Mal unmittelbar zu einer
neuen Lehre gemacht werden, die auf die formale Bildung vorberei-
tete. Spielen wurde zu einer Vorübung auf die Schule und als eine
besonders gute Form geschätzt, Geist und soziale Haltung der Kinder zu formen. Man sah es nicht als spontanes Verhalten, das von
außen zu kontrollieren war. Von der Spielpädagogik wurden die
kindlichen Experimente für Erziehungsziele ausgebeutet und das
Lernen angeblich zum Spaß. Die Möglichkeit von Zielkonflikten,
zum Beispiel zwischen dem Genußprinzip der Phantasiespiele und
den Realitätsprinzipien des Lesen- und Schreibenlernens wurde zur
Zufriedenheit aller, mit Ausnahme der Kinder, ausgeschaltet.

Die Pädagogisierung der Kinderspiele, ihre Integration in den
Bevormundungsprozeß, diente dazu, den »Graben zu überbrücken«,
der zwischen den LehrerInnen aus der Mittelklasse und den Eltern
aus der Arbeiterklasse bestand. Spiele wurden zum Mittel, die
»unzivilisierte Gesellschaft« der Straße in die bürokratische Ordnung des staatlichen Klassenraums einzubinden. Im Namen von
Freud und Piaget wollte die Bewegung »Durch Spielen lernen« die
zivilisatorische Mission in die Herzen der Arbeiterfamilien und der
Familien der ethnischen Minderheiten tragen. Denn jetzt waren es
die Eltern, besonders die Mütter, die aufgeklärt und erzogen werden
mußten, damit sie die Verantwortung für die Schaffung eines »ortho-
pädischen«[42] Rahmens übernahmen, in dem das Kind motiviert
werden konnte, die Formen des Spielens zu entwickeln, die ihm den
größten Erfolg in der Schule und später im Leben sichern würden.

Konstruktive Spiele mit erzieherischem Spielzeug und mit viel verbaler Ermutigung und Stimulierung von Seiten der Erwachsenen wurden daher zur magischen Formel für die Überwindung sozialer Defizite und die Förderung der sozialen Mobilität – eine Botschaft, die verbreitet wurde durch Berichte und Ratgeberkolumnen in Frauenzeitschriften, Massenenzyklopädien, Radio- und Fernsehprogramme und natürlich durch die seit Ende der fünfziger Jahre neu eingeführte Gattung der »Fibel für Eltern«.

Die Macht dieser Ratgeberliteratur war zum Teil der Tatsache geschuldet, daß sie für etwas eintrat, was sich in den Kindergärten oder Vorschulen schon materialisiert und im »kindzentrierten« Lehrplan sowie in der Vorschul- und Grundschulpädagogik seinen sichtbaren Platz gefunden hatte. Wenn die Kinder nicht schon zu Hause in die neue Ordnung des Vorschulspiels hineinsozialisiert würden, würden sie in der Schule von Anfang an benachteiligt sein; es war eine sich selbst erfüllende Prophezeiung. Nur konnte ein Versagen der Kinder jetzt noch direkter den Müttern zur Last gelegt werden.

Die Idealisierung der mit einer weißen gebildeten Mittelschichtkultur assoziierten Kinderspiele hat unvermeidlich zu einer noch größeren Verunglimpfung der mit der Straßenkultur verknüpften Spiele geführt. Während die instrumentelle Rationalität der sogenannten »konstruktiven Spiele« als Grundlage neuer Lernmethoden im Klassenzimmer gepriesen wurde, wurden andere, expressivere Praktiken, die sich pädagogisch nicht so gut ausbeuten ließen, abgespalten und auf das Abstellgleis außerplanmäßiger Aktivitäten verwiesen; oder sie wurden als gefährliche »Überbleibsel« des traditionellen Arbeiterlebens behandelt, die noch verbessert oder modernisiert werden mußten. In den sechziger und zu Beginn der siebziger Jahre wurden diese Schulhofkulturen zunehmend für das letzte Hindernis gegen die neue zivilisatorische Mission der Gesamtschule gehalten, deren Ziel es war, Kinder (vor allem die aus der Arbeiterklasse und aus den ethnischen Minoritäten) in eine »allgemeine Kultur« der Kindheit einzuführen, die nach einem pädagogischen Plan funktionierte.

Ein ähnliches Problem ergab sich aus dem Entstehen antisexistischer und antirassistischer Initiativen. Machtbeziehungen und Konflikte traten nun in den Vordergrund. Das führte zu einer plötzlichen Umdefinition vieler Verhaltensaspekte auf dem Schulhof, die bis dahin ignoriert oder sogar gefeiert worden waren. Auf einmal sah man in ihnen Formen sexueller oder rassistischer Belästigungen. Bei der Entwicklung von Strategien, mit diesem Verhalten umzugehen, ist man jedoch häufig auf die genannten dualen Positionen zurückgefallen und hat sie lediglich mit Hilfe der Kategorien Geschlecht oder »Rasse« neu formuliert. Man konzentrierte sich meist darauf, effektivere Formen der Schulhofüberwachung zu entwickeln und disziplinarisch einzugreifen, um die aggressiven Verhaltensweisen von Weißen/Jungen zu kontrollieren. Damit wollte man Bedingungen herstellen, unter denen Schwarze/Mädchen, sich in ihren eigenen, harmonischeren Spielen ausdrücken können. Mit anderen Worten, für die »Bösen« entwickelte man eine autoritäre, für die »Guten« eine liberale Strategie.

Durch eine solche Verschiebung der traditionellen Doppelmoral, die darin bestanden hatte, die »Bösen« zu bekehren, werden jedoch nicht notwendigerweise die gewünschten Resultate erzielt. Versuche, die sozialen Beziehungen zu begreifen, indem man über den Daumen gepeilt nach dem Geschlecht oder der »Rasse« der fraglichen Kinder urteilt, werden meistens danebenliegen. Eingriffe, die Kinderspiele unmittelbar zensieren oder verändern, produzieren lediglich einen Gegeneffekt, der wahrscheinlich die vorhandenen rassistischen/sexistischen Haltungen und Verhaltensweisen verstärkt. Schulhofkulturen organisieren sich entsprechend der Macht der jeweiligen *peer-groups* und haben sich als höchst widerständig gegenüber Vorschriften und Eingriffen der Erwachsenen erwiesen. Diese Machtverhältnisse und die daraus entstehenden Konfliktmuster reproduzieren zudem nicht unmittelbar die sozialen Spaltungen und Ungleichheiten zwischen den Erwachsenen.

In so einer komplexen Situation ist es schwierig, eine Schulpolitik zu entwerfen, die angemessen auf alle Fälle und Kontexte reagiert. Die Erforschung des Schulhofes sollte deshalb die LehrerInnen dabei unterstützen, einen differenzierten Ansatz zu entwickeln, der sensibel ist für die Besonderheiten der lokalen Bedingungen, ohne jedoch die umfassenderen Prioritäten der Schulpolitik aus den Augen zu verlieren. Dies war jedenfalls unser Ziel bei dem Projekt, das im folgenden beschrieben wird.

Das Forschungsprojekt:
Diskriminierung auf dem Schulhof

Der Kontext: Schule und Stadtteil

Die Schule, die wir für dieses Projekt aussuchten, befand sich am Rande der Docklands[43]. Sie wurde von Kindern mit sehr unterschiedlichem sozialen und kulturellen Hintergrund besucht. Es gab bedeutende Gruppen türkischer, afrikanischer, afro-karibischer, irischer, chinesischer, vietnamesischer und weißer englischer Kinder. Insgesamt lernten hier 37 verschiedene Nationalitäten. Es war eine Schule in der, wie die Direktorin sagte, alle irgendeiner ethnischen Minderheit angehörten. Ein relativ großer Teil der schwarzen Kinder kam aus Akademiker-Familien, die vor kurzem in dieses Gebiet gezogen waren. Die Direktorin sah dies mit gemischten Gefühlen. Auf der einen Seite war sie froh, diese Kinder als Beispiel für die schulischen Leistungen von Schwarzen zitieren zu können, wodurch bewiesen war, daß es an ihrer Schule keinen Rassismus gab. Auf der anderen Seite war sie besorgt, daß dieser Erfolg möglicherweise eine rassistische Gegenreaktion von seiten der weißen Arbeitereltern oder deren Kinder hervorrufen würde.

Die LehrerInnen, Schulhofaufseherinnen[44] und das angegliederte Personal waren zu hundert Prozent weiß und zu neunundneunzig Prozent weiblich, obwohl die Schule der Gleichstellungspolitik verpflichtet war. Man erklärte mir, schwarze LehrerInnen hätten sich hier nie um eine Stelle beworben, weil sie lieber an andere Schule gingen, an denen bereits einige Schwarze arbeiteten. Die meisten LehrerInnen waren jung und unerfahren und es gab ziemlich viel Durcheinander. Die Mehrzahl der Pausenaufseherinnen und Helferinnen im Klassenraum waren Arbeiterfrauen aus dem Stadtteil, die ihr ganzes Leben dort gewohnt hatten, ihre eigenen Kinder in diese Schule geschickt hatten und eine lange und tiefe Bindung an das Ethos der Schule hatten. – Man legte hier viel Wert auf Teamunterricht, gemeinsames Lernen, Einbeziehung der Eltern. Man setzte den Kindern klare Ziele und klare Grenzen, innerhalb derer über die verschiedenen Interessen verhandelt werden konnte. Der Schulprospekt hob Multikulturalismus und Gleichstellungspolitik hervor. Es war eine Ordnung, die versuchte, erprobte progressive Elemente mit den neuen Prioritäten des »National Curriculum«[45] zu verbinden.

Die Vorschule und die Grundschule waren im gleichen Gebäude, alle Klassenzimmer öffneten sich zum Schulhof, der von den Kindern gemeinsam benutzt wurde. Die Mittagszeit und die Pausen wurden geschichtet, so daß die Freizeit von VorschülerInnen und GrundschülerInnen sich nur um etwa 20 Minuten überlappte.

Kurz bevor wir das Projekt begannen, war die den Schulhof verwaltende Stadtteilbehörde Schauplatz ziemlich bösartiger rassistischer Vorfälle geworden. Ein Wohnblock, in dem nur weiße Familien gelebt hatten, war während der Dauer von Renovierungsarbeiten umquartiert worden. Die örtliche Labour-Verwaltung, unter neuem ideologischen Management, nahm die Gelegenheit wahr, das Ergebnis jahrzehntelanger rassistischer Wohnpolitik zu verschieben. Sie quartierte einige weiße Familien in andere Wohnblöcke ein, und einige schwarze Familien in die renovierten Einheiten. Manche der weißen Familien hatten dort schon sehr lange gewohnt und dieser Akt führte zu vielen Ressentiments in der Wohnsiedlung, die von lokalen rassistischen Organisationen schnell ausgenutzt wurden. Sie begannen eine Kampagne zur Wiedereingliederung der umgesetzten Familien. Da viele SchülerInnen, darunter einige aus den unmittelbar betroffenen Familien, aus dieser Wohnsiedlung kamen, befürchtete die Direktorin verständlicherweise, daß der Konflikt in die Schule, vor allem auf den Schulhof, überschwappen könnte. Sie sah unsere Forschung als eine Art Vorsorgemaßnahme, um dem Ärger zuvorzukommen. Je mehr das Projekt voranschritt, desto größer wurde ihre Sorge, das Material, das wir aufdeckten und die Methoden, die wir benutzten, könnten eher Öl ins Feuer zu gießen, statt die Flammen zu löschen. Ähnlich dachten die übrigen Mitarbeiterinnen, die zudem das Gefühl hatten, unsere Arbeit sei direkt oder indirekt eine Kritik an ihren eigenen Bemühungen.

Bei der Entwicklung von Strategien für die Arbeit an dieser Schule, mußten wir daher Elemente einbauen, die das Selbstbewußtsein der Mitarbeiterinnen stärkten und dabei gleichzeitig an den Zielen unserer Forschung und an der antirassistischen Pädagogik, die wir entwickeln wollten, festhalten. Ein schwieriger Balanceakt, den wir nicht immer erfolgreich durchhielten.

Spielbeobachtung

Das Projekt, das wir in Besprechungen mit den Mitarbeiterinnen entwarfen, nannten wir »Spielbeobachtung« (playwatch). Es bezog sich bewußt auf den Begriff »genderwatch«[46] und übernahm einige seiner Ideen. Es handelt sich dabei um eine Methode antisexistischer Erziehung, die von der Gleichstellungskommission[47] entwickelt worden ist. Die Direktorin kannte sie, hatte sie aber noch nicht selbst angewandt. Wir setzten jedoch andere Schwerpunkte. Die Elemente von »genderwatch«, die auf Normen und Vorschriften setzten, benutzten wir aus den schon genannten Gründen nicht und bezogen statt dessen Methoden der Cultural Studies ein, die wir erfolgreich in vorangegangenen Projekten an dieser Schule erprobt hatten (siehe den dritten Teil dieses Bandes).

Die erste Phase von »playwatch«, bestand aus vier verschiedenen Beobachtungen der Schulhofkultur. In der zweiten Phase wurden die daraus entstandenen Berichte diskutiert und verglichen, und in der letzten Phase führten wir Lehrmaterialien ein, die einige der erkennbar gewordenen Probleme aufzugreifen versuchten. Auf jeder Stufe bezogen wir die LehrerInnen, die Pausenaufsicht, die Eltern und die Kinder in den Prozeß der Evaluierung der »Primärdaten« ein.

Um mit der problematischen naturalistischen Reportage und mit der allwissenden Analyse zu brechen, von der die meisten ethnographischen Untersuchungen des Schulhofs nicht loskommen, haben wir die Standpunkte, von denen aus Beobachtungen gemacht wurden, bewußt als Teilstandpunkte sichtbar gemacht und keinen privilegiert. Gleichzeitig haben wir sehr gründlich die ideologischen Implikationen aufgezeigt, die diese verschiedenen Standpunkte für die Wissens- und Machtformen haben, die auf dem Schulhof eingesetzt werden. Insofern war dies eine Einübung in eine »postmoderne« Soziologie der Schulhofkultur.

Die erste Perspektive wurde durch eine Videokamera vorgegeben, die auf dem Balkon einer Wohnung installiert war, von der aus man den gesamten Schulhof überblicken konnte. Sie gehörte einer Frau, die Pausenaufsicht führte. Dadurch ergab sich ein Gesamtüberblick über den Schulhof, der einem Standpunkt totalisierender Abstraktion entspricht – man konnte fast alles sehen, aber sehr wenig von dem verstehen, was im allgemeinen Tumult vorging. Die Videokamera nahm Muster physischer Bewegungen im Raum auf, die sich verändernden Konfigurationen der Kinderkörper, die ohne weitere Informationen nur in bezug auf ihr Alter, ihr Geschlecht und ihre phänotypischen Varianten identifiziert werden konnten. Die Kamera war während wechselnder Zeitspannen jeweils auf bestimmte Bereiche des Schulhofes eingestellt, manchmal verfolgte sie bestimmte Individuen oder Gruppen oder nahm einen bestimmten Vorfall aufs Korn. Mit anderen Worten, sie folgte einem reinen Überwachungsschema. In einigen Schulen sind bereits aus Sicherheitsgründen Kameras installiert worden und wir kopierten absichtlich diese Nutzung.

Mit diesem Mittel war es möglich, etwas über die Muster physischer Bewegung und über die Ökonomie der Macht auf dem Schulhof zu erfahren. Die Mädchen besetzten sichere Räume rings um den Schulhof herum, sie bevölkerten ruhige Bereiche, Ecken und Winkel. Von dort unternahmen sie plötzliche Einbrüche in die von Jungen dominierten Territorien und schufen dabei kleine Fortbewegungskorridore, die von der Kletterwand weg und zu ihr hinführten. Die Spielgeräte wurden abwechselnd von Gruppen genutzt, die jeweils von älteren und jüngeren Jungen gemeinsam, jüngeren Jungen und Mädchen gemeinsam, älteren Jungen, älteren Mädchen dominiert wurden. Dazwischen gab es kurze Übergangsphasen. Es war kein auffallender Wechsel in der ethnischen Zusammensetzung dieser Gruppen zu beobachten, abgesehen von einer leichten Tendenz bei den Gruppen der älteren Jungen, die jeweils entweder vorwiegend weiß oder vorwiegend schwarz waren. Mädchen wanderten seltener als die Jungen in Zweier- oder Dreiergruppen über den ganzen Schulhof. Aber sie waren genauso, wenn nicht noch mehr, physisch aktiv, sie rannten, sprangen, spielten Fangen etc. Die älteren Jungen beherrschten physisch die zentralen Teile, in denen sie Champ (s.u.) spielten, oder, wenn es erlaubt war, Fußball. Die Gruppen bestanden fast immer nur aus einem Geschlecht, obwohl es Spiele gab, bei denen die Gruppen für eine kurze Zeitspanne in Kontakt traten, meistens bei einer Runde »Küsse abjagen«. Die Gruppen waren normalerweise multi-ethnisch, obwohl es einige Kinder gab, sowohl weiße als auch schwarze, die sich niemals solchen Gruppen anschlossen und offensichtlich die Gesellschaft von Kindern ihrer eigenen Farbe bevorzugten.

Eine der Lieblingstätigkeiten der Jungen bestand darin, sich die Arme auf die Schulter zu legen und so, eine lange Schlange bildend, in einem Bogen über den Schulhof zu fegen, ausgehend von dem zentralen Platz auf dem die Spielgeräte standen. Auf ihrer Marschroute bekamen sie Zuwachs und fegten die Mädchen manchmal aus dem Weg. Solche Aktivitäten konnten aus der beschriebenen Perspektive als ein Ritual gelesen werden, durch das die männliche territoriale Vorherrschaft und die männliche Solidarität bekräftigt wurden.

So weit konnten wir ungefähr mit dieser Art von Beobachtung kommen. Sie zeichnete die elementaren Strukturen der Körpersprache auf, identifizierte die Subjekte durch ihre Aktivitäten, die mehr sagten als Worte – weil ihre Körper anders nicht sprechen konnten. Was fehlte, illustriert eine Aussage der Pausenaufsicht:

DOT: »Ich stand neulich auf dem Balkon und sah zwei Kinder, die einen Stock in die Luft warfen und ich dachte, die sollten nicht so einen Stock haben. Und als ich dann meine Brille aufsetzte, um richtig sehen zu können, erkannte ich, daß es zwei Jungen aus der 'Blue Class' waren, die mit einem Zollstock etwas ausmessen sollten.«

Um wirklich zu sehen, was vorgeht, muß sie mehr tun, als nur ihre Brille aufzusetzen. Sie muß sich auf ihr Wissen über die »Blue Class« stützen, über diese zwei Jungen und die Lernform, die sie praktizieren sollen. Im Lichte dieses Wissens muß sie sich ein Urteil über deren Verhalten bilden und die Grenze zwischen »lernen« und »herumblödeln« ziehen.

Die zweite Perspektive führte deshalb bewußt das situationsbezogene Wissen wieder ein, das bei der zuerst benutzten Überwachungstechnologie eliminiert worden war. Um diese neue Dimension des Verstehens herauszulocken, zeigten wir verschiedenen Gruppen von Kindern, LehrerInnen und Aufsichtspersonen – dargestellten wie nicht dargestellten – Ausschnitte des Videomaterials. Wir baten sie, uns ins Bild zu setzen und zu erzählen, was ihrer Meinung nach vor sich ging und warum. Also legte man den anderen oder sich selbst Worte in den Mund, die Bilder erhielten Untertitel. Das Ergebnis war, daß dem gleichen Videoereignis oft eine ganze Reihe unterschiedlicher Lesarten gegenüberstand. Heraus kamen verschiedene Schilderungen, geprägt vom Alltagsverstand und beeinflußt durch die jeweilige »Erzähleridentität«.

Verschiedene Lesarten tauchten vor allem dann auf, wenn es sich um einen herausragenden Vorfall handelte, der schon zum Kern eines Gerüchts oder von Klatschgeschichten und Gerede in- und außerhalb der Schule geworden war. Ein solcher Fall war zum Beispiel eine Schlägerei auf dem Schulhof, die wir gefilmt hatten und die uns als Grundlage für ein Videoprogramm gedient hatte. Dieses Ereignis brachte die unterschiedlichsten Interpretationen hervor. Die Pausenaufsicht versuchte, verständlicherweise, die ganze Sache herunterzuspielen, indem sie es als ein gewöhnliches Ereignis darstellte, das keines weiteren Kommentars und keiner weiteren Analyse bedurfte.

DOT: Was sollen wir dazu sagen? Das ist eine Prügelei. Das kommt vor... die Älteren versuchen sie zu beenden, die Jüngeren stacheln auf .. Prügeleien wird man nie verhindern ... die wird es immer geben ... vor allem bei Jungen (zustimmender Chor)

Aber Prügeleien für normal zu erklären, hat auch gefährliche Folgen für den allgemeinen Gewaltpegel auf dem Schulhof und die Toleranzschwelle der Mitarbeiterinnen. Um solche Folgen zu verhindern, mußte der Finger auf eine andere Wunde gelegt werden.

SALLY: Fußball und andere Jungenspiele zu verbieten, hat eine Menge Probleme verursacht. Es gab früher nie solche Prügeleien, wir hatten Fußballteams, ein Netzball-
team, Schwimmfeste ... das gab den Kindern Ziele, für die sie sich einsetzen konnten.
Auf dem Schulhof scheint es jetzt für sie keine Ziele mehr zu geben... es ist so lang-
weilig. Man konnte gegen andere Schulen spielen. Aber alle diese Mannschaftsspiele
sind verboten worden.

In dieser Geschichte ist es also die Gleichstellungspolitik der Schule
oder der Direktorin, der indirekt die Verantwortung für die Prügelei
gegeben wird. Weil die organisierten Spiele abgeschafft worden
sind, ist angeblich ein Vakuum aus Langeweile entstanden, das die
Jungen mit Schlägereien ausfüllen. Hier hören wir die immer noch
laute Stimme der vernünftigen Erholung mit ihrem Refrain:»Müßig-
gang ist aller Laster Anfang.« Nach dieser Philosophie schaffen
Schlagball (Dots Spezialität) und Wettkampfspiele eine sozial akzeptierte Form, in der die männliche Aggression und die Rivalitäten
innerhalb der *peer-groups* ausgelebt werden können, damit sie sich
nicht in zielloser Gewalt entladen.

Die Kinder boten eine komplexere Leseweise des Ereignisses an,
wobei sich ein interessanter Unterschied zwischen den Geschlechtern ergab. Die Jungen lieferten einen detaillierten Bericht vom
Schauplatz des Kampfes und seinen einzelnen Etappen. Diese
Erzähleridentität reproduzierte ihre ursprüngliche Position als auf-
geregte Zuschauer:

James ist draußen. Tola schubst James, um ihm zu sagen, daß er draußen ist. James
will sich nicht mit Tola schlagen, sondern schubst statt dessen einen anderen. Alle
feuern Onome an. Die meisten Leute mögen Onome, sie sind sowieso in seiner
Klasse. James liegt auf Onome, dann liegt Onome auf James. Onome hat gewonnen.
Am Schluß kommt die Lehrerin und beendet den Kampf. Die meisten Leute feuerten
Onome an, bloß ein paar James. Nach dem Kampf weinte James, aus seinen Augen
kommen Tränen. Wenn Leute in einem Spiel betrügen – so fangen die meisten Prügeleien an. James kann nicht verlieren.

Es gab einen allgemeinen Konsens, daß James im Unrecht war, weil
er nicht aufgegeben hatte, als er ausgeschieden war und daß er den
Kampf provoziert hatte. Und Onomes Popularität wird durch die
Siegesparade am Ende bestätigt.

Einige Kinder meinten, das Problem läge nicht in der Beziehung
zwischen den zwei Jungen, sondern in der Natur des Spiels, das sie
spielten. Champ hat schwierige Regeln, die schwer zu interpretieren
sind und ein genaues Urteil erfordern, was oft zu Mißverständnissen
führt.

Früher haben wir Fußball gespielt, aber das wurde verboten. Champ wurde erfunden, um es zu ersetzen. Mädchen können das spielen, aber jetzt streiten sich alle darüber. Bagsy Champ beginnt das Spiel. Der Champ entscheidet wer draußen ist und wer werfen darf. Wenn du draußen bist, gehst du in die Schlange. Du kannst »Slammers« spielen. Du wirfst ihnen den Ball zu, um sie rauszukriegen, und wenn sie ihn nicht richtig fangen, sind sie draußen. Es gibt vier Quadrate und der Champ muß den Ball einem der Spieler zuwerfen, der ihn dann einem anderen zuwerfen muß. Wenn du ihn aus dem Quadrat rauswirfst, oder der falschen Person zuspielst, bist du draußen. Das Hauptziel bei Champ ist, drin zu bleiben. Es gibt keinen wirklichen Gewinner, du schlägst nur für dich selbst.

Hier finden wir also eine ganz andere Auffassung darüber, was passiert, wenn Fußball verboten wird. Es wird nicht durch Langeweile ersetzt, sondern durch ein kompliziert strukturiertes Spiel, bei dem man viel herumhängt und es unentschiedene Ergebnisse gibt.

Die Mädchen waren viel weniger daran interessiert, die Logistik der Schlägerei oder den sozialen Zusammenhang detailliert darzustellen, der ihn ausgelöst hatte. Ihnen ging es mehr darum, eine Reihe von allgemeinen Axiomen oder moralischen Prinzipien zu nennen, die das gesamte Verhalten auf dem Schulhof regulierten. Viele beobachteten das Ereignis von einem sehr viel distanzierteren Standpunkt, fast wie Erwachsene. Sie bezogen sich dabei auf vergleichbare Situationen aus ihrer Erfahrung. Die folgenden Zitate stammen aus einer Diskussion mit einer Gruppe neunjähriger Grundschülerinnen:

Der, der zuerst geschubst hat, hat angefangen. Wenn jemand dich beschimpft, dann fängst du keine Schlägerei an, du sagst es der Lehrerin. Man darf sich nicht prügeln...als wir drüben im Park waren, kam jemand hinter uns her und warf einen Ziegel, er hat gerade meinen Arm verpaßt und traf mich am Knie...Schlägereien fangen bei Spielen an, weil sie die Regeln nicht kennen. ... Jemand betrügt, oder beschimpft jemanden. Eine Schlägerei kann anfangen, weil etwas nicht fair ist. ... da war ein Mädchen, die den Ball über den Zaun warf und wir sagten, »du mußt gehen und ihn holen«, und statt dessen hat sie mich gegen das Bein getreten, also hat meine Schwester sie auch geschlagen; dann sagten wir, du mußt ihn holen ... Donna wollte mich nicht mit dem Skateboard fahren lassen, sie gab es mir nicht zurück ... Ich finde, Schlagen ist frech. Ich mag's nicht. Wenn ich eine Schlägerei sehe, würde ich zu den LehrerInnen gehen und es ihnen sagen ... einmal war ich in einer Kneipe und da kam ein Mann rein und machte 'n Streichholz an und ließ es auf den Boden fallen. Fast hat er ein Feuer angezündet und dann kam der Wirt raus und schlug ihn... Jungen schlagen, weil es ihnen gefällt, sie glauben das ist schlau. Sie protzen, weil sie denken, dann kriegen sie 'ne Freundin. Sie sind furchtbar.

Viele der Videofilme lösten bei Kindern solche Erinnerungen an schmerzliche Dinge aus, die ihnen oder Mitgliedern ihrer Familien geschehen waren, und die sie vergessen oder verdrängt hatten. Beinahe das ganze von den Kindern aufgenommene Material entstand

auf diese Weise. Erzählungen aus der individuellen Lebensgeschichte, die sonst durch andere Darstellungsstrategien verborgen
oder zurückgehalten wurden, kamen an die Oberfläche. Hier erinnern sich zwei schwarze Mädchen:

DONNA: Ich fuhr einmal mit meinem Fahrrad die Straße entlang, da kamen weiße
Jungen und haben mich angehalten und einer hat mich vom Fahrrad 'runtergestoßen
und hat angefangen, mich zu schlagen und »Nigger« und andere Schimpfwörter zu mir
zu sagen. Und die nahmen einfach mein Fahrrad und fuhren damit weg. Ich hab'
immer noch die Narbe, wo ich 'runtergefallen bin.

LIANNE: Mein Opa wohnt in Jamaica und als ich da hinfuhr, erzählte er mir eine
Geschichte, eine wahre Geschichte, die ihm passiert ist. Weiße Jungen kamen nach
Jamaica in den Ferien und die fingen mit allen Schwarzen Ärger an, riefen Schimpfwörter und schmissen einen Ziegel, der sein Fenster kaputtschlug. Und niemand
wollte es reparieren, keiner kümmerte sich drum. Die Leute sehen was passiert, aber
keiner tut etwas, keiner kümmert sich.

DONNA: Mein Bruder sagt, als James Onome geschubst hat, hat er schwarzer
Bastard zu ihm gesagt.

Die Schlägerei löst die Erinnerung an zwei rassistische Vorfälle aus,
die geographisch getrennt, aber durch eine gemeinsame Geschichte
verbunden sind. Sie eröffnen einen Raum, in dem die verborgene
»rassische« Dimension der Schlägerei, die niemand bis dahin
erwähnt hatte, schließlich zutage gefördert und in Worte gefaßt werden kann. Aber sie fürchten, daß man ihnen nicht glauben wird.
Lianne betont bei der Geschichte von ihrem Opa – »es ist eine wahre
Geschichte« – als müßte sie im voraus eine erwartete Entgegnung
widerlegen. Aber ich glaube, es handelt sich hier um eine Verschiebung. Sie fürchtet, daß ihre eigene Darstellung in irgendeiner Weise
entwertet werden wird. Die Befürchtung wird dadurch bestärkt, daß
diese Mädchen keine großen Hoffnungen darauf setzen, einer Autorität etwas zu erzählen: Die Leute sehen, was passiert, aber niemand
kümmert sich genug, um etwas dagegen zu unternehmen. In Wahrheit ist das ihre Wahrnehmung der Pausenaufsicht. Vielleicht ist das
die wirkliche Narbe, der Schmerz, der überdeckt wird, dessen Spur
aber bestehen bleibt.

Diese Bemerkung hat jedoch ein fruchtbares Untersuchungsfeld
eröffnet. Es stellte sich heraus, daß James Ire war und stolz darauf,
aus einer Familie mit einer langen Boxertradition zu kommen. Die
Lawlesses waren Amateurmeister, Berufskämpfer und jüngst Pro-
moter des Boxsports gewesen, und James führte die Familientradi-
tion fort, indem er für den örtlichen Jungenclub boxte.

Die Stellung des irischen Gemeinwesens war jedoch insgesamt
ziemlich geschwächt, weil es mit einer sogenannten »irischen Mafia«

in Verbindung gebracht wurde, die angeblich die alte Labour Party in dieser Gegend dominiert hatte und von der das Gerücht umging, daß sie Verbindungen zur Subkultur der professionellen Kriminellen hatte. Wie auch immer, die verschiedenen Sektionen des schwarzen Gemeinwesens hatten die Iren sowohl aus der politischen als auch aus der kriminellen Sphäre verdrängt. Selbst die historische Bedeutung der Iren in der lokalen Sportszene war in Frage gestellt.

Onomes überlegene Fähigkeiten im Sport und die größere Popularität, die sie ihm einbrachten, hatten daher eine Bedeutung, die über die unmittelbare Schlägerei hinausging. Sie bedeutete das Ende eines automatischen Rechts auf die bevorzugte Position, die James' Familie in der Welt des Boxens besetzt hatte; denn jetzt waren die schwarzen Jungen die aussichtsreichsten Anwärter darauf. James wurde ausgebildet für ein Erbe, das nicht mehr existierte. Auf einer allgemeineren Ebene ging es um das Ende einer quasi dynastischen Macht, die politisch von einem Sektor der irischen Arbeiterklasse über die alten Lehnsgüter des Labourismus ausgeübt worden war. Natürlich gab es eine vorgefertigte rassistische Erklärung dafür. James' geburtsmäßig verbürgter Anspruch war von Schwarzen gestohlen worden, die keinen legitimen Anspruch auf das hatten, wofür sie gekämpft hatten. Onomes Position hatte nicht nur die Bedeutung: die »Schwarzen übernehmen«, sie bewies auch die Illegitimität ihrer bloßen Anwesenheit. Als James ihn einen schwarzen Bastard nannte und sich so bitterlich darüber beklagte, wie unfair der Kampf gewesen war, wie ungerecht sein erniedrigender Ausgang, verwies er uns ahnungslos auf diesen größeren Zusammenhang. Denn er hat nicht nur eine Schlacht – er hat den Kampf um seine Legitimation verloren. Er war derjenige, der fehl am Platz war. Die Genealogie solcher Ereignisse, in denen verschiedene Geschichtslinien der Arbeitsmigration, des Kolonialismus, des Rassismus und der Männlichkeit kollidieren, muß jeweils gründlich erforscht werden. Nicht nur, um ihre Bedeutung für die unmittelbaren TeilnehmerInnen aufzudecken, sondern damit jedes mögliche Eingreifen vor dem Hintergrund eines Wissens um seine weiterreichenden Folgen stattfinden kann.

Die dritte Perspektive war die einer professionellen Aufsicht oder eines Reporters. Die Mitarbeiterinnen der Pausenaufsicht wurden gebeten, einige Verhaltensweisen auf dem Schulhof aufzuzeichnen, indem sie sich notierten, was in einem bestimmten Spielbereich oder bei einem bestimmten Gerät geschah, oder indem sie sich auf bestimmte Individuen oder Gruppen konzentrierten. Sie wurden bewußt aufgefordert, die Bewegungen der Videokamera nachzuahmen: abzufahren, zu zoomen, zu schwenken, oder eine Großaufnahme zu machen. Damit wollten wir hervorheben, daß es sich bei solchen Beobachtungsübungen um Konstruktionen handelt. Die gewöhnlichen Beobachtungsmuster sollten gestört werden, ebenso wie die selbstverständlichen Annahmen, die sie stützen. Denn es waren notwendigerweise fragmentarische Eindrücke, die aus einem interessierten Standpunkt mitten im Kampfgetümmel entstanden. Was sie verknüpfte und ihnen Kohärenz gab, war die Handlung des Aufschreibens, war das Berufswissen, das die Praxen der Supervision und Intervention bestimmte.

Die mit dieser Technik entstandenen Erzählungen hatten oft die Form kleiner Parabeln oder Fallstudien, die bestimmte Entwicklungstheorien illustrierten, so wie der folgende Bericht über eine Spielgruppe, die sich nach der Schule zusammenfand:

»Karl hat gerade mit der Schule angefangen und hat einen Bruder, Simon, der einer der besten Schüler ist. Karl ist sehr abhängig davon, daß Simon was mit ihm macht. An diesem Nachmittag spielte Simon viel mit einem anderen neuen Kind, mit Tariq, dem Bruder eines seiner besten Freunde. Karl kam weinend zu mir und sagte, daß Simon ihn nicht auf sein Fahrrad lassen wollte, sondern statt dessen Tariq. Wir versuchten, Karl für ein anderes Spiel zu interessieren, aber das funktionierte nicht, er ging weg, um Simon zu suchen. Dann kam er wieder weinend zurück und sagte, Simon würde allen erzählen, Tariq sei sein Bruder und nicht Karl. Wir sagten ihm, Simon würde einfach spinnen, aber er war jetzt wirklich unglücklich. Wir versuchten, ihn für eine Partie Schlagball zu gewinnen, aber er saß bloß an der Mauer, schaute den anderen Kindern zu und Simon, der mit Tariq auf dem Fahrrad seine Runden drehte. Einige Kinder kamen und fragten ihn, ob er nicht mitmachen wollte, aber er wollte nicht. Er saß bloß da und schluchzte. Wenn Simon nicht da ist, sitzt Karl einfach abseits von den anderen Kindern; er scheint nie mit irgendjemand anderen als mit sich selbst kommunizieren zu können, es sei denn über Simon.«

Bei dieser Darstellung fand ich interessant, wie das Problem eines Kindes, das versucht, seinen Weg in einer neuen Schule zu finden, in der sein älterer Bruder schon gut etabliert und eine populäre Figur ist, als ein quasi ödipales Drama geschwisterlicher Rivalität erzählt wird, ohne daß die ablaufenden Dynamiken in irgendeiner Weise mit den sozialen Beziehungen innerhalb der peer-group in Verbindung gebracht werden. Besonders die Altershierarchien und die maskuline Kultur werden nicht berücksichtigt. Der Effekt ist, daß Karl pathologisiert wird als jemand, der ein Abhängigkeitsproblem hat, und daß Simons Machtspiel ignoriert wird, der einfach nur »spinnt«. Wenn Simon seinen Bruder jedoch so aktiv verstößt, dann zweifellos, weil es in dieser Kultur die Mädchen sind, die auf die jüngeren

Geschwister aufpassen sollen, während das bei einem Jungen einfach ein Zeichen dafür ist, daß er ein Waschlappen ist.

Die letzte Perspektive war die des Forschers – die Perspektive des Außenseiters, des Neuankömmlings, der nichts über die Vorgänge in der Schule weiß und sich auf andere verlassen muß, die ihn ins Bild setzen, der aber auch eine gewisse analytische Erfahrung mitbringt, mit deren Hilfe er den Indizien einen Sinn geben kann. Ich verbrachte viel Zeit damit, auf dem Schulhof zu stehen und aufzuzeichnen, was ich vor sich gehen sah und hörte. Ich versuchte die chaotischen Eindrücke zu ordnen und die verbale Rhabarbarei zu interpretieren. Daraus entstanden so etwas wie objektivierende Berichte, die sich teilweise eher wie eine Kreuzung zwischen einem Sportbericht und einem *Nouveau Roman* anhören. Hier ist zum Beispiel die Beschreibung eines Spiels:

»Drüben bei den Bänken spielen zwei kleine Mädchen … Ein Mädchen hält ihre Arme, als ob sie ein Baby tragen würde. … ihr Bereich wird jetzt von zwei Jungen betreten. … es wird so etwas wie ein Verfolgungsspiel … und jetzt hat es sich in ein Prügelspiel verwandelt, der Junge, der geschützt stand, hat versucht den anderen zu schubsen und tritt ihn jetzt … das Mädchen rennt weg und läßt die zwei Jungen zurück, die sich zu streiten scheinen. Ein Mädchen sitzt immer noch auf der Bank; sie schwingt ihre Beine hin und her … das Mädchen und einer der Jungen fangen jetzt an, umeinander herumzutanzen und sich spielerisch zu schubsen … das Mädchen springt herunter und rennt weg und rennt schreiend herum und kommt dann wieder zum selben Platz zurück. Vielleicht ist das eine Art zu Hause, ein sicherer Ort … sie springen von diesem Ort weg in einen, der gefährlich sein muß … der kleine Junge in dem blauen Hemd schlägt jetzt nach dem älteren Jungen und wird von dem Jungen in dem roten Hemd zurückgehalten. Jetzt kommt das Mädchen vorbei und spielt Ringen mit ihm … die zwei Jungen sind wieder weggegangen … die zwei Mädchen springen auf den Tisch, sie sehen aus als ob sie spielen, daß sie Flugzeuge sind … sie rennen immer noch hinter dem mit dem blauen Hemd her… sie haben ihn erwischt … das blaue Hemd liegt jetzt auf dem Boden … und mit dem roten Pullover springt auf ihn … jetzt ist er über die Tische hinweg entkommen und rennt nach rechts zur Wand. Das Mädchen ist jetzt auf einem Jungen mit einem blauen Pullover, der sie wegtritt … jetzt kommt das blaue Hemd, um ihm zu helfen, das Mädchen ist im Zentrum des Gedränges und schubst spielerisch nach allen Seiten … jetzt liegen sie alle auf den Tischen … es scheinen einige Verhandlungen über die Regeln stattzufinden. Ich höre ein Mädchen sagen »du bist im Fluß«. Sie schwimmen über den gefährlichen Fluß, der der Asphaltweg zu einer Insel ist, die wohl durch das Gras dargestellt wird. Der blaue Pullover springt auf das Mädchen im Gras und der andere Junge ist im Fluß. Schließlich sind die Mädchen wieder auf dem Tisch, wieder obenauf.«

Die ganze Zeit versuche ich, dieses Kaleidoskop von fliegenden, tanzenden, sich schlagenden, rennenden Körpern in eine stabile Konfiguration zu fixieren, das Spielen dieser Kinder in ein Spiel zu verwandeln, das ich benennen kann. Mit anderen Worten, ich tue genau

·das, wovon Bateson und Winnicott dringend abraten, wenn man die entstehenden spezifischen Merkmale der Spiele erkennen und ihnen Raum geben will, statt ihnen vor lauter Ängstlichkeit vorzeitig eine bestimmte Bedeutung zu geben.

Was hier von mir ausgeblendet wurde, war genau der potentielle Raum zwischen dem Selbst und den Anderen, nach dem ich bei Als-ob-Spielen gesucht hatte. Der Raum, in dem die Grenzen kultureller Bedeutungen neu gezogen werden. Das Spiel basierte auf einer Fernsehserie, den »Visionaries«. Es hatte genaue Regeln:

Du darfst nicht wirklich treten oder wirklich schubsen. Der Weg ist der Fluß. Es gibt eine Gruppe Gute und eine Gruppe Böse. Wir können uns in Tiere verwandeln, Donna ist ein Löwe, Jason ist eine Gazelle und Errol ist ein Delphin (sie sind die Guten). Tommy ist ein Hai, und Vanessa ist ein Wolf (sie sind die Bösen).

Indem der Handlungsablauf durch die Bildung von Gegensätzen neu angeordnet wird (Held/Bösewicht, Suche/Hindernis, das überwunden werden muß, sicherer/gefährlicher Platz), wird die Fernsehserie in ein Spiel verwandelt. Mit Hilfe der Regeln können die Gegensätze in einer dynamischen Inszenierung reartikuliert werden. Die Regeln bieten einen Rahmen für die Rollen und die Beziehungen, mit denen die Kinder während des Spielens um das Basisthema herum improvisieren können.

Sowohl der Fernsehserie wie dem Spielen liegt die Annahme zugrunde, daß Menschen in Form derjenigen Tiere wiedergeboren werden, deren Eigenschaften ihnen im vergangenen Leben am meisten ähnelten. Die Quelle dieser Mythologie führt diese Kinder schon ein Stück über den Horizont der vertrauten jüdisch-christlichen Tradition von Tod und Wiedergeburt hinaus. Anscheinend sind sie auch nicht dem in den Kinderbüchern vorherrschenden sentimentalen Anthropomorphismus verfallen. Diese Tiere haben wirkliche Fänge, scharfe Klauen und Zähne. Trotzdem müssen sie zwischen einem Biß, einem Zuschnappen und einem spielerischen Schubsen, das nicht weh tun soll, unterscheiden können. Wie Bateson sagt, erlaubt die Ebene der Metakommunikation in dem Spiel ein expressives Verhalten, das normalerweise als sexistisch oder aggressiv eingestuft würde und unzulässig wäre, das aber in diesem Kontext nicht so gelesen wird.

Wie bereits erwähnt, gibt es Umstände, unter denen die Botschaft »dies ist ein Spiel« als verdeckte Schikanierungsstrategie benutzt werden kann – der sadistische Meister der Bosheiten, der »immer nur Spaß macht«. In diesem Fall erlaubt sie jedoch den Mädchen, Rollen zu übernehmen, die gemeinhin nicht als weiblich gelten. Ein

Mädchen wird ein mächtiger und gefährlicher Löwe, während die andere den Wolf spielt, statt Rotkäppchen. Jason und Errol spielen Tiere, deren Bilder Grazie und sanftes Genie symbolisieren. Eigenschaften, die weit entfernt von den Macho-Werten sind, die normalerweise in dieser Jungenkultur gefeiert werden. Natürlich, man tut nur so »als ob«, aber die Geschichte beinhaltet die interessante Annahme, daß diese Tier»verkleidungen«, jeweils ihr wirkliches menschliches Selbst enthüllen.

Strategien der Diskriminierung

In der zweiten Phase des Projekts verglichen wir die Berichte, die aus den vier Perspektiven entstanden waren und untersuchten ihre Gemeinsamkeiten und Unterschiede. Dort, wo es substantielle Gemeinsamkeiten gab, zum Beispiel bei den Mustern der Raum/Machtbeziehungen zwischen Jungen und Mädchen, war es relativ einfach, zur nächsten Phase überzugehen, zur Diskussion möglicher Strategien und Maßnahmen. Wo es aber große Diskrepanzen gab, verbrachten wir viel Zeit in kleinen Gruppen, konfrontierten eine Gruppe mit der anderen und versuchten, sowohl für uns selbst, als auch für die Mitarbeiterinnen und die Kinder zu klären, worum es jeweils ging.

Der erste größere Bereich, den wir untersuchten, war die Geschlechtsspezifik des Spielens. Die Beobachtungen der Pausenaufsicht bestätigten zu ihrer Befriedigung, daß es keine Probleme gab, solange Jungen und Mädchen sich an ihre getrennten Spiele und Bereiche hielten – eine Art sexuelles Apartheidsprinzip. Ärger gab es nur, wenn die Mädchen aus ihren »geschützten Räumen« ausbrachen und die Hegemonie der Jungen über den Schulhof herausforderten. Ein großer Teil dieser Debatte drehte sich um die Bedeutung des »Küsse abjagens«. – Dot sagt, daß »Küsse abjagen« ausgemerzt worden ist.

Küsse abjagen? Niemals! (Chor)... Ich sah es letzte Woche zum ersten Mal ... Ich hätte gesagt, niemals.

Die Mädchen spielen lieber Tanzsachen. Sie machen nach, was sie in den *Top of the Pops* sehen...

Sie sind jetzt so entwickelt. Vier Mädchen lagen neulich ausgestreckt auf dem Boden in der Sonne, die T-Shirts um die Hüften geschlungen. Es war ein wirklich heißer Nachmittag. Ich fand das brillant (allgemeines Gelächter). ... die Jungen spielen in einer Gruppe eine bestimmte Sorte Spiele und die Mädchen spielen ihre eigenen, sie sind getrennt.

Das Problem wird durch Verleugnung behandelt, und durch die Darstellung einer am Boden liegenden Weiblichkeit: zehnjährige sonnenbadende Schönheiten, die sich darin üben, ihren Körper dem männlichen Blick darzubieten. – Die Mädchen hatten allerdings eine andere Geschichte zu erzählen.

LIANNE: Alle Jungen flirten mit uns, wenn wir auf dem Schulhof sind, sie spielen »Küsse abjagen« mit uns und verfolgen uns. Dann rennen wir weg und müssen uns in einem Baum verstecken. Dann schlagen sie die Tür ein.

Eher eine Vergewaltigungs- als eine Verführungsszene. Aber andere Mädchen waren der Meinung, sie könnten in einer großen Gruppe das Spiel initiieren und kontrollieren.

Manchmal, wenn ich »Küsse abjagen« spielen will, sagen die Jungen »nein«. Und dann gehe ich und hole ein paar Mädchen zum Spielen, wie Liane, Jessica und die anderen. Und ich gehe zu den Jungen und sage: »Wollt ihr 'Küsse abjagen' spielen«? und dann sagen sie: »Ja, ich hol' noch'n paar Jungen«. Sie holen also die Jungen und wir fangen an zu rennen und wenn sie kommen, dann verstecken wir uns da hinten. Und dann heißt es, »wo sind die hin?«. Und dann finden sie uns und sie küssen uns und wir spielen weiter und wenn sie zu uns kommen, küssen wir sie.

Eine größere Zahl vermittelt also eine gewisse Sicherheit und offenbar nicht nur eine eingebildete, denn dann müssen sich die Jungen auch Verstärkung holen, um die Regeln des Spiels nicht ganz aus der Hand zu geben.

Für einige Mädchen war die Erfahrung jedoch ganz klar traumatisch:

Wir spielten an der Kletterwand und hingen mit dem Kopf nach unten, da kommt dieser Junge und versucht, mich zu küssen. Er sagte, er spielt »Küsse abjagen«. Es war grauenhaft. Ich war wütend und durcheinander. Ich wußte nicht, was ich machen sollte. Es war grauenhaft.

Dies ist ein Fall, in dem die Botschaft »es ist nur ein Spiel« als Strategie zur Verdeckung einer sexuellen Belästigung dient. Das Mädchen ist in einem *double bind* gefangen: sie empfängt widersprüchliche Botschaften und weiß nicht, auf welcher Ebene sie antworten soll.

Andere Mädchen hatten weniger Schwierigkeiten zu unterscheiden und zu entscheiden, was sie tun sollten.

Wenn Jungen kommen und versuchen, mich zu küssen, sag' ich ihnen, sie sollen abhauen, oder ich hau' ihnen auf die Schnauze.

Zurückschlagen führte auch zu Unsicherheiten, besonders bei Mädchen, die gegen Gewalt auf dem Schulhof waren. Wo zieht man die Grenze zwischen legitimer Selbstverteidigung und einem Racheakt? Die Schule verfolgte hier keine klare Politik und die Mitarbeiterinnen der Pausenaufsicht rügten normalerweise jedes Kind, das ein anderes schlug.

Das machte es den Kindern nicht leicht, die Mitarbeiterinnen bei solchen Vorfällen um Hilfe zu bitten. Es gab quälende Diskussionen darüber, ob man den LehrerInnen etwas sagen sollte und unter welchen Bedingungen. Einige würden vielleicht erfolgreich eingreifen, andere würden vielleicht gar nichts tun, oder es bloß ignorieren. Das Schlimmste war, etwas zu sagen, ohne daß einem geglaubt würde und dann zu riskieren, als Petze dazustehen. Wie man's auch machte, es war verkehrt. Man mußte genau abschätzen, was am besten zu tun war und das in einer Situation, in der man sowieso schon wütend und unglücklich war. Einige Mädchen hatten Vertrauen zu ihrer Fähigkeit, genau unterscheiden zu können, andere, oft diejenigen, die die schlechtesten Erfahrungen mit sexueller Belästigung gemacht hatten, nicht. Eine Taktik, das Risiko zu vermindern, bestand darin, damit zu drohen, es den LehrerInnen zu sagen, es dann aber doch nicht zu tun.

Wenn es zu Prügeleien kam, in die sie nicht direkt verwickelt waren, war die Haltung der Mädchen klarer und dann konnten sie sich auf die Vorschriften der Erwachsenen stützen.

LIANNE: Also, es gibt 'ne Prügelei, was ich normalerweise mache, wenn Leute zugucken und blöd sind und sagen, 'wenn du Prügel willst, komm her, komm her', und dann sage ich, 'nein, ihr sollt euch nicht prügeln, dann sagen sie, 'halt die Klappe, sei ruhig'. Ich sage, nein, ich werd' nicht ruhig, ich werd' erwachsen. Und ich kann es nicht leiden, wenn man sich prügelt, weil, wenn sie sich prügeln, gibt's Ärger und dann werden sie ausgeschimpft und ich will nicht, daß Leute ausgeschimpft werden.

Selbst wenn auf ihnen herumgehackt wird, bleiben einige Mädchen bei ihrer gewaltlosen Haltung:

DONNA: Also, wenn wir uns streiten und die auf mir rumhacken und wenn die sagen, 'Donna, Donna, geh weg', dann sage ich, 'nee, ich will nicht, daß die Leute sich schlagen, weil das nicht fair ist und weil das die Gefühle von jemandem verletzt und wenn sie traurig sind, dann weinen sie und wenn ihre Mutter sie weinen sieht, dann wird sie herkommen zur Schule und die Lehrerin ausschimpfen. Und dann kriegt sie furchtbaren Ärger.

In diesem Fall werden der Streit und seine Konsequenzen in den größeren Zusammenhang einer Autorität gestellt, die durch Eltern und LehrerInnen ausgeübt wird und das gibt Donna die Kraft, sich zu verteidigen und die Situation zu deeskalieren.

Diese Taktik wird auch angewandt, wenn rassistische Schimpfwörter in einem Streit benutzt werden.

LIANNE: So ein Junge, ein Grundschüler, der versuchte mich zu schlagen und ich sagte, 'Ich will keinen Ärger, also laß mich in Ruhe' und er sagte, 'ist mir egal, ist mir egal' und er sagte 'Blackie' und 'Nigger' zu mir, und ich sagte, 'ist mir egal, was du zu mir sagst, ist mir egal'. Und ich sagte, 'Stock und Stein brechen mein Bein, aber Worte können mich nicht treffen.'

Stock und Stein benutzt sie wie ein Mantra, um sich vor Angriffen zu schützen. Aber dieser magische Schutz funktioniert nicht immer.

DONNA: Es fühlt sich furchtbar an, denn wenn sie dich beschimpfen, dann tut es ihnen innerlich weh. Und sie sagen, 'nein, ich sag das dem Fräulein' und die Lehrerin sagt bloß, 'heile heile Gänschen, es wird schon wieder gut'.

Donnas »Fehler«, das Ersetzen der eigenen Gefühle durch »ihre«, also durch die Gefühle der anderen, oder, wenn man so will, die Projektion ihrer verletzten Gefühle auf ihre Peiniger, ist in diesem Fall keine Identifikation mit dem Aggressor. Ganz im Gegenteil. Weil sie so wütend und die Erfahrung so schmerzlich ist, kann sie nur einem anonymen »ihnen« zugeschrieben werden, und die Spötteleien vom Schulhof werden der Lehrerin in den Mund gelegt werden, die nicht da ist, um sie zu beschützen.

Das Ausmaß und die Bedeutung rassistischer Schimpfwörter war eine weitere wichtige Quelle der Diskrepanz zwischen dem Handlungsablauf in den Geschichten der Mitarbeiterinnen und denen der Kinder.

Nach den Beobachtungen der Pausenaufsicht gab es kaum rassistische Beschimpfungen und wenn es sie gab, hatten sie keine besondere Bedeutung. Wie Dot sagte: »Sie beschimpfen sich mit allen möglichen Wörtern, Brillenschlange und sowas, und sie benutzen vielleicht mal ein rassistisches Wort, aber das heißt nicht, daß sie rassistisch sind.«

Wie wir sehen werden, kann es Zusammenhänge geben, in denen das Wort »Nigger« ohne rassistische Konnotationen benutzt wird. Aber wenn man die Bedeutungsgeschichte dieses Wortes im rassistischen Diskurs leugnet und es zusammenwirft mit anderen beleidigenden Ausdrücken, nimmt man sich die Möglichkeit, solche Unterscheidungen zu treffen. Dann wird Rassismus »naturalisiert« oder normalisiert und zum Bestandteil eines universellen Vokabulars menschlicher Vorurteile gemacht.

Dots Erklärung ist Bestandteil einer langen Geschichte von »Rassenbeziehungen« auf dem Schulhof.

DOT: Wir leben hier schon so lange mit diesen ethnischen … Leuten, daß wir sie sowieso wie unseresgleichen behandeln. Deshalb machen sie bei diesen Spielen automatisch mit, mit unseren Kindern. Sie werden bemerken, wenn Sie ihren Akzent hören, daß sie alle gleich sprechen. Es gibt vielleicht ein oder zwei, die es nicht tun, das stimmt, aber sie werden den anderen folgen, und sie sind alle gleich. Wir behandeln sie alle gleich … sie werden in keiner Weise ausgegrenzt, sie spielen alle dieselben Spiele.

Wenn sie in die Schule kommen und nicht Englisch sprechen können, dann schnappen sie bald auf was vor sich geht und wir helfen ihnen zu verstehen und bald machen sie mit, so daß sie dann gar keine Schwierigkeiten haben.

Mit anderen Worten wird – wenn man die Geschichte etwas theoretischer erzählt – was auf dem Schulhof passiert, als Teleologie eines Assimilationsspiels dargestellt. Die Beweise, die wir für das Ausmaß rassistischer Beschimpfungen und Belästigungen vorweisen konnten, brachten Dot und die anderen Frauen jedoch dazu, ihre Geschichten zu revidieren und den Geschichten der Mädchen ernsthafter zuzuhören.

Am ersten Tag auf dem Schulhof kam ein sechsjähriges schwarzes Mädchen zu mir und sagte: »Bitte, Sir, was ist ein Nigger?« Zuerst dachte ich, sie wolle mich auf den Arm nehmen, weil sie gehört hatte, daß wir über Rassismus forschen. Aber sie war gerade so genannt worden und wußte nicht, was das heißt. Die älteren schwarzen Mädchen wußten es mit Sicherheit und hatten sich ihre eigenen Erklärungen zurechtgelegt und ihre Art, damit umzugehen.

Weil ich eine andere Farbe habe als sie. Wenn ich die gleiche Farbe wie sie hätte, würden sie mich mögen. Aber weil ich sie nicht habe, mögen sie mich nicht. Sie denken ich bin blöd.

Weil sie neidisch sind, weil sie gerne schwarz wären. Es ist am besten, sie zu ignorieren, weil sie's dann nicht mehr tun. Einfach weggehen und sagen, 'es ist nicht fair'. Aber am liebsten würde ich sie anspucken.

Da das zweite Mädchen das Element des Neides im Rassismus entdeckt, kann sie der Wirkung des gehässigen Vergleichs in einer Weise widerstehen, die dem ersten Mädchen nicht möglich ist. Sie schafft es eher, den Boden unter den Füßen nicht zu verlieren und zu antworten, statt wegzulaufen.

Ich sagte, ich weiß, daß ich 'ne andere Farbe hab' als du, aber deshalb mußt du mich nicht mit solchen Wörtern beschimpfen. Und er sagte, 'ist mir egal, ich kann Nigger nicht leiden und er sagte das F-Wort zu mir. Also sagte ich, 'wenn ich ein Nigger bin, was bist du dann?' Ich hab' nicht Nigger zu ihm gesagt, aber ich sagte 'ich weiß, daß ich anders bin als du und darüber bin ich froh, ich möchte nicht so sein wie du'.

Ich hätte auch Nigger zu ihm gesagt. Wenn ein Junge zu mir Nigger sagt, dann sag' ich einfach weißer Nigger zu ihm.

Manchmal nennen wir uns selbst Nigger oder Black Wallies, als Witz, um denen zu zeigen, daß sie uns nichts anhaben können.

»Nigger« als Zeichen der Freundschaft und Solidarität zwischen schwarzen Kindern zu benutzen, könnte als Form verbaler Selbstverteidigung betrachtet werden, die die rassistische Bedeutung und die rassistische Wirkung neutralisiert. Aber es ist eine sehr zweischneidige Waffe, die nicht dazu beiträgt, die an der Schule existierende rassistische Subkultur zu unterminieren. Diese Subkultur ist vor allem männlich und weiß, aber sie schließt auch Mädchen ein und Kinder aus anderen ethnischen Minderheiten, türkischen und irischen.

Der Druck, unter dem die Mädchen, vor allem die schwarzen Mädchen auf dem Schulhof stehen, wird durch eines der Spiele illustriert, das sie beschreiben:

Lianne und ich, wir haben heute spionieren gespielt und dann kam der kleine chinesische Junge dazu, der kann sprechen wie wir. Wir versteckten uns hinter der Kletterwand und da kamen einige Leute vorbei und wir guckten durch die Löcher von der Wand und taten so, als ob wir sie ausspionierten. Spionieren ist, wenn man jemanden nicht leiden kann und wenn sie vorbeikommen, dann spioniert man gegen sie – ich krieche hinter sie und du schlägst die, so.

Um einen geschützten Raum zu schaffen und zurückschlagen zu können, müssen diese Mädchen sich hinter der Kletterwand verstecken, während die Jungen Schloßkönig spielen. Ein Spielgerät, das zu einem Gefängnis geworden ist, wird magisch zurückverwandelt in einen potentiellen Raum imaginierter Freiheit und mit der Fähigkeit zur Überwachung verknüpft. Zwar erlaubt ihnen das einen Moment der Macht, wenn sie hinter der Wand hervorkriechen und schlagen. Aber es ist eine gestohlene, kurzzeitige Macht, die ihre marginale Stellung auf dem Schulhof nicht aufheben kann. Das Spiel ist ein Ausdruck ihrer Verzweiflung angesichts des Mangels an wirklicher Unterstützung durch die Mitarbeiterinnen, die es ihnen ermöglichen würde, einen öffentlichen Raum herzustellen, in dem sie sicher wären und ihre Phantasien ausleben könnten. Statt dessen müssen sie einen privaten, unsichtbaren und geheimen Raum schaffen, von dem aus sie eine kindliche Version der Aufsicht durch die Erwachsenen erfinden.

Wie in vielen anderen von uns zitierten Beispielen blieb es den Kindern überlassen, selbst improvisierte Lösungen zu finden, weil eine nachvollziehbare Schulpolitik fehlte und weil es keine allgemeinen Richtlinien gab, die regelten, wann und wie einzugreifen war. Obwohl einige Kinder, wie wir gesehen haben, mit der Aufgabe wuchsen, war es anderen nicht möglich, mit der nötigen Genauigkeit zu urteilen, um die oftmals uneindeutigen Situationen meistern

zu können. Die daraus entstehende Verzweiflung war nur zu offensichtlich, auch wenn oft darüber hinweggegangen und so dem
Schmerz noch eine Kränkung hinzugefügt wurde.

Ein endloser Kampf

In der letzten Phase des Projekts versuchten wir einige der in der
Untersuchung erkennbar gewordenen Problemstellungen aufzugreifen und zu überlegen, welche praktischen Konsequenzen sich daraus
für die Schule und für eine allgemeine Schulhofpolitik ziehen ließen.

Die zentrale Frage war, wessen Geschichte, wessen Darstellung
der Vorgänge auf dem Schulhof geglaubt werden würde und von
wem. Genauer gesagt, würden die Mitarbeiterinnen die Schilderungen rassistischer und sexistischer Belästigungen akzeptieren und als
Handlungsaufforderung begreifen, da sie doch der offiziellen Darstellung (»Hier gibt's kein Problem«) widersprachen? Wie wir gesehen haben, gingen die schwarzen Mädchen, die die meisten
Beschwerden hatten, nicht zu den LehrerInnen und sie erzählten ihre
Geschichte so, als erwarteten sie, daß man ihnen nicht glauben
würde. Sie suchten Bestätigung, indem sie andere Beispiele von Rassismus erzählten, die im schwarzen Gemeinwesen erfahren wurden.
Die offizielle Leugnung des Rassismus stärkt den Glauben, Rassismus sei eine von Schwarzen in einer weißen Gesellschaft universell
erfahrene Realität. Der Akt der Verleugnung schafft die verleugne-
ten Verhaltensweisen mit.

Es wäre trotzdem naiv, anzunehmen, man könne die Situation
allein dadurch verbessern, daß man das Problem des »institutionalisierten Rassismus« anerkennt und die Erfahrungen der schwarzen
SchülerInnen privilegiert und zum Eckpfeiler einer antirassistischen
Strategie macht. Zum einen waren die Erfahrungen keineswegs einheitlich, zum anderen waren nicht nur Kinder, die sich als schwarz
identifizierten, Opfer des Rassismus. Das sogenannte »irische Problem« war nur eine der Komplikationen – daß repräsentative Unter-
stützer des schwarzen Gemeinwesens die Vertreter des irischen
Gemeinwesens gerade zu der Zeit aus der örtlichen Führung verdrängten, als dieses wegen der Bombenkampagne der IRA in London ohnehin erneut unter Druck geraten war, führte dazu, daß die
Beziehungen zwischen diesen beiden Gemeinwesen zunehmend
»rassische« Bedeutung bekamen – trotz (oder wegen?) ihrer gemeinsamen Geschichte als Opfer des Kolonialismus.

Auch auf der Mikroebene gab es viele Mehrdeutigkeiten, die einfache Lösungen ausschlossen. Unsere Forschung hatte gezeigt, daß im Spiel verschiedene und oft widersprüchliche Bedeutungsebenen wirksam sind. Auf einer symbolischen Ebene lernen die Kinder im Spiel ihre Welt als zerbrechliche Brücke zwischen dem Selbst und dem Anderen, zwischen innerer und äußerer Erfahrung zu konstruieren und zu dekonstruieren. Auf der Ebene der Phantasie, der Imagination, schaffen sie sich im Spiel ein Königreich, in dem sie allein über die Anordnung der Subjekte und Objekte herrschen; und auf der Ebene der Realität lernen sie Fertigkeiten und Kompetenzen, mit denen sie sowohl psychische als auch soziale Konflikte, die aus dem Spannungsverhältnis zwischen den anderen Ebenen entstehen, entweder aushandeln oder in sozialen Beziehungen ausleben können.

Deshalb kann ein Spiel wie »Küsse abjagen« gleichzeitig eine Erkundung sexueller Differenz sein, eine phantasierte männliche Verführung oder Vergewaltigung und eine bewußte Strategie sozialer Einschüchterung. Ein Schulreim kann gleichzeitig eine Erkundung von Körperbildern, eine narzißtische Beschwörung von Allmacht und eine rassistische Beleidigung sein. Die Aufzählung körperlicher Merkmale kann Unterschiede vermitteln oder eine Ausschließungsstrategie auf der Grundlage von Identitäten sein, denen man eine rassische Bedeutung gibt. Das Problem für die LehrerInnen besteht darin, diese verschiedenen Elemente zu desartikulieren, um das, was für die Entwicklung der Kinder notwendig ist, zu unterscheiden von den rassistischen und sexistischen Praxen, in die es verwoben ist. Im Bewußtsein der Kinder werden diese verschiedenen Elemente vermischt oder verwechselt. Wenn die LehrerInnen nicht zwischen ihnen unterscheiden können, werden sie auch den Kindern nicht dabei helfen können. Sprechen sie lediglich einen Tadel aus, werden die Kinder irgendwann das Gefühl haben, daß etwas für ihre Entwicklung Wichtiges angegriffen wird. Als Reaktion darauf werden sie sich um so mehr an den ideologischen Anker klammern, an dem diese Praxen sich abgesetzt haben.

Eine Herangehensweise, die einige dieser Probleme zu überwinden sucht, muß erkennen, daß Kinder durch das Spiel Konflikte aus dem größeren gesellschaftlichen Zusammenhang sowohl auszuleben als auch zu lösen versuchen. Das tun sie manchmal auf magische oder perverse Weise, aber dennoch in einer Form, die immer das wirkliche Problem erkennt und angeht. Um die rassistischen Spannungen auf dem Schulhof zu vermindern, ist es nötig, spezifisch pädagogische Strategien zu entwickeln, die die Phantasien, in denen die kindlichen Vorurteile verwurzelt sind, in einer Weise aufgreifen, daß Kinder, Eltern und MitarbeiterInnen der Schulen aktiv einbezogen (statt zurückgewiesen) werden.

Wir dachten darüber nach, welche Aktivitäten im Klassenzimmer sich auf die Konflikte auf dem Schulhof beziehen ließen. Könnte das Erzählen von Geschichten Rohmaterial für Phantasiespiele bereitstellen, in denen Kinder ermutigt würden, mit weniger traditionellen und stereotypen Rollen zu experimentieren? Für diesen Zweck müßte die Erzählstruktur der Geschichte der des Spiels ähnlich sein. Mit anderen Worten, sie müßte sich um eine Suche drehen, um Hindernisse, die zu überwinden sind, um sichere und gefährliche Plätze, um Verbündete, magische Instrumente und böse Gegenstände (aber keine bösen Menschen)[48]. Wir kannten einige Geschichten, die in diese Kategorie paßten und wir faßten den Beschluß, unsere Phantasie beim Schreiben von neuen auf die Probe zu stellen.

Wir schlugen vor, in jeder Woche Zeit zur Verfügung zu stellen, in der Kinder von Vorfällen auf dem Schulhof erzählen konnten, auch von solchen, die sie nicht unmittelbar selbst betrafen. Gemeinsam mit den LehrerInnen sollten dann Handlungsmöglichkeiten gesucht werden. Diese Gespräche würden eine Grundlage sein für den an den Schülerrat[49] zu schreibenden Bericht.

Die Einrichtung eines Schülerrats war ein wichtiger Fortschritt. Es bot der ganzen Schule ein Gremium, um Fälle von Schikane und Belästigungen zu behandeln. Der Rat hatte nicht die Aufgabe, über einzelne Fälle zu urteilen. Kinder haben nämlich extrem rauhbeinige, strafende Superegos. Die Stimme des »kollektiven Gewissens« kann leicht die Todesstrafe für relativ kleine Vergehen fordern, wenn sie über unpopuläre Individuen urteilt. Aber wenn über die Dinge gesprochen wird, können Wege gefunden werden, mit ihnen umzugehen, es kann ein Rahmen geschaffen werden, in dem umfassendere, reflektiertere Standpunkte entwickelt und eingenommen werden können. Der Schülerrat hat tatsächlich einige sehr gute Ideen entwickelt, um das Leben auf dem Schulhof zu verbessern. Zum Beispiel ein Zeitsystem zur Benutzung der Spielgeräte, das dafür sorgte, daß auch die jüngeren Kinder daran spielen konnten.

Eine andere Innovation war eine veränderte Art, über Vorfälle auf dem Schulhof zu berichten und damit umzugehen. Die Berichte sollten, soweit möglich, unterschriebene Aussagen der Hauptbeteiligten und der Augenzeugen beinhalten. So sollte vermieden werden, daß die Mitarbeiterinnen wertende Aussagen in Gestalt objektiver Berichte machten. Die Geschichte des Vorfalls wurde nun von

unterschiedlichen Standpunkten aus erzählt und nicht aus der allwissenden Position der erwachsenen Beobachter. Die Direktorin
sollte den Bericht lesen und dann entscheiden, was weiter zu unternehmen war. Ihre Entscheidung wurde in einem Buch festgehalten.
Das Buch der Vorfälle konnte von den Eltern gelesen werden und
Kopien des Berichts wurden an die Eltern jedes bestraften Kindes
geschickt.

Weiter wurde vorgeschlagen, einige Grundregeln für die Interaktion auf dem Schulhof zu entwickeln. Die Verantwortung für die
Kontrolle des eigenen und des Verhaltens von anderen wurde klar
zwischen Pausenaufsicht und Kindern aufgeteilt. Dazu gehörte, daß
zwischen kleineren und größeren Vorfällen unterschieden und für
die entsprechenden Fälle jeweils angemessene Reaktionen definiert
wurden, gemäß der Regel von der Verhältnismäßigkeit der Mittel.
Das hieß, Nichthandeln oder Überreaktion seitens der Kinder oder
der Pausenaufsicht war genauso falsch wie das Verhalten, das sie
provoziert hatten. Wenn man zusah, wie jemand rassistisch beleidigt
wurde, dann war man Komplize/in. Dennoch war klar zu unterscheiden zwischen passiver und aktiver Unterstützung (z.B. andere
anfeuern) und der unmittelbaren Tat (direkte physische oder verbale
Einschüchterung). Die Kategorisierung eines Vorfalls und die Rolle
der Beteiligten wurde zuerst in einer Diskussion im Klassenraum
durchgesprochen und gehörte zur Anfertigung des Berichts an den
Schülerrat.

Die Mitarbeiterinnen der Pausenaufsicht bekamen eine entscheidende Rolle bei der Einführung dieser Veränderungen. Die Tatsche,
daß sie bei den Diskussionen über die Gleichstellungspolitik marginalisiert worden waren, hatte zweifellos ihren allgemeinen Groll
darüber vergrößert, daß sie als Nebenfiguren des Erziehungsprozes-
ses behandelt wurden, obwohl sie für die Schulerfahrungen der Kinder eine so zentrale Rolle spielten. Das verstärkte wiederum ihre
Opposition gegenüber »neumodischen Ideen« und ihr Eintreten für
assimilatorische Versionen der »Rassenbeziehungen«.

Es wäre zu einfach, diese Frauen an den Pranger zu stellen und sie
als Repräsentantinnen des örtlichen Rassismus der Arbeiterklasse zu
sehen. Denn trotz ihres kulturellen Konservatismus und der damit
einhergehenden Vorurteile, hatten sie nichts mit offenem Rassismus
zu tun. Ihre Leugnung des auf dem Schulhof existierenden Rassismus war Teil einer allgemeineren »Farbenblindheit« verstärkt durch
eine beruflich bedingte defensive Haltung – sie fürchteten, persön-
lich haftbar gemacht zu werden, wenn sie das Problem zugaben.

Daß sie ein Faktor historischer Kontinuität an der Schule waren – sie blieben, während die LehrerInnen kamen und gingen –, sprach Bände: für das Ausmaß ihrer Bindung an die Schule und für den Mangel an Berufsmöglichkeiten.

Der Schlüssel zur Veränderung ihrer Haltung liegt deshalb darin, sie richtig einzusetzen. Der Wert ihres konkreten Wissens muß anerkannt werden, gleichzeitig muß die neue Aufgabe sie dazu bringen, einen neuen, frischen Blick auf die Art und Weise zu werfen, in der sie gewöhnlich die Kinder beim Spielen beobachten. Wenn das nicht in Stil gegenseitiger Beschuldigungen geschieht wie beim Antirassismustraining, sondern im Zusammenhang mit einer höheren Bewertung ihrer Tätigkeiten und ihres Berufsstatus, einschließlich einer höheren Vergütung, dann besteht die Chance, daß sie die neue Schulhofpolitik anführen, statt zum Hindernis für jede Veränderung zu werden.

Eine Nachfolgeuntersuchung ein Jahr später, bei der die Kinder, die LehrerInnen und die Mitarbeiterinnen auf dem Schulhof befragt wurden, ergab eine spürbare Verbesserung. Nach Einschätzung aller hatte es weniger Prügeleien gegeben, weniger Fälle von Beschimpfung und auch keine ständigen Schikanen, obwohl die Mädchen sich immer noch über die männliche territoriale Vorherrschaft beklagten (nicht jedoch über das »Küsse abjagen«). Die LehrerInnen und das Aufsichtspersonal waren der Meinung, die Atmosphäre habe sich gebessert und sie hätten mehr Möglichkeiten, mit dennoch auftretenden Fällen effektiv umzugehen.

Also ein Happy End? Nun ja, so etwas gibt es nicht. Hier wie fast überall gibt es nur ein nie endendes Gefecht. Die Mitarbeiterinnen wechseln. Die Direktorin geht. Es gibt Stellenstreichungen bei der Pausenaufsicht. Die Schule steht unter dem Druck, sich auf ihre schulischen Resultate zu konzentrieren. Die Probleme auf dem Schulhof werden wieder vernachlässigt. Einige gewalttätige und gestörte Kinder mit ausgesprochen rassistischen Haltungen kommen in die Schule und bilden eine Bande, die die vietnamesischen und chinesischen Kinder terrorisiert. Zwei Jahre später, und es sieht aus, als wären wir wieder am Nullpunkt angelangt. Aber nicht ganz.

Einer der Gründe, die Geschichte zu erzählen, besteht darin, daß aus Erfahrungen Lehren gezogen werden können, die man nicht vergessen sollte. Aber wenn sie nicht verloren gehen sollen, muß es eine Struktur geben, die den Prozeß kontinuierlicher Verbreitung und Weitergabe fördert. Unglücklicherweise sind es gerade diese unterstützenden Strukturen, die durch die Eigenverwaltung der Schulen abgeschafft werden[50]. Aber das ist eine andere Geschichte.

Dritter Teil
Vorschläge für Unterrichtseinheiten

Anansi trifft Spiderwoman

Problemstellungen und Methoden

»So ein Junge, ein Grundschüler, versuchte mich zu schlagen und ich sagte, 'Ich will keinen Ärger, also laß mich in Ruhe' und er sagte, 'ist mir egal, ist mir egal' und er sagte 'Schwarze' und 'Nigger' zu mir, und ich sagte, 'ist mir egal, was Du zu mir sagst, ist mir egal'. Und ich sagte, 'Stock und Stein bricht mein Bein, aber Worte können mich nicht treffen.'«

»Ich hab'n skandinavischen Namen. Wer weiß wann, aber irgendjemand von meinen ganz frühen Vorfahren – also ich fühl' mich britisch, weil ich mich ganz weit zurückverfolgen kann.«

»Mich beschimpfen? Ja, denen ist das egal. Weil ich 'ne andere Farbe hab als sie, deshalb ist es ihnen egal. Sie ärgern mich. Es ist ihnen egal. Sie mögen Leute mit meiner Farbe nicht, oder vielleicht mögen sie mich nicht?«

»Und weil ich 'ne andere Farbe habe, weil ich 'ne ganz andere Farbe habe, lassen sie mich nicht in Ruhe. Ich hab' 'ne andere Farbe, weil ich 'ne andere Farbe habe als sie. Wenn ich dieselbe Farbe hätte, würden sie mich mögen. Aber weil ich 'ne andere Farbe habe, deshalb können sie mich nicht leiden. Sie denken ich bin blöd. Sie denken, daß Leute, die so 'ne Farbe haben wie ich ... daß Leute wie ich blöd sind.«

Die Politik gegen Rassismus

Dies sind einige Stimmen aus einer Londoner Schule, zehn Jahre nachdem die Schulbehörden einen Bericht über ihre antirassistische Politik veröffentlicht haben. Seitdem haben viele Schulen eine ganze

Reihe von Methoden zur antirassistischen Erziehung eingesetzt. Keine war sehr erfolgreich. Den LehrerInnen wurden nicht sehr viele Mittel an die Hand gegeben, um das Problem des Rassismus bei den weißen, bzw. bei den Kindern der ethnischen Mehrheit, in Angriff zu nehmen.

Am meisten verbreitet ist die Methode, Kinder »aufzuklären«. Die LehrerInnen vermitteln ihnen Fakten über die Ursachen der Arbeitslosigkeit, der Einwanderung aus den ehemaligen Kolonien oder über die Gründe für die Wohnungsnot, um die Wahrscheinlichkeit zu verringern, daß ethnische Minderheiten von denen, die unter Wohnungsnot leiden oder arbeitslos sind, zu Sündenböcken gemacht werden. Diese Methode ist problematisch, nicht zuletzt deshalb, weil sie vom Modell einer defizitären Arbeiterkultur ausgeht (Cohen 1989). Danach scheint es, als verfügten LehrerInnen über einen Zugang zum Verständnis der Welt, der den kulturell und sozial »unterentwickelten« Schichten der Arbeiterklasse verwehrt ist. Das Problem sind die Kinder (oder ihre Eltern). Wie Epstein und Sealey (1990) herausgearbeitet haben, kann das zur Schlußfolgerung führen, daß LehrerInnen selbst keine Verantwortung für rassistische Äußerungen in der Schule haben. Die Aufklärungsstrategie übersieht die starken emotionalen Grundlagen rassistischer Ideologien und die in sie investierte Phantasie und verkennt, wie sehr diese Ideologien, vermittelt über die Alltags- und Massenkultur, zur Erklärung allgemeiner Notlagen dienen.

Ähnliche Zweifel lassen sich gegen eine andere sehr gängige Methode formulieren: gegen die Strategie, Kinder die »andere Kultur« unmittelbar erleben zu lassen. Natürlich muß man sicherstellen, daß der Lehrplan die Vielfalt kultureller Perspektiven respektiert und widerspiegelt. Aber das allein reicht nicht aus. Wir müssen Wege entwickeln, mit den Mythen und Phantasien umzugehen, die Rassismus zum selbstverständlichen Alltagsdenken machen.

Kultur ist ein komplexer und uneindeutiger Begriff. Nach Epstein und Sealey (1990) ist Kultur »veränderlich und dynamisch, und keine feste Ausrüstung, die Leute mit sich herumtragen«. LehrerInnen sollten die Vielfalt der individuellen Erfahrungen beachten und die Kinder ermutigen, sich in sie hineinzuversetzen. Aber sie müssen sich davor hüten, »andere Kulturen« in einer starren, übersimplifizierenden Weise darzustellen, d.h. dem als »Sari, Samosas und Blechkapellen« charakterisierten Ansatz zu verfallen. (Auf die deutsche Situation übertragen könnte man vielleicht vom Ansatz »türkisches Frühstück, Kopftuch und Bauchtanz« sprechen, N.R.) Diese

Herangehensweise wird oft kritisiert, weil sie ungleiche Machtverhältnisse Macht nicht berücksichtigt. Sie sieht nicht, daß die indischen, asiatischen und afro-karibischen Gruppen untergeordnete Positionen in der britischen Mehrheitsgesellschaft einnehmen.

Häufig wird versucht, »positive Bilder« in den Schulunterricht einzuführen. Es ist zwar absolut notwendig, daß alle Schulen ihre Materialien überprüfen, um sowohl rassistische Bilder als auch rassistische Bezüge zu entfernen und um sicherzustellen, daß LehrerInnen und SchülerInnen Zugang zu Büchern haben, die verschiedene kulturelle Erfahrungen und Identitäten qualifiziert reflektieren. Aber es ist problematisch, autoritativ, über Vorschriften, »positive Bilder« einführen zu wollen. Eine solche Vorgehensweise geht von einem einzigen normativen Rollenmodell aus, das wiederum auf einem statischen eindimensionalen Begriff von Identität beruht. So meinen viele LehrerInnen, das passende positive Modell für vorbildliche Leistungen seien diejenigen Schwarzen, die Mitglieder einer akademischen Mittelschicht werden. Dies übersieht aber die Realitäten der Klassenstrukturen, die die Zahl derjenigen, die auf diese Weise erfolgreich werden können, stark einschränkt. Darüber hinaus werden so die an der Basis geführten Kämpfe und der Widerstand der schwarzen Bevölkerung gegen Rassismus ignoriert.

Man muß sich von diesen allzu einfachen Begriffen, von den vorschriftsmäßig positiven, bzw. negativen Bildern lösen. Denn die Ersetzung der einen durch die anderen berücksichtigt nicht die Vielfalt der kindlichen Selbstbilder – und derjenigen der Erwachsenen. Diese kommen zum Tragen, wenn in unterschiedlichen Zusammenhängen jeweils unterschiedliche Aspekte des Lebens ausgehandelt werden. Setzt man eine restriktive Sichtweise darüber durch, was ein »positives Bild« ist, können Kinder abgeschreckt und verwirrt werden. Sie werden ihre gelebten Erfahrungen darin nicht wiedererkennen. Zu akzeptieren, daß es eine Pluralität von Zielen gibt, bedeutet zu erkennen, daß es zwischen ihnen Konflikte geben kann, und dies ermöglicht es wiederum den Kindern, die Mehrschichtigkeit ihrer Erfahrungen zu erkunden und dabei ihr Alltagsleben mit seinen unvermeidlichen Widersprüchen zu reflektieren.

Es sollte möglich sein, anzuerkennen, daß es in und zwischen ethnischen Gemeinwesen Spaltungen gibt (basierend auf Religion, Klassenzugehörigkeit, Geschlecht oder Generation), ohne sie dadurch zu vertiefen. Vielmehr müßte man zugleich auf die vorhandenen oder möglichen Grundlagen für Einigkeit oder Bündnisse hinweisen. Dafür ist es wichtig, die Erfahrungen der Gemeinwesen aus

dem indischen Subkontinent und aus der Karibik im Britannien der
Nachkriegszeit mit denen der irischen und jüdischen Gemeinwesen
in früheren Perioden zu vergleichen und die Gemeinsamkeiten und
Unterschiede herauszuarbeiten. Das bedeutet wiederum, daß man
zu enge Rassismusdefinitionen vermeiden muß, die ihn lediglich auf
Vorurteile gegen die Hautfarbe beziehen und den Antisemitismus
oder antiirische Gefühle außer acht lassen (vgl. zum Begriff des Rassismus Teil I in diesem Buch, Cohen 1990 und Miles 1991).

Eine Bemerkung noch zum disziplinarischen Rahmen, der nötig ist,
damit alle Mitglieder der Schulgemeinschaft erkennen, daß rassistische Sprache und rassistisches Verhalten inakzeptabel sind. Ein über-
mäßiges Vertrauen in Disziplinarmaßnahmen, ohne daß gleichzeitig
pädagogische Strategien eingeführt werden, kann den Effekt haben, die
Feindseligkeit der Mehrheitskinder gegen die antirassistische Politik
zu erhöhen. Das ist am wahrscheinlichsten bei jungen Leuten, die
ohnehin schon der Schule sehr entfremdet sind; Auflehnung gegen die
antirassistische Politik wird dann eine Ausdrucksform des Widerstandes gegen die Schule überhaupt.

Einführung

Im folgenden finden sich Beispiele für Materialien und Ideen für den
Unterricht, die in einigen Forschungsprojekten an Londoner Schulen
entwickelt worden sind. Der zugrundeliegende Ansatz stützt sich auf
Ideen und Methoden der Cultural Studies. Mit Hilfe verschiedener
Medien wird versucht, einen Rahmen zu schaffen, in dem die Kinder
die alltäglichen Vorurteile ihrer eigenen Kulturen untersuchen können.
Darüber hinaus können sie alternative Möglichkeiten ausprobieren,
die mit Identität und Differenz verknüpften Probleme darzustellen.
Diese Methoden wurden speziell für Kinder mit rassistischen Ansichten entwickelt. Das Material ist aber auch von Nutzen, um
schwarzen Kindern und Kindern von ethnischen Minderheiten ver-
ständlicher zu machen, *wie* Medien und Alltagskulturen dazu beitragen, Rassismus zu befördern.

Mit verschiedenen Gruppen von Kindern lassen sich verschiedene
Aspekte des Materials erarbeiten. Formen der Darstellung, der Repräsentation – Fotografieren, Geschichten erzählen und Theater –
sollen die Möglichkeit geben, die den rassistischen Gefühlen zugrundeliegenden Haltungen zu erkunden und zu bearbeiten, ohne daß
diese Gefühle unmittelbar ausgelebt werden – denn davor müssen

die davon betroffenen Kinder geschützt werden. Der Schwerpunkt liegt also auf einer indirekten Herangehensweise, die die Kinder ermutigt, ihre eigenen Erfahrungen von einem Standpunkt kritischer Distanz zu artikulieren, damit sie lernen, ihre eigenen Reaktionen besser zu verstehen. Eine Fotogeschichte über Sündenböcke zu erfinden, wird zum Beispiel Gelegenheit bieten, Probleme von Einschluß und Ausschluß zu diskutieren, Mechanismen rassistischer Schikanen zu verstehen, ohne sich auf die jeweiligen Kinder und auf wirkliche Vorfälle innerhalb der Klasse beziehen zu müssen. Die daraus entstehende Distanz zwischen dem Kind und seinen Emotionen schafft einen Raum, in dem SchülerInnen und LehrerInnen sowohl unbewußte rassistische Gefühle, als auch alternative Formen, die Welt zu verstehen, diskutieren zu können. Die Arbeit muß natürlich in einem sozialen Zusammenhang erfolgen, in dem rassistische Angriffe oder Beleidigungen nicht zugelassen werden.

»Rasse«, Herkunft, Klasse und Geschlecht

Ein Vorteil des hier präsentierten Modells besteht darin, daß einige der komplexen Positionen, von denen aus SchülerInnen alltäglich miteinander umgehen, erforscht werden können. Dies gilt besonders für das Verhältnis verschiedener Formen der Diskriminierung aufgrund von Alter, Geschlecht, Klassenzugehörigkeit oder ethnischer Zugehörigkeit. Da diese Diskriminierungsformen nicht statisch sind und sich nicht notwendigerweise gegenseitig verstärken, können sie in unterschiedlichen Zusammenhängen sehr verschieden wirken. Für das türkische Mädchen, das im folgenden zitiert wird, kommt zur sexistischen Belästigung die rassistische Beschimpfung hinzu: schwarze und weiße Jungen bilden eine Einheit in ihrem Widerstand gegen die antirassistische Botschaft der Schule:

»Die haben Turkey[5] zu mir gesagt und das war nicht das einzige Schimpfwort. Weil ich früher entwickelt war, hab' ich von allen Jungen Schimpfwörter zu hören gekriegt. Und meine Lehrerin hat mich verstanden, weil, sie hat mit mir darüber geredet und ich fing an zu weinen, weil ich es nicht aushalten konnte, aber jetzt sag' ich, weil ich fast geweint hab' – ich bin stolz auf das, was ich habe, ich muß stolz sein. Wenn Leute mich beschimpfen – Ich bin stolz auf das, was ich habe. Ich kann's mir nicht gefallen lassen, daß sie auf mir rumtrampeln, wie ich schon gesagt hab'. Und ich war wirklich verletzt, aber ...«

Sensibilität gegenüber unterschiedlichen Erfahrungen und verschiedene Reaktionen auf diese Erfahrungen von verschiedenen Gruppen innerhalb einer Klasse ist bei dieser Vorgehensweise wichtig. Die Ergebnisse bisheriger Untersuchungen zeigen zum Beispiel, daß weiße Mädchen aus der Arbeiterklasse Rassismus anders ausdrücken und anders erfahren als Jungen. In Familien und Nachbarschaften werden sie, weil man die Vorstellung hat, sie könnten Opfer schwarzer oder südländischer männlicher Sexualität oder Kriminalität werden, geschützt. Eine solche Position verstärkt nicht nur die negativen Stereotypen über Schwarze, sondern schafft eine Verletzbarkeit und Machtlosigkeit auf seiten der Mädchen, die von rassistischen Diskursen ausgebeutet werden kann. Gleichzeitig *kann* die Erfahrung der Unterdrückung weiße Mädchen befähigen, sich eher als Jungen mit einigen Aspekten »anderer Kulturen« zu identifizieren. Bei der Erprobung dieser Materialien ist das Ausmaß deutlich geworden, in dem weiße Mädchen, bzw. Mädchen der ethnischen Mehrheit unterdrückt werden und wie sie das motiviert, sich mit anderen Opfern sozialer Ungerechtigkeit zu identifizieren.

Bei der Arbeit mit diesem Ansatz ist es wichtig, das jeweilige Umfeld mit einzubeziehen. Eine antirassistische Erziehung muß Bestandteil eines demokratischen Prozesses sein, an dem Eltern, SchülerInnen und die anderen MitarbeiterInnen an der Schule teilhaben. Die Eltern einzubeziehen heißt natürlich nicht, daß LehrerInnen immer ihrer Meinung sein müssen. Es bedeutet jedoch, daß es wichtig ist, den Auffassungen der Eltern zuzuhören und bereit zu sein, den eigenen Standpunkt zu erklären und zu begründen. Diskussionen mit den Eltern über Antirassismus sind aussichtsreicher, wenn man sie in das Schulleben einbeziehen kann. Der Dialog kann erleichtert werden, wenn die mit den hier vorgeschlagenen Methoden hergestellten Arbeiten der Kinder in der Schule ausgestellt und in Veranstaltungen einbezogen werden, zu denen die Eltern eingeladen werden.

Feste Rahmenbedingungen

Bei der ersten Anwendung der vorliegenden Materialien gab es viele Diskussionen mit den LehrerInnen. Oft wurde die Sorge geäußert, unsere Arbeit könne dazu führen, den »Deckel zu lüften« und Formen von Rassismus herauszulassen, mit denen man dann nicht mehr fertig werden würde.

Es ist hier wichtig, daran zu erinnern, daß die Verhaltensregeln von LehrerInnen ihre Grenzen haben. Rassismus kann vielleicht in der Klasse zum Schweigen gebracht werden, aber unbearbeitete rassistische Gefühle verschwinden nicht. Sie werden vielleicht statt dessen auf dem Schulhof ausgelebt, wenn die LehrerInnen gerade den Rücken drehen.

Gleichzeitig ist es aber notwendig, Rahmenbedingungen für eine antirassistische Arbeit mit SchülerInnen herzustellen. Die Formen, in denen dabei Gefühle und Ansichten ausgedrückt werden, sind, wie oben begründet, indirekt und auf einen Zusammenhang eingeschränkt, in dem es um Phantasien, um ausgedachte Geschichten und um bestimmte Übungen geht[52]. Dabei müssen die Bedingungen, unter denen, und die Grenzen, in denen rassistische Darstellungen untersucht werden, den Kindern verdeutlicht werden. Zu diesem Zweck ist es am besten, einen Vertrag zu schließen. Mit den SchülerInnen werden Regeln darüber ausgehandelt, welches Verhalten erlaubt ist und welches nicht. So werden sie verantwortlich für eine Struktur kollektiver Selbstregulierung, die durch demokratische Mittel festgelegt und erhalten wird. Die um diese Rahmenbedingungen geführte Diskussion und der abgeschlossene Vertrag sind selbst ein wichtiger Bestandteil des pädagogischen Prozesses.

Sensibilität gegenüber der Gruppendynamik

Die vorgeschlagenen Methoden sollen zur kritischen Lektüre und Interpretation verschiedener kultureller Produkte ermutigen, einschließlich der von den SchülerInnen selbst hergestellten. Sie können lernen, einige der weniger offensichtlichen Formen rassistischer Bildersprache zu erkennen und alternative Formen zu entwickeln, ihr eigenes und das Leben anderer darzustellen. Behandelt werden also die Aspekte ihrer Lebenserfahrungen, die durch Rassismus (bewußt oder unbewußt) verzerrt sind.

Dies bedeutet, daß die Gruppenzusammensetzung die Bedürfnisse der Kinder reflektieren muß. Zum Beispiel wird eine Gruppe von Mädchen vielleicht gemeinsam herausfinden müssen, wie die Jungen sie aus Bereichen des Schulhofs verdrängen. Diese Aufgabe kann am besten in einer Gruppe bewältigt werden, die ausschließlich aus Mädchen besteht, in der diese sich gegenseitig unterstützen können. Ebenso kann es nötig sein, daß eine Gruppe von weißen Jungen ihre Gefühle über den sich verändernden Stadtteil bearbeitet. Es mag sein, daß LehrerInnen es angemessen finden, wenn sie dies gemeinsam und ausschließlich unter sich tun. Beispielsweise, um andere Kinder vor den dabei möglicherweise auftauchenden feindseligen Gefühlen zu schützen.

Jedoch sollte das Erkennen und Dekonstruieren rassistischer Bilder nicht den SchülerInnen der ethnischen Mehrheit vorbehalten werden. Es wird unterschiedliche Schwerpunktsetzungen für unterschiedliche

Gruppen von Kindern geben. Es ist aber wichtig, daß auch schwarze
Kinder, bzw. Kinder der ethnischen Minderheiten erkennen lernen,
wie Rassismus alle Aspekte der Kultur durchdringt und wie er vielleicht ihr eigenes Selbstbild beeinflußt hat. Auch hier ist es wieder
am besten, wenn solche Übungen innerhalb einer Gruppe von SchülerInnen stattfinden, gegen die Rassismus sich richtet und gemeinsam mit LehrerInnen, die ähnliche Erfahrungen machen.

So wie es wichtig ist, daß schwarze Mädchen und Mädchen der
ethnischen Minderheiten lernen, eine gemeinsame Stimme zu finden,
kann es hilfreich für Jungen sein, bestimmte Aspekte ihrer Persönlichkeit ausdrücken zu lernen. So können zum Beispiel im Spiel mit
jüngeren Kindern ihre freundlicheren Seiten zur Geltung kommen,
die die »Macho«-Normen der Alltagskultur in Frage stellen.

Zusammenfassung

Die Ziele dieser Herangehensweise sind:

○ Kindern zu helfen, rassistische Bildersprachen zu erkennen und

○ zu sehen, wie sie in ihre eigenen Kulturen und in ihr Alltagsdenken verwoben sind.

○ Kindern zu helfen, ihre durch Rassismus unterdrückten Ideen, Gefühle und Darstellungsweisen auszudrücken.

Um diese Ziele zu erreichen, ist es nötig, daß LehrerInnen einen Raum schaffen, in dem die SchülerInnen Elemente ihrer Erfahrungen artikulieren können, die sonst vielleicht unausgesprochen oder unklar bleiben.

Dazu wird in folgender Weise angeregt:

○ Kreative Aktivitäten dienen dazu, einen Darstellungsrahmen zu schaffen.

○ Eine offene Diskussion innerhalb der durch einen Vertrag vereinbarten Grenzen wird gefördert.

○ Die alltäglichen Erfahrungen der Kinder werden in einer Atmosphäre des Vertrauens bearbeitet.

○ Bedeutungen werden ausgehandelt, ohne Vorschriften zu machen.

○ Die Arbeit wird in kleinen Gruppen durchgeführt, die die Zusammensetzung nach Geschlecht und Herkunft berücksichtigen.

○ Der spezifische lokale Kontext, die Beziehungen im Stadtteil werden berücksichtigt.

Diese Prinzipien schließen bestimmte Lehr- und Lernpraktiken ein. Pilotstudien haben gezeigt, daß die Arbeit mit diesen Methoden dort am erfolgreichsten ist, wo sich folgende Bedingungen finden:

○ Die SchülerInnen haben schon einige Erfahrungen mit Gruppenarbeit gemacht.

○ Sowohl LehrerInnen als auch SchülerInnen halten Gespräche für »richtige Arbeit«.

○ LehrerInnen unterstützen sich gegenseitig bei der Arbeit und sind imstande, die Schwierigkeiten und Probleme zu sehen, die daraus entstehen, ohne sich selbst oder den anderen die Schuld für die unvermeidlich vorkommenden Fehler zu geben.

○ Die Eltern sind in irgendeiner Weise einbezogen und die Arbeit wird an der Schule allgemein unterstützt.

Die Darstellung der Methoden ist in zwei Teile gegliedert, die wiederum in verschiedene Einheiten unterteilt sind. Die jeder Einheit zugrundliegende Theorie und Zielvorstellung wird im Zusammenhang mit den jeweiligen Materialien und Beispielen dargestellt.

Vorstellung des Materials

Die erste Einheit nutzt Fotografien, um eine Reihe von kritischen und praktischen Fertigkeiten zu entwickeln, die mit dem Lesen und machen von Bildern zusammenhängen. Der Teil besteht aus folgenden Abschnitten:

Selbst und Andere: Mit Hilfe von Anzeigen und Selbstporträts wird verdeutlicht, wie wir Bilder von uns selbst und von anderen entwickeln und auf sie reagieren.

Schnappschüsse – schnelle Urteile: Eine Reihe von Übungen mit Bildunterschriften und Texten, die den SchülerInnen zu verstehen helfen, wie Stereotypen konstruiert werden und wie sie dekonstruiert werden können.

Identitäten und Unterschiede: Ein Spiel mit Bildkarten und andere Übungen, bei denen Kinder lernen können, kritisch zu beurteilen, wie berufliche und nationale Identitäten geformt werden.

Sündenböcke und Unterprivilegierte (Underdogs): Ein praktischer Führer zur Herstellung von Fotoromanen über Alltagsbeziehungen von SchülerInnen.

Vorurteile auf dem Schulhof: Fotografien von Situationen auf dem Schulhof helfen Konflikte zu bearbeiten, die durch Schikanen, Beleidigungen, Ausschluß und Einschluß im Kontext von Sexismus und Rassismus entstehen.

Die zweite Einheit entwickelt Fähigkeiten, Geschichten kritisch zu lesen und umzuschreiben. Mit verschiedenen Techniken werden die Beziehungen zwischen Differenz und Herrschaft untersucht.

Monster Mix: Schlägt vor, wie man Monsterbücher oder -filme benutzen kann, um die Ängste und Phantasien zu erkunden und zu bearbeiten, die Kindern mit anderen, fremden Leuten verbinden. Es enthält auch Übungen für Rollenspiele, mit denen einige dieser Probleme gründlicher durchgearbeitet werden können.

Anansi trifft Spider(wo)man: Bietet eine detaillierte Lektüre der beiden Geschichten. Enthält ein Beispiel für das Umschreiben, in dem beide Geschichten zusammengebracht werden, um die Beziehungen zwischen der afro-karibischen und der weißen US-amerikanischen Kultur deutlich werden zu lassen.

Die Materialien sind so entwickelt, daß sie leicht in den Unterricht der Grundschule oder in den Englisch(Deutsch)unterricht, Kunstunterricht oder in einen Unterricht mit Medien eingebaut werden können. Die Ideen werden spiralförmig entwickelt. In verschiedenen Einheiten werden verschiedene Aspekte eines Themas in unterschiedlicher Weise behandelt. Es ist deshalb nicht nötig, in einer bestimmten Reihenfolge zu arbeiten, obwohl es möglich ist, mit den Kindern alle Bereiche und Einheiten der Reihe nach durchzugehen. Die meisten Einheiten sind in sich abgeschlossen, so daß sie von LehrerInnen je nach ihren Bedürfnissen und Schwerpunkten benutzt werden können.

Die Unterrichtseinheiten:
Erste Einheit – Jedes Bild erzählt eine Geschichte[53]

Warum Fotografie?

Selbst jüngere Kinder können Bilder von sich selbst und von anderen entwickeln, die mit Vorstellungen von Minderwertigkeit und Überlegenheit verknüpft sind. Es kann für sie einfach selbstverständlich sein, daß ein bestimmtes Aussehen oder ein bestimmtes Verhalten besser ist als das andere. In dieser Einheit machen wir Vorschläge, wie man Kinder motivieren kann, Bilder von sich selbst und anderen nicht als statisch, natürlich und absolut zu sehen, sondern als Gegenstand ständigen Aushandelns und ständiger Veränderung.

Fotografische Techniken sollen den Kindern helfen zu verstehen, wie Bilder von Körpern sozial konstruiert werden, das heißt, wie ihnen soziale Bedeutung gegeben wird. Auf diese Weise bekommen sie Einblick in den Prozeß rassistischer Stereotypisierung. Es werden zudem Übungen angeboten, die es Kindern ermöglichen, die Welt anders zu sehen und einen anderen Sinn in ihr zu sehen.

Diese Herangehensweise stützt sich stark auf die Arbeit mit Fotografien. Dafür gibt es gute Gründe. Die meisten Kinder kennen Fotos, Schnappschüsse und Bilder aus dem Familienalbum. Sie sind Teil ihrer Alltagswelt. Mit Hilfe solcher Bilder können SchülerInnen reflektieren, wie sie sich vor der Kamera darstellen und so etwas darüber lernen, wie sie Selbstbilder entwickeln. Sie können überlegen, nach welchem Modell sie sich vielleicht unbewußt richten und wem sie bewußt nacheifern. Fotografie ist auch nützlich, um einige der verborgenen Praktiken zu erkunden, mit denen geistige Bilder zusammengesetzt werden: Auszusuchen, was man fotografiert und was man wegläßt, und die Art wie man Bilder eher in die eine als in die andere Richtung interpretiert, sind beides Mechanismen, die der selektiven Wahrnehmung sehr ähnlich sind, die auch zur Bildung von Stereotypen führt.

In allen diesen Einheiten ist es der durch die Arbeit entstehende Dialog zwischen LehrerInnen und SchülerInnen und zwischen den SchülerInnen selbst, der die Möglichkeit bietet, die Vorstellungen und Gefühle der Kinder zu erkunden. Hierfür sollte ausreichend Zeit vorhanden sein.

Persönliche Porträts

Selbstporträts können Kinder anregen, über die Beziehung zwischen Bild und Realität, zwischen ihrem privaten und ihrem öffentlichen Selbst nachzudenken. Beispielsweise werden sie wahrscheinlich bestimmte Bilder von sich besser finden als andere: sie werden normalerweise ihre »gute Seite« zeigen wollen. Man kann SchülerInnen auffordern, die nur partielle, manchmal unbefriedigende Darstellung ihrer selbst auf einem Foto zu betrachten und dies zu vergleichen mit der Art, in der wir die Bilder anderer Leute sehen. Fotos sind keine vollständige Darstellung einer Person, weder der eigenen noch anderer. SchülerInnen können diskutieren, was das für sie und für die Art und Weise bedeutet, in der sie andere Leute sehen, vor allem solche, die »anders« sind als sie selbst.

Arbeit mit Selbstporträts

Bitten Sie die Kinder, zwei Fotos von sich selbst mitzubringen, ein Lieblingsfoto, und eines, das sie nicht so gerne mögen. Oder fotografieren Sie die Kinder und/oder suchen Sie selbst zwei Bilder von jedem Kind aus. Photokopieren Sie die Bilder. Bitten Sie jedes Kind, das Bild, das ihm am besten gefällt, mit einem Stern zu versehen und ein Kreuz bei dem zu machen, das ihm nicht gefällt. Die Bilder sollten dann mit einem Partner/einer Partnerin ausgetauscht werden und jedes Kind sollte dem anderen erklären, was ihm/ihr an dem jeweiligen Bild gefällt bzw. nicht gefällt.

Weitere Fragen für Gruppen- oder Klassendiskussionen

○ Fotografieren wir nur Leute, die wir mögen? – Warum?

○ Kannst Du sagen, wie jemand ist, wenn Du ein Foto von der Person anschaust?

○ Mögen wir nur Leute, die so aussehen wie wir?

○ Zeigst Du manchen Leuten Deine »gute« und anderen deine »schlechte« Seite?

○ Siehst Du manchmal nur die »gute« oder nur die »schlechte« Seite von anderen Leuten?

○ Wirst Du beeinflußt Durch das, was andere Leute über jemanden sagen?

Farbkodierungsübung

Eine Auswahl von Schwarzweißfotos und Farbfotos sollte vorliegen. Diskutieren Sie mit den Kindern, welche sie bevorzugen. Sehen Farbbilder manchmal künstlich aus und Schwarzweißfotos »realistischer«? Sind Farbbilder interessanter?

Bitten Sie die Kinder, die Fotokopien ihrer Fotos farbig auszumalen, so daß sie das, was sie jeweils an dem Foto mögen, bzw. nicht mögen, hervorheben. Welche Farben werden mit welchen Gefühlen und Gemütszuständen assoziiert?

Bitten Sie die Kinder, ein frontales Kopf- und Schulterporträt von sich zu zeichnen. Sie sollten zuerst die Umrisse des Gesichts zeichnen und dann einen Strich in der Mitte machen. Sie können dann Farbe benutzen, um auf jeder Gesichtsseite entgegengesetzte Gefühle darzustellen: fröhlich/traurig, zufrieden/neidisch, aufgeregt/ängstlich.

Sich selbst ins Bild setzen

Schneiden Sie eine Anzahl von Schlagzeilen und Bildunterschriften aus Zeitungen heraus (oder lassen Sie die SchülerInnen dies tun). Bitten sie die Kinder, Bilder von sich selbst mit jeweils gegensätzlichen Schlagzeilen zu untertiteln und Geschichten zu schreiben (oder zu erzählen), die dazu passen. Die daraus entstehende Diskussion kann genutzt werden, um einige der unterschiedlichen Eindrücke zu untersuchen, die man von derselben Person hat, abhängig von der jeweiligen Schlagzeile. Die Leichtigkeit, mit der man eine Person gut oder schlecht erscheinen lassen kann, indem man die Schlagzeile ändert, wird deutlich. Was passiert, wenn man statt des Bildes von einem Jungen das von einem Mädchen benutzt?

ARGUMENT-SONDERBAND NEUE FOLGE AS 214

Anzeigen nutzen

Bitten Sie die Kinder, Werbeanzeigen mitzubringen, in denen Kinder vorkommen (oder bringen Sie selbst welche mit) und anhand dieser Anzeigen folgende Fragen zu diskutieren:

○ Kommen Kinder oft in Anzeigen vor? – Warum?
○ Sind diese Kinder so wie ihr?
○ Wäret ihr gerne wie sie?
○ Wie kommen diese Kinder eurer Meinung nach in die Anzeigen?
○ Wie werden Mädchen in den Anzeigen dargestellt?
  Wie Jungen?

Bitten Sie die Kinder, eine Kopie ihres Lieblingsfotos in eine Werbeanzeige für einen Gegenstand zu setzen, den sie mögen. Oder das andere Foto in eine Anzeige für etwas, das sie nicht mögen.

Gesichter machen – Übungen mit Fotomasken[54]

Die Fotos, die Kinder von sich selbst oder von anderen aufgenommen haben, können benutzt werden, um Fotomasken für Theaterstücke und Rollenspiele zu machen. Die Originale müssen mindestens DIN-A5-Format haben und sollten dann auf einem Fotokopierer auf die Größe eines Gesichts hochkopiert werden. Auf eine Pappe kleben, um das Gesicht herumschneiden, Löcher für Augen und Nase hineinschneiden und ein elastisches Band daran befestigen, so daß sie als Masken zu benutzen sind.

Unter die Haut

Die Kinder zeichnen und färben ihre eigenen Gesichtsmasken ein, so daß sie eine Seite ihrer Persönlichkeit repräsentiert, die sie sonst verbergen.

Die Rolle des anderen übernehmen

Die Kinder arbeiten in Zweiergruppen, tauschen ihre Masken aus und stellen pantomimisch eine positive Rolle dar, die sie mit dem/der anderen assoziieren.

Das Stereotypenspiel

SchülerInnen werden in Zweiergruppen aufgeteilt und sitzen zunächst Rücken an Rücken. Sie schreiben eine Bildunterschrift auf ein Stück Karton, für eine »gute« oder »schlechte« Geschichte über die Maske, die sie bekommen haben. Die PartnerInnen tauschen

dann Masken und die Karten mit den Bildunterschriften, legen sie
vor sich hin und setzen sich einander gegenüber. Ohne daß sie es
wußten, hatten beide die gleichen Masken. Die Masken können von
Berühmtheiten des öffentlichen Lebens sein oder von anderen jungen Leuten und sie können in verschiedener Weise zu den Kindern
»passen«, zum Beispiel um geschlechtsspezifische oder ethnische
Stereotypisierungen deutlich zu machen.

Schnappschüsse und schnelle Urteile – Die Kamera lügt nie?

In dieser Einheit geht es darum, Kinder in Lesarten von Fotografien
einzuführen, indem sie eine Verbindung herstellen zwischen der
selektiven und manchmal verzerrten Wahrnehmung der Kamera und
der Art und Weise, in der wir andere sehen. Ein zu diskutierendes
Schlüsselthema wäre zum Beispiel, daß Fotos Ausschnitte der Realität zeigen und damit eine bestimmte, oft einseitige Sichtweise nahe-
legen. Indem die Kamera auf einen Teil, statt auf den ganzen Gegenstand eingestellt wird, kann sie unsere Reaktion auf bestimmte
Ereignisse oder Personen beeinflussen. Oft ist uns gar nicht bewußt,

wie stark Bildunterschriften unsere »Lesart« der Bilder beeinflußt. Aber auch ohne Worte kann ein Foto auf vielerlei Weise interpretiert werden (s. Bericht am Ende des zweiten Teils).

Fotos werden notwendigerweise von einem bestimmten Standpunkt aus, in einer bestimmten Perspektive gemacht; jemand anders sieht und interpretiert die Szene vielleicht anders. Eine Fotografie friert einen bestimmten Moment in einem Zeitablauf ein. Wir sehen nicht, was davor und danach geschah, obwohl dieses Wissen vielleicht notwendig ist, um die Handlung zu verstehen. Ob ein Weitwinkel- oder Teleobjektiv benutzt, eine Groß- oder Überblicksaufnahme gemacht wurde, kann ebenfalls die Darstellungsweise des Ereignisses oder der Person beeinflussen. Die Perspektive kann verfälscht sein, so daß ein Gegenstand oder eine Person größer oder kleiner erscheinen. Wenn man diese Themen diskutiert, kann man die Kinder auffordern, darüber nachzudenken, ob ihre Sichtweise auf andere Personen, insbesondere auf Personen des anderen Geschlechts oder anderer Herkunft vielleicht ähnlich verzerrt oder einseitig ist.

Rahmen

Erklären Sie den SchülerInnen, daß man immer, wenn man durch eine Kamera schaut, aussucht, was man fotografieren wird; oft werden Dinge ausgelassen. Bitten Sie sie, mit ihren Fingern einen »Rahmen« zu formen und etwas im Raum durch diesen »Rahmen« zu betrachten. Jetzt sollten sie das, was sie im Rahmen sehen, zeichnen und einrahmen. Bitten Sie sie dann, das zu zeichnen, was sie außerhalb ihres Rahmens sehen. Sehen sie jetzt das was im Bild selbst geschieht auf andere Weise?

Verteilen Sie Kopien des ersten Bildes auf Seite 114. Bitten Sie die SchülerInnen zu sagen, was ihrer Meinung nach auf dem ersten Bild vor sich geht. Nun zeigen Sie ihnen das zweite Foto. Beides sind Bilder des gleichen Vorgangs, aber das zweite Bild ermöglicht uns ein ganz anderes Verständnis. Bitten Sie die Kinder, über ähnliche Beispiele aus ihrer eigenen Erfahrung nachzudenken.

Einige Fotografien lenken unsere Aufmerksamkeit auf das, was außerhalb des Rahmens geschieht, andere konzentrieren sich auf die inneren Dynamiken dessen, was im Bild geschieht. Benutzen Sie die Bilder auf Seite 115, um diesen Punkt zu illustrieren. Auf Seite 116 findet sich ein Beispiel dafür, wie dieses Material benutzt wurde, um Wandbilder für das Klassenzimmer herzustellen.

Was geschieht in diesem Bild?

Sie flüstern.

Sie planen etwas. Etwas Geheimes

„Wenn der Lehrer sagt, Du sollst reingehen, mußt Du das Fenster zerschlagen".

Was geschieht außerhalb dieses Bildes?

Sie sehen ihren Lehrer an, weil sie nicht reingehen wollen.

Sie lächeln.

Sie schauen auf etwas.

Vielleicht sehen sie ein paar Vögel oder irgendjemanden.

Komposition

Fotografieren bedeutet, »mit Licht zeichnen«. Geben Sie den Kindern helle und dunkle Fotokopien desselben Porträts und bitten Sie sie, die folgenden Fragen zu diskutieren:

○ Was ist anders bei diesen Bildern?
○ Beeinflußt die Art, in der das Licht benutzt wird, die Art wie sie/er aussieht und die Gefühle, die wir ihr/ihm gegenüber haben?
○ Welches Bild gefällt Euch besser?

Kontext

Bitten Sie die Kinder, die Bilder auf Seite 116 zu betrachten. Sie sind an Orten aufgenommen, die ihnen unbekannt sein werden. Fragen Sie: »Ratet, was da passiert« und diskutieren Sie dabei, wie das, was wir über ein Bild denken, jeweils davon abhängt, was wir über den Ort, an dem, und die Gründe, warum es aufgenommen wurde, wissen.

Bitten Sie die SchülerInnen, sich gegenseitig Bilder aus ihren eigenen Familienalben zu zeigen. Ist es für ihre Freundinnen/Freunde immer klar, was auf den Bildern geschieht und wo sie aufgenommen wurden?

Bildunterschrift und Text

Zeigen Sie den Kindern die Fotografie auf Seite 118 und bitten Sie sie darüber zu spekulieren, was das Lächeln auf dem Gesicht des Jungen bedeutet. Nun zeigen Sie ihnen das zweite Bild. Es ist das gleiche Foto, aber was bedeutet das Lächeln jetzt?

Benutzen Sie Kopien der Fotos auf Seite 119. Bitten Sie die SchülerInnen, eines dieser Bilder auf ein größeres Stück Papier zu kleben und einen passenden Untertitel darunter zu schreiben. Hängen Sie die Ergebnisse an eine Wandtafel, wobei Sie verschiedene Versionen des gleichen Bildes zusammenhängen. Bitten Sie die SchülerInnen, die Ergebnisse zu vergleichen. Folgende Fragen könnten zum Beispiel diskutiert werden:

○ Wieviele unterschiedliche Bildunterschriften gibt es?
○ Haben verschiedene Leute die Bilder in unterschiedlicher Weise gesehen?
○ Welchen Einfluß haben die Bildunterschriften auf unsere Gefühle den abgebildeten Personen gegenüber?

WEIHNACHTEN VERHUNGERT!

dpf - Bonn/Berlin. Nach zähen Verhandlungen ist es der Kommission zur Verbesserung der Umweltbereitschaft der Bevölkerung am gestrigen späten Abend gelungen, das Triale System um den grauen Punkt zu erweitern. Allen deutschen Haushalten soll mit der nächsten Telefonrechnung die sog. Graue Tonne ins Wohnzimmer gestellt werden, in der medialer Sondermüll zur Wiederaufarbeitung (Recycling) gesammelt werden kann, darf und muß. In einer ersten Stellungname des Bundesumweltministers äußerte sich dieser befriedigt über die Ergebnisse der Kommission: »Die Bevölkerung sieht, daß Handlungen und Taten für uns ein und dasselbe sind.« Ausführlicher Bericht S. 7, Kommentar S. 2

Was für ein Triumph!

○ Kann eine Bildunterschrift eine Person freundlich, eine andere die gleiche Person unfreundlich aussehen lassen?

○ Beeinflußt das, was man uns im wirklichen Leben über Leute erzählt, unsere Gefühle ihnen gegenüber – so wie eine Bildunterschrift die Weise verändern kann, in der wir ein Bild »lesen«?

Die Blase zerplatzt

Diese Übung ist eine Einführung in die möglichen Diskrepanzen zwischen der Realität, die durch ein Foto hergestellt wird, und den Erfahrungen der Leute, die darin vorkommen. Mit Sprechblasen und Denkblasen sollen einige dieser Spannungen und Mehrdeutigkeiten erkundet werden.

Zeigen Sie den SchülerInnen das Klassenfoto auf Seite 121 und bitten Sie sie, über ihre eigenen Erfahrungen bei der Aufnahme solcher Bilder zu sprechen. Dann bitten Sie sie, einige Denkblasen einzufügen, die zeigen, was diese Kinder ihrer Meinung nach heimlich denken, während man sie fotografiert. Vergleichen Sie die Ergebnisse.

Diskutieren Sie, daß das, was man Leuten offen ins Gesicht sagt sehr verschieden sein kann, von dem, was man heimlich über sie denkt oder sagt. Machen Sie Kopien des zweiten Fotos [Seite 121] und bitten Sie die SchülerInnen, einen Dialog zwischen den Kindern zu erfinden, in dem das, was sie zueinander sagen (Sprechblasen) und das, was sie voneinander denken (Denkblasen) im Widerspruch steht.

Diskutieren Sie Situationen, in denen solche Diskrepanzen vorkommen, zum Beispiel, wenn man jemanden gut leiden kann, aber Angst hat, es zu zeigen; wenn man jemanden nicht leiden kann und es nicht zeigen kann; wenn man Angst vor jemandem hat, aber es nicht zugeben will.

Neigungen und Abneigungen

Gehen Sie nun zu den Fotos auf Seite 122 über. In kleinen Arbeitsgruppen sollen die folgenden Fragen diskutiert werden:

○ Was glaubt Ihr, wie es zu diesen Fotos gekommen ist?

○ Was war der Zweck?

○ Was geschieht Eurer Meinung nach auf den Fotos?

○ Was denken und empfinden die Leute, die darauf abgebildet sind, wirklich?

○ Welche Botschaft übermittelt das Bild Eurer Meinung nach?

Die Gruppen sollen nun über ihre Ergebnisse im Plenum berichten und ihre Darstellungen vergleichen. Geben Sie jetzt jedem Kind jeweils eine Kopie der Fotos und bitten Sie sie, passende Bildunterschriften, Dialoge, Denkblasen für jedes Bild zu schreiben und entsprechend einzukleben. Davon ausgehend bitten Sie sie, eine Geschichte zu schreiben, in der sie ihre »Lesart« der Bilder erläutern. Vergleichen Sie wieder die Ergebnisse. Wieviele verschiedene Lesarten der Bilder gibt es? Bitten Sie die SchülerInnen, sich gegenseitig ihre Lesarten anhand der Bilder zu erklären.

Halten Sie eine Auswahl von ausgeschnittenen Zeitungsbildern bereit. Bitten Sie die Kinder, in Gruppen eine Liste von Fragen zusammenzustellen, die in bezug auf die Bilder formuliert werden können. Möglicherweise kommen folgende vor:

○ Was passiert außerhalb des Rahmens?

○ Kannst Du Dir einen anderen Standpunkt vorstellen, von dem aus hätte fotografiert werden können?

○ Würde eine Bildunterschrift die Art und Weise verändern, in der das Foto gesehen wird?

Dialog

»Was tun sie?«

»Sie greifen nach dem Himmel. Sie sind Schulhofpiloten, die hoffen 'ne Mitfahrgelegenheit zu kriegen.«

»Sie macht ihn nur nach. Mädchen können nie fliegen«.

»Nein, macht sie nicht! Er ist sowieso ein Nazi, der Sieg Heil macht.«

Ich sage: »Vielleicht spielen sie einen alten Film nach. Kämpfen einen neuen Kampf für Britannien? Vielleicht melden sie sich, weil sie eine wirklich gute Frage gefunden haben, z.B: Wie können wir die Phantasie fliegen lassen und dabei gleichzeitig mit beiden Beine auf der Erde bleiben?«

»Nein, Nein, das ist es überhaupt nicht. Sie sagen, Bitte Sir, fotografieren Sie uns auch. Oder: Es ist Zeit reinzukommen und wir wollen beide auf die Toilette.«

Identitäten und Unterschiede

Dieser Teil enthält Ideen, die den Kindern helfen sollen, ihr Gefühl für Ursprung/Herkunft und Identität zu erkunden. Dabei sollen sie herausfinden, wie dieses Gefühl durch die mit Geschlecht, Ethnizität und Klasse verknüpften Machtstrukturen der Erwachsenen mitbestimmt ist. Diese Übung ist wahrscheinlich für die LehrerInnen genauso nützlich und informativ wie für die SchülerInnen. Sie wird viele Informationen darüber zu Tage fördern, wie Kinder die Beziehungen zwischen Macht und der Herstellung von Identitäten kulturell wahrnehmen.

Als Klasse

Brainstorming/Ideen/Worte als Antwort auf die Fragen: Was muß man von Euch wissen, damit man weiß, wer Ihr seid? Wie würdet ihr Euch für andere beschreiben?

Fragen nach Details können sein:

Ist es wichtig, ob Du ein Junge oder ein Mädchen bist? Ist es wichtig, woher Eure Familie kommt? – Während die Kinder sprechen, schreiben Sie an die Tafel, was sie sagen. Schreiben Sie alles auf, ohne es zu bewerten.

Als Individuen

Bitten Sie die Kinder, die Worte, die sie am genauesten beschreiben, in ein kreisförmiges Diagramm zu schreiben (s. Seite 126).

In gleichgeschlechtlichen Gruppen

Bitten Sie die Kinder, die Ergebnisse in der Gruppe zu vergleichen, und sich gegenseitig die getroffene Auswahl der Merkmale zu erklären.

In gemischtgeschlechtlichen Gruppen

Bitten Sie die Kinder wiederum die Ergebnisse zu vergleichen. Gibt es irgendwelche Unterschiede?

Individuell

Bitten Sie die Kinder, in einem Tortendiagramm ihre nationale Identität darzustellen (s. Seite 126).

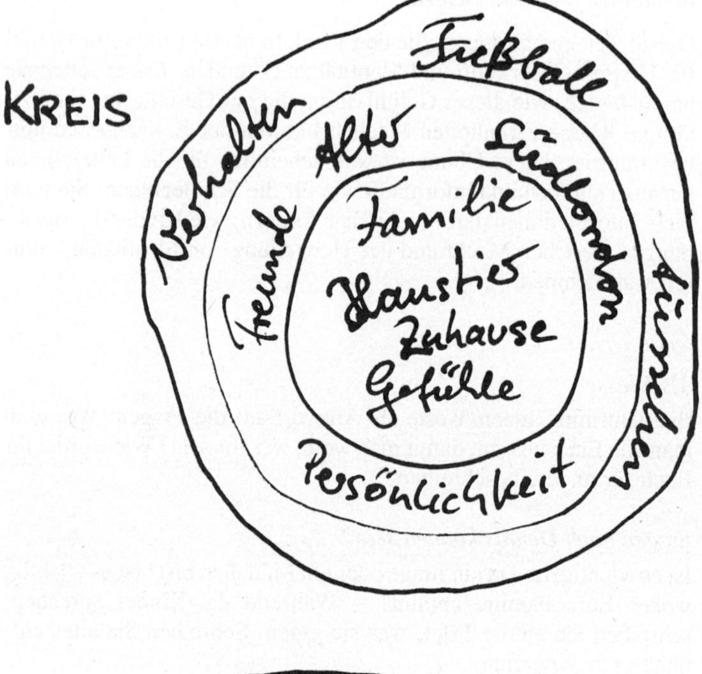

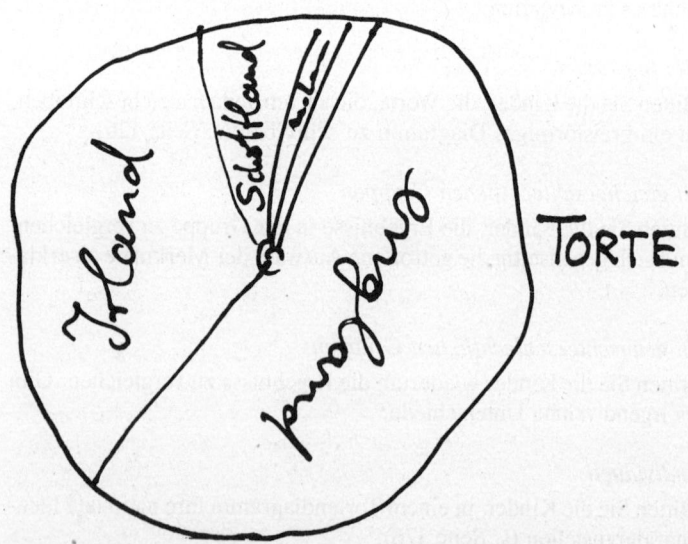

Berufe – was will ich werden?[55]

Kinder haben of klischeeartige Vorstellungen darüber, welcher Beruf zu welcher Gruppe von Personen paßt, und wieviel Autorität jeweils mit einem bestimmten Beruf verbunden ist. Wenn sie über ihre Gefühle und Haltungen sprechen und sie mit denen ihrer MitschülerInnen vergleichen, können sie beginnen, über solche Vorstellungen kritisch nachzudenken. Mit Hilfe der abgebildeten Karten können einige Stereotypen über Herkunft und Geschlecht diskutiert und zu kritisiert werden. Sie zeigen eine Reihe von Personen, Weiße und Schwarze, Frauen und Männer, in verschiedenen Berufen.

Die Karten benutzen

Zwei Sätze der Bildkarten (Seiten 128 und 129) sollten jeweils für jede Gruppe von vier bis sechs Kindern vorhanden sein. Daneben sollte jede Gruppe zwei große Blätter Papier, einen Klebestift und einen Schreiber haben. Man kann die Gruppen nach Geschlechtern aufteilen.

Bitten Sie die SchülerInnen, der Reihe nach jeden Beruf zu identifizieren, das Bild auf Papier zu kleben und die Berufsbezeichnung darunter zu schreiben. Bitten Sie die Gruppen zu diskutieren, wodurch sie zu ihrer Schlußfolgerung gekommen sind. War es die Kleidung, die Ausstattung, die Aktivität, was sonst?

Überprüfen Sie, ob die Berufe richtig erkannt wurden.

Bitten Sie nun jede Gruppe, die Berufe nach ihrer Wichtigkeit anzuordnen und den zweiten Satz der Berufsbilder in dieser hierarchischen Anordnung aufzukleben.

Bitten Sie jede Gruppe, der Reihe nach ihre Ergebnisse der ganzen Klasse mitzuteilen. Um die Diskussion auszuweiten, können folgende Fragen nützlich sein:

○ Welche dieser Personen hat Eurer Meinung nach die meiste Macht, um Leute dazu zu bringen, das zu tun, was sie sagen?
○ Welche hat die geringste Macht?
○ Welche der Personen verdient das meiste Geld, welche verdient am wenigsten?
○ Welche der Personen möchtet Ihr sein, wenn Ihr erwachsen seid?
○ Gibt es Berufe, die für bestimmte Gruppen am besten geeignet sind?
Warum?
Aufgrund ihres Geschlechts oder ihrer Herkunft?

Klassendiskussion über die Karten

Ich hab' den Arzt an die erste Stelle gesetzt. Er ist wichtiger als die Ärztin. Der Arzt ist qualifizierter als die Ärztin, er ist viel klüger.

Ich glaube, Männer und Frauen können das gleiche machen. Sie können stärker sein. Sie können qualifizierter sein. Sie können die gleichen Sachen machen.

Ich glaube, Männer und Frauen sind gleich, aber Männer glauben, daß sie besser sind als Frauen. Ich glaube Männer und Frauen sind gleich und beide sollten die Chance haben, das zu tun was sie tun wollen.

Es gibt keinen Unterschied zwischen Männern und Frauen. Es ist wie bei Kindern und Erwachsenen. Der Erwachsene kann lernen und das Kind auch. Genauso ist es auch bei Frauen und Männern.

Ich hab' wieder den Mann vor die Frau gesetzt. Wenn sie rennen müssen, um jemanden zu fangen, sind Männer anders. Sie können schneller rennen als Frauen.

Ich glaube, daß die Männer – ich sag nicht, daß Frauen nicht alles machen können und nicht stark sind – aber Männer können Frauen beschützen, damit ihnen nichts passiert. Das ist ihre Aufgabe.

Wenn eine Frau und ein Mann zum Judo gehen und wenn sie lernen, gleich zu sein. Dann gibt es keinen Unterschied, wenn sie lernen. Sie sind fit, sie sind gleich. Egal was sie machen, sie können trotzdem gleich sein.

Manche Männer geben an: Ich bin mutiger als du. Aber wenn's drauf ankommt, sind sie's nicht. Sie sind viel fieser und sie sind Feiglinge. Aber Frauen, wenn sie zusammen sind ... dann machen sie's einfach ... ich sag' das nicht, weil ich ein Mädchen bin. Ich glaube, es ist einfach so. Manche Männer sind nicht so; manche sind wirklich nett.

Es ist das gleiche. Männer können die Hausarbeit machen und Frauen das Auto reparieren und solche Sachen.

Ich glaube, wenn ein Mann angibt, dann hat er vielleicht Angst. Eine Frau geht einfach los und tut es. Ich sag' nicht, daß Männer feige sind. Einige sind's.

Sie ist Krankenschwester.
Sie ist eine Arztschwester.
Ich glaube, sie ist einfach Ärztin.
Was ist das, eine Arztschwester?
Eine, die Arzt ist, aber eine Frau ist und so eine Schürze um hat und ein Band um den Kopf wie sie.

Kopieren Sie diese aus einer Grundschulklasse stammenden Zitate und schneiden Sie sie aus. Teilen Sie die Klasse in kleine Gruppen und geben Sie ihnen jeweils einen Satz dieser Zitate. Bitten Sie die Kinder, diese nach Zustimmung oder Ablehnung zu sortieren. Ermutigen Sie die SchülerInnen zu erklären, warum sie sich für das eine oder andere Zitat entschieden haben. Wenn die Gruppe keine Einigung erzielt, kann sie erklären, warum sie sich nicht einigen konnte.

Sündenböcke und Underdogs

Fotogeschichten (Fotoromane) herstellen.

Eigene Fotogeschichten zu machen, gibt Kindern die Möglichkeit, mit Sequenzen zu experimentieren und die Wirkung kennenzulernen, die die Reihenfolge von Bildern für die Interpretation der Geschichte hat. Kinder können dabei einige der Gedanken zum Lesen von Fotografien anwenden, die sie schon kennengelernt haben. Und sie können beginnen, Gedanken und Gefühle über ihre Beziehungen zu anderen auszudrücken.

Sequenzen herstellen

Stellen Sie Fotos zusammen, die eine Geschichte visualisieren können (vielleicht aus einem Fotoroman). Bitten Sie die SchülerInnen, zu zweit oder in kleinen Gruppen die Fotografien so anzuordnen wie sie wollen, damit daraus eine Geschichte wird. Der Text kann in

Form von Dialogen durch Sprechblasen oder durch Bildunterschrif-
ten hinzugefügt werden. Diskutieren Sie mit ihnen die entstandenen
Geschichten und prüfen Sie gemeinsam, wie die Sequenzen der
Geschichte das Verständnis des individuellen Fotos beeinflussen.

Den eigenen Fotoroman machen

Die Kindern können nun dazu übergehen, ihre eigenen Fotoromane
zu machen, am besten in kleinen Gruppen. Sie sollten so weit wie möglich ermutigt werden, ihre eigenen Erfahrungen als Grundlage ihrer
Geschichte zu benutzen. Alltagssituationen zu Hause, beim Spiel oder
in der Schule sollten die Ausgangspunkte bilden. Nützliche Themen
für den Anfang können sein: »Die Schuld auf sich nehmen«, »Ärger«,
oder »Sündenbock«. Am Ende dieser Einheit finden sich unter dem
Thema »Vorurteile auf dem Schulhof« eine Liste weiterer Fragen, die
sich mit komplexeren Sachverhalten befassen. Die dazu gehörenden
Fotos sind mit widersprüchlichen Zitaten von Kindern illustriert.

Es ist vielleicht sinnvoll, die Gruppen so einzuteilen, daß möglichst vielfältige Erfahrungen zur Sprache kommen und in der Klasse dargestellt werden können. Beispielsweise können die Mädchen
ganz anderer Ansicht darüber sein, was auf dem Schulhof vorgeht
als die Jungen. Bei der Vorbereitung auf diese Arbeit ist es wichtig,
genug Raum zu geben, damit die SchülerInnen die Fragen diskutieren können, die sich aus ihren Erfahrungen auf dem Schulhof ergeben. Wenn Kinder dies schwierig finden, dann können die oben
erwähnten Beispiele vielleicht helfen, die Diskussion zu stimulie-
ren. Es ist möglicherweise auch hilfreich, Teile aus der »Monster-
Mix-Einheit« hier einzubringen. Dort gibt es Vorschläge, wie man
Kinder ermutigen kann, über schwierige Gefühle zu sprechen und
zu reflektieren, die, falls sie unerkannt bleiben, auf andere Personen
projiziert werden können.

Stadien bei der Produktion des Fotoromans sind: Thema und Charaktere der Geschichte diskutieren und eine Zusammenfassung der
Geschichte schreiben.

Eine Vorlage machen, auf der die Fotos, die für die Geschichte ge-
braucht werden, skizziert werden, daneben schreibt man eine Zusammenfassung des Vorgangs, der durch das Bild repräsentiert werden soll. Den genauen Platz für das Foto festlegen und einzeichnen.
Der Dialog kann hinzugefügt werden. Es sollte betont werden, daß
die Dialoge kurz sein müssen; die Geschichte muß in sehr wenigen
Worten erzählt werden. Bildunterschriften können den Hintergrund

STORY BOARD

1		Was die Lehrerin gesehen hat Wie jemand auf einer fremden Zeichnung malt
2		was die Lehrerin tut Sie schickt das Mädchen in die Ecke, wo sie nichts tun darf
3		Rückblende — was wirklich geschah Cindy hat Shirleys Zeichnung gestohlen
4		Die Lehrerin nimmt Shirley die Zeichnung weg
5		Sie sind wieder Freundinnen — ENDE —

darstellen oder das Vergehen von Zeit anzeigen (vgl. Vorlage Seite 133). – Die Geschichte aufführen und fotografieren.

Die entwickelten Fotos kopieren und ein vorläufiges Layout erstellen. – Wenn das Layout in Ordnung ist, die Fotos auf die Endfassung montieren.

Aus weißem Papier Sprechblasen herstellen, den Dialog drauftippen oder draufschreiben, in den Fotoroman einkleben.

Die Kinder sollten viel Zeit haben, um ihre Arbeiten gegenseitig zu betrachten und die Themen zu diskutieren, die darin dargestellt werden.

Vorurteile auf dem Schulhof

Hier werden Fragen behandelt, die sich auf die Erfahrungen der Kinder auf dem Schulhof beziehen. Im Mittelpunkt stehen die Machtbeziehungen, die in sexistischen und rassistischen Praktiken enthalten sind.

Die Zitate sind von SchülerInnen einer Grundschule und illustrieren bestimmte Muster der Schikane oder des Ausschlusses. Die Kinder nennen verschiedene Strategien, mit denen darauf reagiert werden kann. Die Beispiele sollen zur Stimulierung von Klassendiskussionen beitragen, besonders dann, wenn es Kindern schwer fällt, offen über ihre Erlebnisse zu sprechen.

Wenn es trotzdem schwierig ist, eine Diskussion in Gang zu bringen, ist es vielleicht nützlich, die Klasse in kleine Gruppen aufzuteilen und einige einfache Rollenspiele zu organisieren, in denen jede Gruppe eine der zitierten Positionen übernehmen und weiterentwickeln kann, bevor darüber diskutiert wird.

Die Bildtexte benutzen

Die folgenden vier Bildtexte enthalten jeweils zwei Zitate, die entgegengesetzte Haltungen oder eine Meinung über die auf dem Foto dargestellte Situation illustrieren. Sie sollen als Auslöser für kleine Gruppendiskussionen über die aufgeführten Fragen dienen. Die letzten beiden Bildtexte berichten über Ereignisse, die dazu anregen können, eine Geschichte über das Thema zu schreiben, oder Kinder zu eigenen autobiographischen Überlegungen motivieren.

Frieden bewahren oder die Sache auskämpfen

Welcher Meinung über Schlägereien stimmt Ihr zu? Welcher würden die meisten Kinder zustimmen? Glaubt Ihr, daß Mädchen und Jungen sich unterschiedlich zu Prügeleien verhalten? Wenn ja, warum ist das so?

Rüpel – wer sagt das?

Werden Rüpeleien eher von Jungen als von Mädchen begangen? Je nach Antwort, warum ist das Eurer Meinung nach so? Bilden Rüpel normalerweise eine Bande oder handeln sie allein? Warum werden manche Leute mehr angemacht als andere? Liegt das daran, daß sie als »anders« ausgeschlossen werden? Wenn es so ist, warum haben Rüpel Angst vor diesen Unterschieden?

Ausgestoßen

Stellt Euch vor, Ihr wärt ein Kind auf diesem Schulhof und würdet sehen, was passiert. Wenn Ihr ein Freund von Michael wärt, würdet Ihr etwas tun? Wenn ja, was? Wenn Ihr Freunde der Fußballspieler wärt, was würdet Ihr tun? Welchen Rat würdet Ihr Alex geben?

Im Schatten des großen Bruders

Stellt Euch vor, Ihr wärt Simon, was wären die Vor- und Nachteile, einen Bruder wie Karl zu haben? Stellt Euch vor, Ihr wärt Karl. Was wären die Vor- und Nachteile, einen Bruder wie Simon zu haben? An einigen Schulen werden Brüder und Schwestern in die gleiche Gruppe gesteckt. Findet Ihr das gut oder schlecht? Wer hat am meisten Vorteile davon?

Aus dem Weg gehen oder zurückschlagen?

Es gibt zwei unterschiedliche Formen, mit Schikanen umzugehen. Was bringt Leute Eurer Meinung nach dazu, sich für die eine oder die andere zu entscheiden? Welche ist Eurer Meinung nach effektiver?

Sagen oder nicht sagen?

Unter welchen Bedingungen würdet Ihr den LehrerInnen etwas darüber erzählen, was Euch oder FreundInnen auf dem Schulhof passiert ist? Was könnten LehrerInnen Eurer Meinung nach tun, damit Kinder, die erzählen was vorgefallen ist, nicht zum Sündenbock gemacht werden? Würdet Ihr Euren Eltern erzählen, was passiert? Würdet Ihr FreundInnen um Rat bitten?

Frieden bewahren oder die Sache auskämpfen?

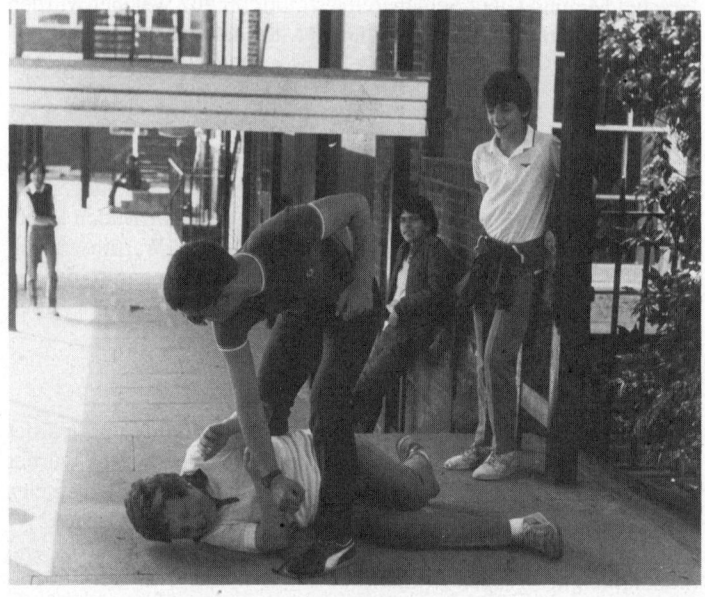

»Wenn es eine Schlägerei gibt, dann sage ich: Nee, ich will nicht, daß die Leute sich schlagen, weil das nicht fair ist und weil das die Gefühle von jemandem verletzt und wenn sie traurig sind, dann weinen sie und wenn ihre Mutter sie weinen sieht, dann wird sie herkommen zur Schule und die Lehrer ausschimpfen. Und dann kriegen sie furchtbaren Ärger.«

»Na ja, es gibt einfach Leute, die's nicht aushalten. Auf denen wird am meisten rumgehackt, weil jeder weiß, daß sie sich nicht wehren können. Sie sind einfach Heulsusen, keiner kann die wirklich leiden«.

Rüpel – wer sagt das?

»Er hat viele rassistische Sprüche gemacht, aber er mußte aufhören. Er macht es nicht mehr. Das waren auch Jungen wie Thomas. Er hat's gemacht. Er ist jetzt weg. Es gab auch ein paar Mädchen. Aber meistens haben Jungen angefangen. Die fangen an, einen zu beschimpfen und die Spiele zu stören.«

»Also, der eine Junge, der kriegt 'ne Bande von Jungen zusammen und die fangen alle an, uns auf dem Schulhof anzumachen, wenn wir spielen. Sie kommen an und stoßen uns rum und sowas. Dann schlagen wir zurück. Dann wird es zu viel.«

Ausgestoßen*

»Alex steigt hinten auf Michaels Fahrrad und Michael scheint sehr wütend zu werden. Er fährt schneller, damit Alex runterfällt, aber der bleibt drauf, was Michael noch mehr zu ärgern scheint. Zum Schluß steigt Alex ab und geht weg und sitzt eine Weile an der Wand und versucht erst nicht, beim Fußballspiel mitzumachen, das vor seiner Nase abläuft. Aber so nach drei Minuten steht er auf und fragt, »Kann ich mitmachen?«, aber die anderen Jungen sagen, »Nee, er ist zu klein, er ist bloß ein Baby.« Das scheint Alex nichts auszumachen, er geht einfach weg und läuft allein auf dem Schulhof herum. Er spricht mit keinem anderen Kind. Dann setzt er sich wieder an die Wand und fängt an, eine Tüte Chips zu essen, die er in der Tasche hat. Er sieht ziemlich traurig aus.«

Im Schatten des Bruders

Karl hat gerade mit der Schule angefangen und hat einen Bruder, Simon, der einer der besten Schüler ist. Karl ist sehr abhängig davon, daß Simon was mit ihm macht. An diesem Nachmittag spielte Simon viel mit einem anderen neuen Kind, mit Tariq, dem Bruder eines seiner besten Freunde. Karl kam weinend zu mir und sagte, daß Simon ihn nicht auf seinem Fahrrad wollte, sondern statt dessen Tariq. Wir versuchten Karl für ein anderes Spiel zu interessieren, aber das funktionierte nicht, er ging weg, um Simon zu suchen. Dann kam er wieder weinend zurück und sagte, Simon würde allen erzählen, Tariq sei sein Bruder und nicht Karl. Wir sagten ihm, Simon würde einfach spinnen, aber er war jetzt wirklich unglücklich. Wir versuchten, ihn für eine Partie Schlagball zu gewinnen, aber er saß bloß an der Mauer, schaute den anderen Kindern und Simon zu, der mit Tariq auf dem Fahrrad seine Runden drehte. Einige andere Kinder kamen und fragten ihn, ob er nicht mitmachen wollte, aber er wollte nicht. Er saß bloß da und schluchzte. Wenn Simon nicht da ist, sitzt Karl einfach abseits von den anderen Kindern; er scheint nie mit irgendjemand anderem als mit sich selbst kommunizieren zu können, es sei denn über Simon.«

Ausweichen oder zurückschlagen

»Wir spielen Fangen, um von den Jungen und von allen unseren Feinden wegzubleiben. Wenn wir zu den Jungen gehen, dann ist es so, als ob wir es herausfordern. Als ob wir die Jungen herausfordern, uns zu verprügeln. Das sagen sie normalerweise zu den Lehrerinnen. Also haben wir gelernt, von denen wegzubleiben.«

»Ich hab' einfach beschlossen, daß ich mir das nicht mehr gefallen lasse. Ich laß mir die rassistischen Schimpfwörter nicht mehr gefallen. Und wenn ich sehe, wie sie auf jemand anderen rumhacken, dann sag' ich denen auch Bescheid oder ich stopp die, oder mach' irgendwas. Und es hat geklappt. Als sie sahen, daß ich es ernst meinte, gaben sie's auf.«

Sagen oder nicht sagen

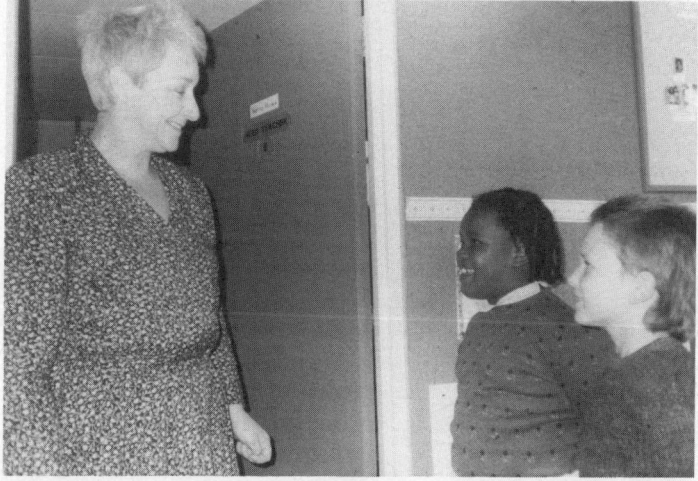

»Du gehst und sagst es der Lehrerin und es ist egal, wieviel wir ihnen sagen. Sie schimpft sie aus, aber die kommen trotzdem zurück und schlagen wieder.«

»Manchmal hilft es schon, wenn man es der Lehrerin erzählt. Sie sprechen mit einem von den Rüpeln und stoppen sie. Aber manchmal wird es dadurch nur schlimmer. Die nennen dich Petze und Lehrers Liebling und hacken noch mehr auf dir rum. Es ist manchmal sehr schwer zu entscheiden, was man tun soll.«

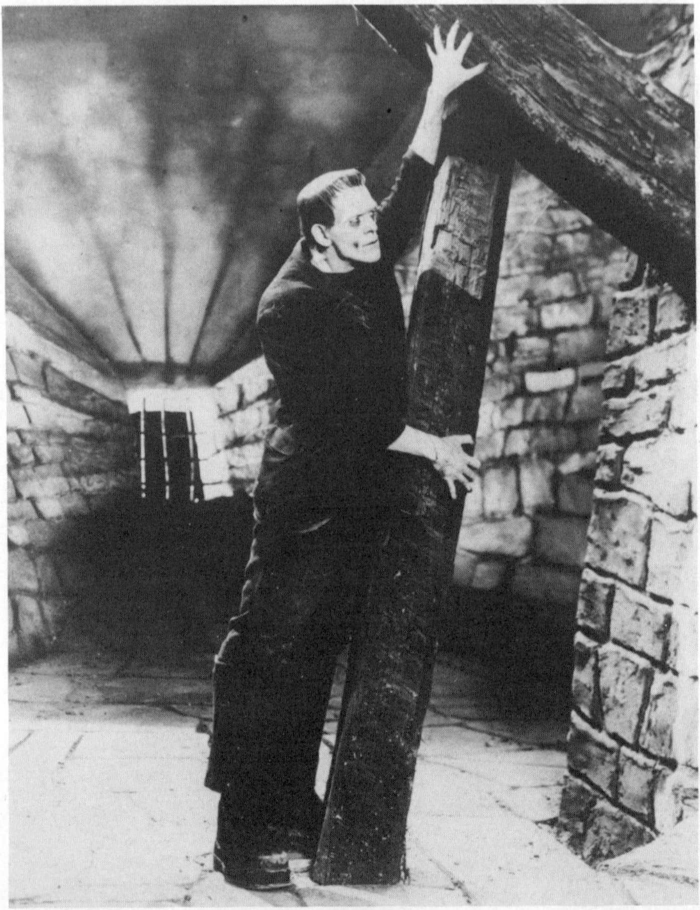

Zweite Einheit: Schreiben kann verändern

In dieser Einheit entwickeln wir einen ergänzenden Ansatz, Fragen von Herkunft und Darstellung zu bearbeiten. In der ersten Einheit geht es um die Schlüsselmetaphern der rassistischen Phantasie und in der zweiten entwickeln wir einen Erzählrahmen, in dem Themen wie kulturelle Differenz und Herrschaft untersucht werden können.

Lesen, Umschreiben und »Dekonstruktion«

Es geht hier um eine kritische Lektüre. Insofern ist dieser Teil auch wichtig für Englisch- oder DeutschlehrerInnen, die den Kindern zu einer kritischen Textlektion verhelfen oder mit einem Umschreiben von Geschichten experimentieren wollen, das einige der verborgenen Bedeutungen eines Textes an die Oberfläche bringt.

Die Methode ist relativ einfach. Man präpariert die elementaren Themen aus dem Text heraus und untersucht dann die Mittel, mit denen sie jeweils dargestellt werden. Das kann zum Beispiel dadurch geschehen, daß man Texte wie Anansi (vgl. die Geschichte im Anhang) und Spiderman miteinander vergleicht.

Haben die SchülerInnen erst einmal das organisierende Prinzip einer Erzählung begriffen, fällt es ihnen leichter, sie umzuschreiben. Das ist besonders nützlich für den Umgang mit einigen »klassischen« Stücken der Kinderliteratur, die heute wegen ihrer sexistischen und rassistischen Denkweisen verschmäht werden. Statt die negativen Bedeutungen einfach zu entfernen oder sie durch positive zu ersetzen, oder statt ihre Charakterisierungen oberflächlich zu verändern, ist es produktiver, die der Geschichte zugrundeliegenden Prämissen zu verändern. Indem sie dafür neue Elemente einführen, können die Kinder ihre soziologische Phantasie entwickeln.

Monster in der Alltagskultur

In fast jeder Kultur gibt es Monster, die die menschlichen Ängste gegenüber den Anderen und gegenüber Unterscheiden repräsentieren. In westlichen Gesellschaften hat diese Funktion aber eine zusätzliche Dimension, es werden darin auch gesellschaftliche Widersprüche artikuliert.

Im Mittelalter glaubte man, daß »wilde Männer« und andere »monströse Rassen« an den unbekannten Rändern der Welt wohnten. Sie waren Objekte allgemeiner Faszination und wurden den mythischen

Kreaturen der klassischen Antike gleichgestellt. Aber im achtzehnten Jahrhundert waren Furcht und Feindseligkeit gegenüber den monströsen Folgen der Verbindungen zwischen Affen, Europäern und Schwarzen zu vorherrschenden Haltungen geworden. Die Aufklärung zog eine scharfe Trennungslinie zwischen den Bannerträgern der Kultur und der Zivilisation, die die Gabe der Vernunft besaßen, und denen, die bloß zum Reich der Natur und des brutalen Instinkts gehörten. Der Gegensatz zwischen Kultur und Natur erhielt nicht nur eine spezifische Klassen- und »Rassen«bedeutung, sondern beeinflußte auch die Bilder der Sexualität. Auf der einen Seite standen die Mitglieder der Herrenrasse, eine Aristokratie, deren Überlegenheit ihr im Blut lag. Sie repräsentierte ein gesellschaftliches Vermächtnis, das von Generation zu Generation vererbt wurde, ohne daß Sexualität dabei eine Rolle spielte. Auf der anderen Seite standen die »untergeordneten Rassen«, die sich bloß vermehrten und deren ungezügelte sexuelle Potenz als Symptom ihrer Entartung galt. Damit war eine sexuelle Doppelmoral ins Herz des rassistischen Unternehmens eingeschrieben.

Vor diesem Hintergrund muß die Geschichte der Monster gelesen werden. Sie repräsentieren die Wiederkehr des Verdrängten, indem sie Elemente von Kultur und Natur, Mensch und Tier, männlich und weiblich vereinigen, die auseinandergerissen und einander entgegengestellt worden sind; das Monster untergräbt die Praxis der Vernunft und des kultivierten Denkens durch seine »polymorphe Perversität«; es wird Teil des in der Alltagskultur entwickelten Widerstandes gegen »Etikette« und »gute Abstammung«. Aber das ist nur die eine Seite der Medaille. Wegen seiner hybriden Form artikuliert das Monster auch allgemeine Ängste und Phantasien gegen »Rassenmischungen«. Es kann zu einem Mittel des popularen Rassismus und seiner ethnographischen Vorurteile werden.

Kinderbücher über Monster

Geschichten über Monster können Kindern helfen, heikle Gefühle wie Wut und Neid zuzugeben und die Situationen zu erkunden, in denen sie auftreten. Wenn solche Gefühle nicht erkannt und angeeignet werden, werden sie auf »Andere« projiziert, die dann die verdrängte, symbolische Funktion des Unterschieds darstellen. So werden »Andere« zu rein negativen Monstern.

Durch einen feinfühligen Umgang mit Büchern über Monster können Kinder lernen, ihre negativen Gefühle Unterschieden gegenüber zu kontrollieren; sie können lernen, daß Monster Teil ihrer eigenen Vorstellungs- und Gefühlswelt sind und nicht fremdartige Kreaturen »da draußen«. Bücher, die für jüngere Kinder geschrieben sind, ermöglichen es den älteren SchülerInnen, aus einer relativ sicheren Distanz heraus auf frühe Aspekte ihrer Kindheit zurückzublicken. Sie können Dimensionen ihrer inneren Erfahrungen erforschen, die in dieser oder jener Weise immer noch ihre Bilder von sich und den Anderen beeinflussen.

In der antisemitischen Propaganda sind Juden oft als Vampire dargestellt worden oder als das dreiköpfige Monster, der Antichrist. Eine der infamsten Karikaturen von Iren zeigt sie als Frankensteins Monster, und Schwarze sind ebenfalls in diese »Rasse der Teufel« einbezogen worden. Die *National Front* hat Rastas mit Medusa-Locken dargestellt und Kinder mit Locken werden in der Schule oft »Medus« genannt. Die Zeitung *Sun* eröffnete ihren Bericht über das Weltmeisterschaftsspiel England gegen Kamerun mit folgenden Worten: »Die wilden Männer aus Kamerun zeigten einen kämpferischen Fußball, waren aber keine Gegner für die an Erfahrung und Geschick überlegene englische Mannschaft.«

Die Widersprüche oder zwei Seiten der Monster spiegeln sich in der Rolle wider, die sie in den Phantasien, Träumen und Märchen der Kinder spielen (vgl. Bettelheim 1985 und Rustin 1987). Auf der einen Seite haben sie eine positive therapeutische Funktion, indem sie es den Kindern ermöglichen, sadistische Phantasien in bezug auf Unterschiede zu objektivieren und dadurch ein Stück weit zu kontrollieren; sie können aber auch zu einem Mittel werden, diese negativen Gefühle auf wirkliche Andere zu projizieren. Damit werden sie einer sekundären Bearbeitung durch die rassistische Phantasie zugänglich gemacht. In den folgenden Übungen versuchen wir die erste, positivere Funktion zu stärken und die zweite zu schwächen.

Wir schlagen einige Geschichten vor,[56] die mit Kindern bearbeitet werden können. Sie behandeln einige der typischen und bekannten emotionalen Konflikte, die Kinder durchmachen. Starke und inakzeptable Gefühle werden durch verschiedene Arten von Monstern so repräsentiert, daß die LeserInnen ihre eigenen Gefühle im Monster akzeptieren können. Auf verschiedene Weise werden die Monster in der Geschichte vom Held/von der Heldin gezähmt – um sie für die alltägliche Welt der Kinder akzeptabel zu machen. Das vermindert das Risiko, daß über Monster rassistische oder sexistische Haltungen artikuliert werden.

Maurice Sendak (1987): Wo die wilden Kerle wohnen

Ein kleiner Junge in einer Wolfskleidung macht so viel Terror zu
Hause, bis seine Mutter es satt hat und ihn ohne Abendessen ins Bett
schickt. Allein in seinem Zimmer stellt sich Max vor, daß sein
Schlafzimmer sich in einen Wald verwandelt und er segelt in seinem
eigenen Boot los, in das Land »wo die wilden Kerle wohnen«. Er entdeckt, daß er sie beherrschen und zähmen kann, wenn er ihnen
gerade in die Augen blickt und so wird er zum »König aller wilden
Kerle«. Er randaliert einige Zeit begeistert im Wald herum, bis er
sein Bedürfnis nach seiner Mutter wiederentdeckt und nach Hause
zurückkehrt. Indem er es lernt, den Monstern Grenzen zu setzen,
lernt er es auch, sein eigenes Verhalten zu kontrollieren.

David McKee: Nicht jetzt, Jakob

Jakobs Versuche, die Aufmerksamkeit seiner Eltern zu gewinnen,
werden von ihnen ignoriert. Wütend zieht er sich in den Garten
zurück, wo er sich, buchstäblich vom Zorn gefressen, in ein Monster verwandelt. Aber selbst diese Metamorphose weckt nicht die
Aufmerksamkeit seiner Eltern als er ins Haus zurückkehrt. Der
Zorn des Kindes wird schließlich von seinen Eltern akzeptiert; er
muß hingegen lernen, daß seine starken Gefühle sie nicht zerstören
werden und daß er nicht immer im Zentrum ihrer Aufmerksamkeit
stehen kann.

Richard Graham: Jimmy und das Monster

In dieser Geschichte wird der junge Bruder zum Monster. Er hält die
Familie nachts wach, verursacht eine Überschwemmung im Bade-
zimmer, bringt Jimmys Sachen durcheinander und schmeißt das
Essen auf den Fußboden. Auf diese Weise zieht er die Aufmerksamkeit von Freunden und Verwandten auf sich, die nach Jimmys Auffassung eigentlich ihm zusteht. Aus einem Märchen, das ihm zum
Einschlafen vorgelesen wird, lernt Jimmy schließlich, daß Gesten
Zauberkräfte haben können und er küßt das Monster, das sich darauf
umgehend in einen kleinen Jungen verwandelt. Jimmy lernt mit seinen Rivalitätsgefühlen umzugehen.

Heather Eyles: Unglaublich

Polly, die es haßt, sich für die Schule fertig zu machen, entschuldigt sich damit, daß sie eine furchtbare Gruppe von Monstern erfindet, die durch das Haus geistern, genau in den Räumen, in denen ihre Kleidung ist. Ihre verzweifelte Mutter macht sich daran, die fehlenden Kleidungsstücke selbst zu holen, muß aber erschrocken feststellen, daß die Monster, die sie für eine Einbildung ihrer Tochter hielt, tatsächlich im Flur und im Schlafzimmer lauern. Inzwischen hat Polly ihre Monster gezähmt, neckt ihre Mutter wegen ihrer Leichtgläubigkeit und macht sich auf den Weg zur Schule. Das dickköpfige, unmögliche Kind und die frustierenden Zusammenstöße, die es provoziert, werden sowohl Eltern als auch Kindern sofort vertraut sein.

Wenn man diese Geschichten mit Kindern liest, werden sich sofort Diskussionen über Monster und ihre Rolle in den Träumen, Spielen und Lieblingsgeschichten der SchülerInnen ergeben. Die Diskussion ist wichtig und es ist vielleicht nützlich, sie auf Band aufzunehmen oder die Kinder aufzufordern, einen »Monster-Bericht« zu anzufertigen, in den sie die Geschichten schreiben, die sie selbst oder ihre FreundInnen erzählen.

Wir schlagen einige Aktivitäten vor, durch die die Reaktionen auf die Geschichten genauer strukturiert werden können. Sie ermutigen die Kinder, die Situationen in den Geschichten auf ihr eigenes Leben zu beziehen. Ältere Kinder können die Aktivitäten allein in kleinen Gruppen durchführen. Bei jüngeren mag es sinnvoller sein, daß sie entweder in einer Gruppe oder als ganze Klasse mit den LehrerInnen zusammenarbeiten.

Gefühlstabellen

Bitten Sie die Kinder, die unten aufgeführten Gefühle den verschiedenen Charakteren und Vorfällen in den jeweiligen Geschichten zuzuordnen. Die Kinder können natürlich weitere Gefühle auf die Liste setzen.

Wütend	unglücklich	zornig
glücklich	ängstlich	böse
traurig	liebend	ungläubig
einsam	beschämt	ruhig
neidisch	erschrocken	grollend

Geschichte: *Nicht jetzt, Jakob*

Ereignis	Person	Gefühle
1. Jakob erklärt seiner Mutter, daß ein Monster im Garten ist	Jakob	zornig, ungläubig
2.		
3.		

....

Es kann hilfreich sein, wenn die LehrerInnen die Spalte »Ereignis« ausfüllen.

Tagebucheintragungen

Bitten Sie die Kinder, eines ihrer Lieblingsbücher auszusuchen und eine Tagebucheintragung für eine der Personen zu schreiben, in der beschrieben wird, was sie oder er während einer bestimmten Episode im Buch denkt.

Improvisation

Bitten Sie die Kinder, in kleinen Gruppen Situationen aus den Büchern in einer Version zu spielen, die ihrem Alltagsleben entnommen ist. Zum Beispiel: ... Ich habe nie ...

Ein Kind weigert sich morgens, sich für die Schule fertig zu machen, was seine Mutter zunehmend irritiert.

Diskutieren Sie danach die verschiedenen Personen in der Situation und was sie gegenseitig von sich dachten. Wie haben sie ihre Gefühle ausgedrückt?

Was denken sie?

Fotokopieren Sie eine der Geschichten und bitten Sie die Kinder, Denkblasen einzufügen und hineinzuschreiben, was die Charaktere jeweils in den verschiedenen Stadien der Geschichte denken.

Geschichten schreiben

Bitten Sie die SchülerInnen, für jüngere Kinder eine Geschichte zu schreiben; entweder über eine Freundin/einen Freund, der/die sich in ein Monster verwandelt, oder über jemanden, der/die sich mit einem Monster anfreundet. Die SchülerInnen könnten ihre

Aufzeichnungen aus der Diskussion über die Lektüre der ersten Geschichten als Hilfe benutzen. Es wäre gut, wenn die Geschichten für wirkliche Kinder geschrieben würden, zum Beispiel für Kinder aus einer nahe gelegenen Vorschule oder aus einer Klasse unter ihnen.

Kinder sprechen und schreiben über Monster

Beispiele aus Geschichten, die von Kindern geschrieben wurden:

JUNGE: Als mein kleiner Bruder geboren wurde, war ich zwischen 6 und 7 und mein Vater hat nur noch mit ihm gespielt. Als er ein Baby war, mochte ich ihn, aber als er 3 oder 2 war, wurde ich wütend auf ihn, weil mein Vater mit ihm gespielt hat, statt mit mir.

Eines Nachts lief ich über den Friedhof, in dem mein Großvater beerdigt ist. Mein Vater versteckte sich und spielte Geist. Er begann komische Geräusche zu machen und sprang plötzlich hinter dem Grabstein von meinem Großvater hervor. Ich dachte erst, mein Großvater kommt zurück, aber dann sagte mein Vater: »Hey, erkennst Du mich nicht?«

Eines Nachts träumte ich von drei Geistern. Ich spielte in meinem Schlafzimmer und zwei Männer sprangen durch das geschlossene Fenster und drohten, daß sie mich umbringen würden. Ich sagte, »Ihr könnt mich nicht umbringen«, und ich warf mich auf den Boden, rollte nach vorne und brachte sie zum Stolpern, da sind sie weggerannt. Eine Woche später, als das Fenster wieder verglast war, kam ein Junge und sprang hindurch und landete auf meinem Bett. Ich war im Bett meiner Mutter. Diese Geister waren da und sie hatten Feuerwerkskracher dabei und setzten das Bett meiner Mutter in Flammen und ich starb. Bei meiner Beerdigung brachte meine Mutter meinen Hund und meine Tiere, weil ich Tiere mag. Und ich wachte weinend auf.

Monsterfilme

Wir schlagen vor, mit älteren SchülerInnen der Sekundarstufe Monsterfilme als Basis der Diskussion und für die literarische Arbeit zu
benutzen. Die Filme, die wir ausgewählt haben, werden die meisten
SchülerInnen kennen und alle sind als Video erhältlich. In allen Fällen existiert eine mehr oder weniger explizite Verbindung zwischen
der Rolle, die das Monster spielt und den ideologischen Themen, die
in die Erzählung eingebettet sind.

King Kong

Die Geschichte von der Schönen und dem Biest übertragen in eine
koloniale Situation. In einer Version repräsentiert Kong die Macht
des primitiven Superegos, das durch Instinkte angetrieben wird
(alias die Wilden). Die Kräfte der Zivilisation und der kulturellen
Sublimierung treten auf (alias die Filmmannschaft und Coca Colo-
nialismus), die Kong fangen und über den Atlantik verschiffen, um
ihn in einer New Yorker Freak Show auftreten zu lassen. Kong
bricht aus diesem Gefängnis aus und beginnt einen Raubzug gegen
diejenigen, die ihn im Namen von Wissenschaft oder Kultur ausgebeutet und versklavt haben. Das ist die Wiederkehr des Verdrängten,
natürlich, aber Kong ist bereits durch die Liebe einer guten Frau
gezähmt worden. In der Schlußszene sitzt das schwarze Biest neben
dem (sehr phallischen) Empire State Building und wiegt die weiße
Schönheit in seiner gigantischen Pranke. Das Imperium schlägt
zurück und Kong wird von Kampfflugzeugen niedergeschossen, die
vielleicht gerade von einer Bombenmission aus Abessinien zurückkommen …

Frankenstein

Victor Frankenstein verfolgt das Projekt, die menschliche Spezies
durch die Produktion einer neuen zu verbessern, die aus »perfekten«
Stücken verschiedener toter Körper zusammengesetzt ist. Dies
könnte ein Bild für die sozialen Elemente sein, die das heraufkom-
mende Proletariat ausmachten; oder heute eine Metapher für die
neue Zusammensetzung einer multiethnischen Arbeiterklasse. In
jedem Fall muß dieser gestückelte Körper durch mehr als nur durch
Elektrizität zusammengeschmolzen werden. Es ist Viktors Kopf-
geburt, produziert in einem Akt geistiger Hybris, um die Menschheit unter Umgehung der Sexualität und des Gesetzes der Differenz

zu reproduzieren. Viktors Besessenheit von seinem Ideal erfordert ebenfalls einen Rückzug vom weiblichen Geschlecht. Er läßt seine Frau während der Hochzeitsnacht allein, was zu ihrer Ermordung durch das Monster führt. Wenn das Monster hier die mörderischen Phantasien seines Erzeugers ausführt, dann ist das wieder nur eine der vielen Formen, in denen das Verdrängte wiederkehrt.

Die Häßlichkeit des Monsters entsteht daraus, daß die verschiedenen Teile, aus denen es entsteht und die sich in die Einheit des Lebens auflösen sollen, als unauslöschliche Zeichen seines Ursprungs bestehen bleiben. Deshalb macht sich das Monster auf die Suche nach den Quellen seiner Identität; daraus entsteht die zweite Erzählung, in der das Monster nicht Objekt ist, sondern selbst zu Worte kommt und Viktor Frankenstein als das eigentliche Monster erscheint.

Die Gremlins

Diese kuscheligen kleinen Kreaturen, die plötzlich höchst destruktive Kräfte an den Tag legen, artikulieren sowohl die ambivalenten Gefühle der Eltern gegenüber ihren neugeborenen Kindern als auch die nicht weniger gemischten Gefühle der Kinder gegenüber ihren Teddybären, die sie während ihrer Abwesenheit symbolisch repräsentieren. Der Sadismus der Gremlins – ihre perverse Freude daran, Menschen erst zu terrorisieren und dann in Stücke zu reißen – ist jedoch rein infantil. Ihre monströse Art der Reproduktion –, ein Prozeß spontaner Verbrennung, wenn sie in Wasserpfützen springen – die nichts mit sexueller Differenz zu tun hat, repräsentiert das Gefühl der Bedrohung des weißen Amerika: das Gefühl, es könnte durch fremde Mächte überflutet werden.

E.T.

Dieses Monster ist wirklich kuschelig. ET repräsentiert die endgültige Domestizierung der therapeutischen Rolle des Monsters, das hier paradoxerweise mit kindlicher Unschuld verknüpft ist. Die Erwachsenenwelt wird als vorurteilsvoll und lieblos gezeigt, weil sie auf Herrschaftstechnologien beruht. ET kommt aus einer höher entwickelten Zivilisation, die es geschafft hat, die Kraft der Natur zum Wohle aller zu nutzen. Der berühmte Refrain »ET will nach Hause« klingt nicht nur wie der Echoruf eines verlorengegangenen Kindes. Es ist auch ein rhetorischer Aufruf zum verlorenen amerikanischen Traum zurückzukehren. Da das Monster aber nicht nur gezähmt,

sondern auch noch idealisiert und mit einem positiven Image versehen wurde, welchen Nutzen kann es noch haben, um die negativen
Gefühle der Kinder zu repräsentieren?

Dekodierungsübung

Nachdem sie den Film gesehen haben, schreiben die SchülerInnen
die Handlung gemäß ihren Erinnerungen auf. Sie sollten die Elemente oder Momente unterstreichen, die ihrer Meinung nach die
größte Bedeutung haben. Dann sollte jede/r SchülerIn ihre/seine
Version vorlesen; die unterschiedlichen Darstellungen sollten verglichen und die SchülerInnen gefragt werden, warum sie bestimmte
Aspekte ihrer Geschichte hervorgehoben haben.

   Damit die Diskussion sich auf die verschiedenen Lesarten konzentriert, ist es sinnvoll, einen Kreis zu zeichnen, der in drei Ringe eingeteilt ist. (s. Seite 000). Ins Zentrum sollte man die Elemente
schreiben, die in allen Darstellungen die größte Bedeutung haben; in
den inneren Kreis diejenigen, die von einer Mehrheit und in den
äußeren Kreis diejenigen, die nur von wenigen als wichtig benannt
wurden.

○ Unterscheiden sich die Lesarten der Jungen und Mädchen in
   bezug auf die Themen oder Begriffe, die für bedeutend gehalten
   wurden?
○ Gibt es Unterschiede, die mit ethnischer Zugehörigkeit oder mit
   dem sozialen Hintergrund der SchülerInnen korrelieren?

Während die verschiedenen Darstellungen der SchülerInnen diskutiert werden, sollten einige der weiter oben entwickelten themati-
schen Interpretationen eingeführt werden. Sie können auch als
Anstöße dienen, um Ideen der SchülerInnen anzuregen.

Übungen zum Umschreiben

Die SchülerInnen mögen sich vorstellen, sie seien von einem Holly-
woodstudio als DrehbuchautorInnen eingestellt worden, um eine
Fortsetzung des Originalfilms zu schreiben. Ausgehend von der Ori-
ginalgeschichte sollen sie einen kurzen Entwurf schreiben, der die
Hauptelemente der Handlung skizziert, die Charaktere darstellt,
sowie die Aktionen und die Inszenierung festhält. Der Text kann
illustriert werden. Die SchülerInnen sollten in kleinen Gruppen
arbeiten. Jede Gruppe wird gebeten, ihre Ideen darzustellen und zu
begründen, warum ihre Version akzeptiert werden sollte.

Hier sind einige Beispiele, die zeigen, wie die zentralen Handlungselemente dieser Filme verändert werden könnten, um den Monstern eine andere Funktion zu geben, die ihre ideologische Funktion in Frage stellt.

Die Rückkehr King Kongs

King Kong wird im tropischen Naturschutzpark von Arizona für Touristen ausgestellt. Er wird von einem Mitglied der »Befreiungsbewegung für Tiere« freigesetzt und zurück nach Hause verschifft. Aber dieses Zuhause ist aufgrund der kommerziellen Entwicklungspläne in eine Wüste verwandelt worden und seine Rückkehr bringt die korrupte Regierung, die das Land als »Bananenrepublik« verwaltet, in Verlegenheit. Soll er eine Revolte gegen den Neokolonialismus anführen, oder sich für ein einfaches Leben entscheiden und die US-amerikanischen Touristen herumführen?

Frankenstein und der Golem

Nach dem katastrophalen Versagen seines ersten Experiments vergräbt sich Frankenstein in seine Bücherei. Eines Tages entdeckt er die jüdische Legende vom Golem; er beschließt, einen berühmten Rabbi aufzusuchen, von dem bekannt ist, daß er die heilige Schriftrolle besitzt, die die Kreatur aus Leichenstaub zum Leben erwecken kann. Er schafft es, die Schriftrolle durch einen Trick an sich zu bringen. Aber als er sie benutzt, stellt er fest, daß der Golem einen eigenen Willen hat und ein treuer Diener der Allgemeinheit ist, der Frankenstein dazu bringt, seine Fehler einzusehen.

Gremlins 2

Aufgrund der globalen Erwärmung sind Teile der USA in Wüste verwandelt worden und es gibt eine allgemeine Wasserrationierung. Schwimmbecken sind verboten und die Flüsse und Wasservorräte werden durch die Armee bewacht. Wie werden sich die Gremlins reproduzieren und auf welcher Seite stehen sie überhaupt? Sind sie vielleicht verkleidete »Grüne«?

E.T.   2

E.T. ist auf der Erde angekommen, um der Verfolgung auf
seinem eigenen Planeten zu entgehen. Er wohnt bei einigen
unausstehlichen Kindern, die ihm das Leben zur Hölle
machen. Er rennt weg und findet Zuflucht bei einem exzen-
trischen schwarzen Sänger, der versucht, E.T. dazu zu über-
reden, nach Hause zu gehen und sich der Situation zu stellen.
Er bringt ihn zur Abflugstelle.

Monstermix Rollenspiele

Mit diesen Rollenspielen können Kinder entdecken, wie einige Gruppen zu Monstern gemacht werden, weil sie anders sind, oder als
bedrohlich gelten. Man sollte sie nur spielen, wenn die SchülerInnen einigermaßen gut miteinander auskommen und daran gewöhnt
sind, in kleinen Gruppen zu arbeiten.

Kinder werden in verschiedene Gruppen der folgenden Monster
eingeteilt und gebeten, entsprechend der Rolle, mit Obst zu handeln:

RÜCKLÄUFER: laufen und reden rückwärts und
werden oft für »rückständig« gehalten, obwohl sie
intelligent und freundlich sind. Sie züchten und
essen Äpfel, aber sie mögen auch alle anderen
Speisen außer Pflaumen, die ihnen ihre Religion
verbietet, weil sie davon krank werden.

MONOPODIS: sehen mit einem Auge, springen
auf einem Bein und benutzen nur einsilbige Worte.
Sie werden oft für behindert gehalten, obwohl sie
in Wirklichkeit intelligent und freundlich sind. Sie
züchten und essen Birnen, mögen aber auch alle
anderen Speisen außer Bananen, die ihnen ihre
Religion verbietet, weil sie davon krank werden.

HENKELFORMER: sind siamesische Zwillinge, die am Knie und am Ellbogen mit Taschentüchern zusammengebunden sind und gleichzeitig sprechen. Sie werden oft für verrückt gehalten, obwohl sie in Wirklichkeit intelligent und freundlich sind und zusammenhalten. Sie züchten und essen Bananen und mögen auch alle anderen Speisen, außer Äpfeln, die ihnen ihre Religion verbietet, weil sie davon krank werden.

STOSSMICHZIEHDICHS: sind mit ihren ineinander verhakten Armen Rücken an Rücken gebunden. Sie werden oft für Freaks gehalten, weil man nie genau weiß, ob sie gerade kommen oder gehen. Aber sie sind in Wirklichkeit intelligent und freundlich. Sie züchten und essen Pflaumen und mögen auch alle anderen Speisen, außer Birnen, die ihnen ihre Religion verbietet, weil sie davon krank werden.

Das Spiel

Vorbereitung

1. Teilen Sie die Kinder in die vier Gruppen ein, es sollten nicht mehr als sechs Kinder in jeder Gruppe sein. Jede Gruppe bekommt eine Karte, auf der die Rolle, die sie spielen, beschrieben wird. Sie dürfen sich nicht gegenseitig in die Karten sehen. Die Gruppen sollten nach Geschlecht und ethnischer Herkunft gemischt sein. Jede Gruppe hat einen Stuhl, auf dem ein Plakat steht, das den Gruppennamen und ein Bild der Frucht zeigt, die sie züchten und essen, steht. Jede Gruppe sollte ihr Plakat selbst malen. Jede bekommt eine Tasche, in der ihr spezielles Obst ist, und jede muß mit der gleichen Menge beginnen (z.B. 10).

2. Um jeden Stuhl wird ein Kreis gezeichnet, das Kreisinnere stellt die Insel dar, auf der die Monster leben, der Außenrand ist das Ufer, an dem die Besucher stehen können. Die Besucher müssen

in ihrer Rolle bleiben, während sie handeln (das heißt, sprechen und gehen, wie es die Regieanweisung sagt) und auch wenn sie untereinander auf ihrer eigenen Insel kommunizieren. Es ist gut, eine Proberunde zu machen, damit die Kinder ihre jeweiligen Rede- und Gehweisen üben können und die Regeln behalten.

Spielablauf

1. Bevor die erste Runde beginnt, kann jede Gruppe ein Lied oder ein Gedicht erfinden, in dem ihre Insel beschrieben und gepriesen wird und das sie dann den jeweiligen Besuchern aufsagen oder vorsingen kann.

2. Jedes Jahr (d.h. in jeder Spielrunde) macht jede Gruppe eine Expedition auf eine andere Insel, um ihr Obst zu verkaufen. Sie kann mit Obst handeln, oder irgendeine Dienstleistung im Austausch für Obst anbieten. Es ist möglich, mit dem Obst zu handeln, das man durch vorherige Handelsgeschäfte bekommen hat, nicht nur mit dem, das man selbst anbaut. Es ist nicht möglich, das Obst einzutauschen, das für die eigene Gruppe »tabu« ist. Nur eine Person (oder ein Paar, wenn sie zusammengebunden sind) von jeder Gruppe darf in jeder Runde eine Expedition unternehmen. Die anderen müssen zu Hause bleiben, um mit den Gästen zu handeln. Die Besucher müssen am Ufer stehen bleiben (am äußeren Rand des Kreises) – keine »Invasionen«. Niemand darf seine Insel verlassen, es sei denn, um auf eine Expedition zu gehen.

3. Nach jeder Runde konsumiert die Gruppe *eine* Frucht (eine selbst angebaute oder eine eingehandelte). Wenn es sich um richtige Früchte handelt, können die Kinder sie natürlich essen, sonst bekommt sie der/die SchiedsrichterIn.

4. Eine Belohnung gibt es für die Vielfalt der Obstsorten, die eingehandelt wurden. Jede eingehandelte Obstsorte bringt zwei, jede selbst erzeugte, die man noch hat, einen Punkt. Die Gruppe, die am Schluß die meisten Punkte hat, hat gewonnen.

5. Das Spiel sollte mindestens vier Runden dauern. Am Ende sollten die Punkte jeder Gruppe gezählt werden. Die/der LehrerIn sollte während des ganzen Spiels als SchiedsrichterIn fungieren.

Anmerkung: Man kann einige Spielregeln verändern, damit das Spiel abwechslungsreicher wird. Zum Beispiel könnte man einige erschwerende Handelsbedingungen einführen, um die Kooperation oder die Konflikte zwischen den Gruppen zu erhöhen. Der Phantasie sind keine Grenzen gesetzt!

Diskussion

Nach dem Spiel sollte jede Gruppe gebeten werden, ein Charakterprofil der jeweils anderen Gruppen zu entwerfen: was mochten sie an jeder Gruppe bzw. was nicht? Sie können auch eine Zeichnung dazu anfertigen. In der Diskussion sollten diese Profile verglichen und durchgearbeitet werden. Besondere Aufmerksamkeit sollte auf die Wahrnehmung von Ausgrenzungsprozessen gelegt werden, z.B.: Was denken STOSSMICHZIEHDICHs über MONOPODIS; oder MONOPODIS über HENKELFORMER; oder HENKELFORMER über RÜCKLÄUFER; oder RÜCKLÄUFER über STOSSMICH-ZIEHDICHs und jeweils umgekehrt.

Eine weitergehende Arbeit kann vielleicht die tieferen Bedeutungen dieser Übung ausloten, zum Beispiel durch Diskussionen über folgende Themen: Stereotypisierungen, Wahrnehmung kultureller Unterschiede, Ursachen und Wirkungen verschiedener Ausgrenzungsformen, die Rolle des Verbots bestimmter Speisen in verschiedenen Religionen, die Rolle des ungleichen ökonomische Austauschs in der Weltwirtschaft, Machtstrukturen und Gruppenidentifikationen.

Anansi trifft Spiderwoman

In dieser Einheit schlagen wir vor, durch die Einführung von Geschichten über Anansi und Spiderman (oder vergleichbare HeldInnen aus anderen Kulturen, N.R.) SchülerInnen anzuregen, die verschiedenen kulturellen Bedeutungen beider Geschichten zu erkunden.

Geschichten im Klassenzimmer

Geschichten lesen, schreiben und ihnen zuhören sind wichtige Elemente der Erziehung. Geschichten helfen Kindern, ihren Erfahrungen einen Sinn zu geben, das Leben anderer phantasievoll zu erkunden und verschiedene Wertmaßstäbe und Traditionen zu entdecken.

Die Cultural Studies bieten eine den üblichen Unterricht ergänzende Form, sich Texten zu nähern; eine, die sich auf die sozialen und kulturellen Zusammenhänge konzentriert, in denen die Geschichten entstanden und die ihre Erzählweise und Lesart formten. Man kann zum Beispiel sehr interessante Vergleiche ziehen zwischen Anansi, dem trickreichen, ambivalenten Helden der karibischen Volksgeschichten, dessen Überleben von Schläue, Gerissenheit und der Kenntnis des Waldes abhängt und dem Hi-Tech Spiderman aus den amerikanischen Comics, der mit gewalttätigen Handlungen die Schwachen beschützt.

Anansi

Die ursprünglich aus Afrika stammenden Anansigeschichten sind mit den Leuten, die sie erzählt haben, in die Karibik, nach Amerika und weiter gereist. Sie sind alle um einige Grundelemente herum erzählt, die sich aber ständig verändern und von einer Geschichtenerzählerin an den nächsten weitergegeben werden. Es gibt inzwischen viele schriftliche Sammlungen der Geschichten. Anansi, eine Spinne, das schwächste aller Lebewesen im Wald, hat magische Kräfte, die es ihm ermöglichen, sich aus einem harmlosen Insekt in einen Menschen und wieder zurückzuverwandeln, wie die Situation es gerade erfordert. Die Variationsbreite der Anansigeschichten verweist auf die Bedeutung, die sie im kulturellen Leben der Menschen haben, die sie erzählen. Einige sind Einschlafgeschichten für Kinder, andere werden auch bei Begräbnissen den trauernden Verwandten erzählt, die mit den Mysterien von Leben und Tod kämpfen. Viele Anansigeschichten sind mit dem Mythos der Schöpfung verknüpft, andere handeln von profanen Realitäten des Alltagslebens, vom Streit mit den Nachbarn, von lokalen Rivalitäten oder den Folgen von Ehrgeiz und Gier.

Auch in Schulen sind die Geschichten in unterschiedlicher Weise benutzt worden. Anansi kann als politischer Held dargestellt werden, der gegen Rassismus und Ungerechtigkeit kämpft. Andrew Salkey zum Beispiel hat seinen Anansi zu einem »physischen und metaphorischen Spinnenmann« gemacht, der tief verwickelt ist in die anhaltenden Kämpfe der Dritten Welt (Salkey 1973). Aber in seiner Umarbeitung der Geschichten behält Salkey das Trickreiche des Charakters bei und baut es in eine politische Botschaft ein. In »Political Spider« (Salkey 1973), erteilt Anansi den Insekten eine Lektion über die »reichen« Leute von »North Hill«: Kein Regen bedeutet kein

Getreide und keine Arbeit. Anansi nimmt sich vor, »der armen Bruderschaft der arbeitslosen Spinnen, Fliegen und Blutegel« eine Bleibe zu verschaffen. Er führt sie nach North Hill, damit sie im Fell der Hunde leben können. Mit Hilfe seiner bekannten Tricks stiehlt Anansi den Insekten unterwegs all ihre Habe. Viele sterben auf dem Weg, aber so lernen die Kreaturen, daß der Weg zum Überleben nicht darin besteht, als Parasiten gut genährter Tiere in North Hill zu leben. Ihre Zukunft hängt davon ab, daß sie es lernen, zusammenzuarbeiten. Aber es ist natürlich problematisch, Anansi als bloßen Verkünder der antirassistischen (oder antiimperialistischen) Botschaft zu benutzen und so die andere Seite seines Charakters zu ignorieren, insbesondere seine ironische, antiheroische Haltung.

Anansi kann auch als exotische Figur aus der afro-karibischen Folklore präsentiert werden, als eine anthropologische Kuriosität, wenn auch eine, die sich mit universellen Themen des menschlichen Seins befaßt. Es gibt natürlich einige interessante Parallelen zwischen der trickreichen Figur in nicht-europäischen Kulturen und solchen Charakteren wie Till Eulenspiegel und dem braven Soldaten Schwejk. Mit älteren SchülerInnen kann man hier vielleicht interessante Vergleiche zwischen verschiedenen Volkskulturen anstellen. Bei jüngeren Kindern riskiert man jedoch, daß sie Anansi als bloße historische Figur betrachten, die wenig Relevanz für ihr eigenes Leben hat.

Anansi gehört jedoch zur zeitgenössischen Kultur. Die Geschichten werden ständig neu erzählt und umgearbeitet. Anansi selbst ist fähig zu verwerflichen Taten und berechtigter Revolte; er ist ebenso Gauner wie Opfer. Gerade das Element der Bosheit, das durch den magischen Rahmen der konventionellen Moral entzogen ist, macht Anansi für Kinder so anziehend. Louise Bennett erinnert sich an die Spannung bei den Begegnungen mit Anansi in ihrer Kindheit. Wenn Anansi auftritt, kann die Welt auf den Kopf gestellt werden.

»Meine Großmutter erzählte mir jeden Abend Anansigeschichten. In allen Geschichten kamen Lieder vor und sie sang sie wieder und wieder, bis ich sie auswendig konnte und mich damit selbst in den Schlaf sang. Das waren meine liebsten Kinderlieder. In der Schule tauschten meine FreundInnen und ich während der Pause und in der Mittagszeit Anansigeschichten aus. Aber bevor man eine Geschichte erzählte, mußte man eine Ameise töten, weil sonst der Mutter etwas Schreckliches passieren würde, die arme Frau würde vielleicht in einen Bankra-Korb verwandelt werden! Anansi war ein Zauberspinnenmann und Spinnen waren immer in der Nähe. Wir konnten ihn nicht immer sehen, aber er war da. Wir zeigten ihm, daß wir das wußten, indem wir eine Ameise töteten, oder etwas ähnliches. Am Ende jeder Geschichte mußten wir sagen, 'Jack Mandora, me no chose none', weil Anansi in seinen Geschichten manchmal böse Sachen tat und wir mußten Jack Mandora, dem Bewacher der Himmelspforte versichern, daß wir dagegen waren. 'Me chose none', bedeutete, ich werde sowas nicht machen. Es war für uns eine reine Wonne, immer wieder zu erzählen, wie Anansi so tat, als sei er dumm, um die Pläne der anderen herauszubekommen. Wir ergötzten uns daran, von Anansis Zauberkräften zu erzählen, und wie er sie bei bestimmten Gelegenheiten benutzte, wenn er einem Freund heraushelfen mußte, oder um Essen für seine Familie zu besorgen, oder einfach, um jemanden auszutricksen, den er nicht leiden konnte. Alles, was in der Welt passierte, wurde von Anansi in Gang gesetzt. Wir waren fasziniert, weil wir nie, niemals so sein konnten wie er. Natürlich konnten wir ihn studieren und Pläne schmieden, aber wir konnten eben nicht unser Gehirn so arbeiten lassen wie seins, wir konnten nicht das tun, was er tat, weil er ein Spinnenmann war, ein magischer Spinnenmann – ein Zauberer.«

Spiderman

Mit Spiderman betreten wir ein sehr viel schlichteres moralisches Universum, eine Welt, die säuberlich in Gute und Böse aufgeteilt ist, in der die Kräfte des Fortschritts am Ende immer gewinnen. Spiderman selbst ist eine Schöpfung der Wissenschaft. Er bekam seine speziellen Kräfte, als er von einer Spinne gebissen wurde, die in einem Laboratorium versehentlich radioaktiven Strahlen ausgesetzt gewesen war. Viele der Handlungen drehen sich um den Raub neuer wissenschaftlicher Entdeckungen durch Technikdiebe oder um die technischen Fähigkeiten von Spider, mit denen er physisch stärkere Feinde besiegt. Die Gleichsetzung von entwickelter Technologie und Überlegenheit des *American way of life* steht, wie der Ausgang der Geschichten, nie in Zweifel und wird graphisch in allen Sequenzen sichtbar.

Die Figur des Peter Parker ist ebenfalls kulturell eingebunden. Der schüchterne, unbeholfene Jugendliche, der seine emotionalen Probleme auf magische Weise verliert, sobald er seine Spidermanrüstung anlegt, ist durch und durch der amerikanische Durchschnittsjunge. Seine besondere Sensibilität für Gefahren ist an die vergrößerten physischen Potenzen gekoppelt, so daß dem Leser nahegebracht wird, Omnipotenz sei in Ordnung, solange sie auf der Seite der Engel ist. Sein Doppelleben als junger Fotograf auf der Suche nach dem größten Knüller aller Zeiten und als allmächtiges Superego, das über den finsteren Straßen von New York aufsteigt, um die Schwachen zu retten und die Bösen der Gerechtigkeit zuzuführen, ist eine klassische Darstellung des US-amerikanischen Traums in seiner imperialistischen Phase.

Während die Anansigeschichten die uneindeutigen moralischen Qualitäten des Trickreichen nutzen, um die widersprüchliche Position der »subalternen« Gruppen und der marginalisierten Individuen im schwarzen Gemeinwesen zu artikulieren, drücken die Spidermancomics die in der anglo-amerikanischen Gesellschaft vorherrschende Doppelmoral aus.

Die Einführung von Spiderwoman (Spinnenfrau) mag zunächst als Verneigung vor dem sozialen Wandel erscheinen, vielleicht sogar als eine Alibigeste in Richtung Feminismus. Sieht man jedoch genauer hin, dann stellt sich heraus, daß es ein Versuch ist, eine neue Leserschaft unter den Mädchen für die traditionellen Werte der Marvel Comics zu gewinnen. Jessica Drew ist im wesentlichen eine weibliche Version von Peter Parker. Ihre Neurose ist deutlicher hervorgehoben. Sie macht eine »Gruppentherapie« und wird porträtiert als jemand, die sich selbst ihre größte Feindin ist. Ständig wird sie von Männern schlecht behandelt, kehrt aber immer wieder zu ihnen zurück, um nochmals das gleiche zu erleben; sie ist das moderne US-amerikanische Durchschnittsmädchen: attraktiv und effizient, aber verletzbar. Wenn sie eine Bar für Singles aufsucht, dann nur, um über ihre Männersucht und ihre Angst vor dem Alleinsein zu klagen. In der Luft darf sie ihre »weiblichen« Qualitäten zu ihrem Vorteil nutzen. Aber bei ihrem unausbleiblichen Zusammentreffen mit Peter Parker verschwindet die scheinbare Gleichwertigkeit der Geschlechter. Sobald sie wieder auf festem Boden sind, setzen sich die traditionellen Mädchen- und Jungenrollen durch.

Wie kann man diese Comics dann in einem kritischen, pädagogischen Kontext benutzen, mit einer Altersgruppe, der die umfassenderen kulturellen Assoziationen nicht bewußt sind und die sich stark mit diesen Figuren identifiziert?

Eine Gefahr besteht darin, daß Spider(wo)man einfach unverändert reproduziert und Anansi entgegengestellt wird. Ein anderes Problem kann auftauchen, wenn die Kinder ihre Phantasie dazu verwenden, Spider(wo)man mit noch mehr Spezialfertigkeiten auszustatten, um ihre Überlegenheit über den schwarzen »Gegner« zu

sichern. Solche Omnipotenzphantasien werden dann nur allzu
schnell über rassistische Ursprungsmythen vermittelt und artikuliert. Wir halten es daher für ratsam, einige Übungen für das
Umschreiben von Spider(wo)man zu machen, bevor Anansi eingeführt wird. Es folgen einige Vorschläge.

Comics umschreiben

Schneiden Sie einige Dialogsequenzen und Handlungssequenzen
aus, in denen Peter Parker und Jessica Drew in ihren alltäglichen
Zusammenhängen vorkommen. Decken sie die Sprechblasen mit
Tippex ab und fotokopieren Sie die Szenen. Schlagen Sie dann ver-
schiedene mögliche Handlungsabläufe vor, die die Rolle von Peter
Parker oder Jessica Drews radikal verändern und einige der in den
Comics vermittelten Werte in Frage stellen. Bitten Sie die Kinder,
das Comicmaterial neu zu untertiteln und sich ein Ende der
Geschichte auszudenken.

**Zum Beispiel: Peter Parker sagt Mary Jane, daß er es satt
hat, Spiderman zu sein und lieber ein ruhigeres, normaleres
Leben führen möchte. Jemand anders solle seinen Job übernehmen. Aber die Leute von Marvel Comics (und seine Fans)
wollen nicht zulassen, daß er sich zur Ruhe setzt und
schicken ihm eine ganze Menge Schwierigkeiten, die ihn in
Atem halten. Mary Jane hilft ihm und gemeinsam schaffen
sie es, die Opposition zu besiegen.**

**Jessica Drew fliegt in das Büro von Marvel Comics in Man-
hattan und verlangt das Recht, ihre nächste Geschichte
umzuschreiben. Sie hat es satt, sich ewig mit diesen rum-
kommandierenden angeberischen Männern zu treffen und
sieht auch nicht ein, warum sie weiter zum Therapeuten
gehen soll – das sind deren Probleme, nicht ihre. Der Boß von
Marvel Comics sichert ihr zu, ihre eigene Handlung schreiben zu dürfen, wenn sie beweist, daß sie gut genug ist, um
mit der ganzen Akrobatik und den Spezialeffekten zurecht
zu kommen. Sie macht sich an die Arbeit, um zu beweisen,
daß sie es kann.**

Die Geschichten vergleichen.

In dieser Einheit geben wir einige Beispiele von Anansi-Spiderman-und Spiderwomangeschichten (siehe Anhang) und schlagen einige Aktivitäten vor, die den SchülerInnen helfen, die Geschichten nach der ersten Lektüre gegenüberzustellen und zu vergleichen. Ältere Kinder können diese Aktivitäten vielleicht selbständig in kleineren Gruppen ergänzen. Wenn man mit jüngeren Kindern arbeitet, ist es vielleicht besser, den vorgeschlagenen Rahmen für eine von einer Lehrperson angeleitete Diskussion zu nutzen.

Die Charaktere von Anansi und Spiderman

Bitten Sie die Kinder, aus der Liste der Adjektive diejenigen auszusuchen, die Spiderman und Anansi beschreiben und sie jeweils auf eine Karte mit dem entsprechenden Namen zu schreiben. Sie können natürlich auch Wörter hinzufügen und für mehrere Figuren die gleichen Adjektive benutzen.

ANANSI   SPIDERMAN

klug, schlau, zuverlässig, tapfer, schwach, beharrlich, dumm, zaubernd, gerissen, grausam, unfreundlich, gewalttätig, stark, freundlich, lustig, ausgefuchst, jämmerlich, komisch, bescheiden, betrügerisch.

Bitten Sie die Kinder, diejenigen Eigenschaften zu unterstreichen, die sie für gut halten und Kreise um diejenigen zu ziehen, die sie für schlecht halten. In welchem Verhältnis stehen beide Helden zueinander? Hat einer mehr gute Eigenschaften als der andere? Ist einer von ihnen eine Mischung aus gut und schlecht?

Machen Sie eine Liste aller Wörter, die benutzt wurden, um beide Charaktere zu beschreiben und eine Liste aller Wörter, die nur für einen benutzt wurde.

ANANSI   SPIDERMAN   ANANSI und SPIDERMAN

Gibt es mehr Unterschiede als Gemeinsamkeiten?

Bitten Sie die Kinder, darüber nachzudenken, welche Person lebensnäher ist. Ist es realistischer, eine Mischung aus gut und böse zu sein?

Mit älteren Kindern könnte man diskutieren, daß Spiderman mit seinen vorhersagbaren technischen Siegen ein passender Held für eine herrschende Weltmacht ist. Anansi, der aus der Kultur unterdrückter Völker entstammt, ist ein komplexerer Charakter als sein amerikanischer Namensvetter, verletzlich und gerissen, erfinderisch und durchtrieben aus der Not heraus. Und vielleicht ist er am Ende doch der überzeugendere und glaubwürdigere der beiden Charaktere?

Gewinnen

In beiden Geschichten geht es um eine Auseinandersetzung, in der die Hauptperson einen Sieg erringt. Diese Übung soll den Kindern helfen, die Konstruktionsweisen der Geschichten zu untersuchen, durch die abgesichert wird, daß ihre Helden jeweils als Sieger hervorgehen.

Kopieren Sie die folgenden Sätze, schneiden Sie sie aus und bitten sie die Kinder, sie für jede Geschichte in die richtige Reihenfolge zu bringen und die Lücken auszufüllen (vgl. die Geschichten im Anhang).

Alle Tiere lachen Anansi aus, weil er schwach ist.

Der Tiger sagt Anansi, er muß die Schlange fangen, wenn die Geschichten nach ihm benannt werden sollen.

Anansi baut eine Kalebasse.

Die Schlange entkommt.

Anansi schmeichelt der Schlange, indem er ihr sagt, daß sie viel zu schlau ist, um von einer Spinne gefangen zu werden.

Anansi gräbt ein Loch.

Anansi baut eine Falle.

Anansi sagt dem Bambusbaum, daß er länger als die Schlange ist.

Die Schlange streckt sich ganz lang aus und schließt die Augen bei der Anstrengung, länger als der Baum zu sein.

Anansi fängt die Schlange.

Spiderman findet Thunderball in Long Island, New York, zusammen mit einer Bande von Kriminellen, die er gesucht hat.

Thunderball findet eine verzauberte Brechstange.

Spiderman und Thunderball kämpfen um die Brechstange.

Spiderman und Thunderball kämpfen um eine Zauberkugel und eine Zauberkette.

Spiderman fliegt mit der Brechstange weg.

Auf der Autobahn gibt es ein großes Verkehrschaos.

Spiderman lockt Thunderball von den Autos weg zu einem elektrischen Umspannwerk.

Spiderman merkt, daß er schwächer ist als Thunderball.

Spiderman schließt die Brechstange an die elektrischen Transformatoren an.

Thunderball wirft Kugel und Kette nach Spiderman

Spiderman schließt Kugel und Kette an ein Stromkabel an und das Umspannwerk und Thunderball fliegen in die Luft.

Spiderman wird beschuldigt, das Verkehrschaos verursacht zu haben.

○ Welche Eigenschaften und Fertigkeiten benutzt Spiderman, um seinen Feind zu besiegen?

○ Sind es die gleichen, wie die, die Anansi benutzt?

○ Wenn Anansi einige Hi-Tech-Geräte zur Hand gehabt hätte, hätte er sich dann anders verhalten?

○ Was würde Spiderman getan haben, wenn kein Umspannwerk in der Nähe gewesen wäre?

Die Botschaft verstehen

Geschichten vermitteln oft bestimmte Idealvorstellungen, wie Leute leben sollten, was richtig und was falsch ist. Wenn überhaupt, welche Botschaften werden Eurer Meinung nach durch die beiden Geschichten vermittelt?

	Spiderman	Anansi
Es ist richtig zu kämpfen, wenn es sich um eine gute Sache handelt.		
Das Gute wird über das Böse triumphieren		
Es ist egal, wie Du gewinnst, Hauptsache, Du gewinnst.		
Es ist besser, schlau zu sein als stark.		
Leute, die lügen oder andere schikanieren, werden bestraft.		
Der Underdog kann siegen.		

○ Geschichten haben mehr als nur eine Botschaft. – Könnt Ihr noch andere Botschaften in diesen Geschichten entdecken?

Tiere mit menschlichen Eigenschaften

Eine wichtige Vergleichsebene ist die Art und Weise, in der die zwei Geschichten Menschen und Tiere porträtieren. In der ursprünglichen Yoruba-Version der Anansigeschichten ist Anansi ein himmlischer Spinnengott und alle anderen Tiere haben mehr oder weniger mythologische Eigenschaften. Im Zuge ihrer Übersetzung in die Sprachen der karibischen Volkskultur sind die Geschichten sehr viel menschenähnlicher und profaner geworden. Manchmal repräsentiert der Tiger zum Beispiel den weißen Sklavenhalter, manchmal den Missionar oder den schwarzen Mittelstandsbürger, während Anansi zum Sprecher der ärmsten und marginalisiertesten Teile der karibischen Gesellschaft wird.

Es ist vielleicht nützlich, mit den Kindern zu diskutieren, wie die Eigenschaften der verschiedenen Tiere entstehen, und wie dies wiederum den symbolischen Gebrauch bestimmt, der von ihnen gemacht wird, um bestimmte menschliche Eigenschaften in bestimmten Gesellschaften zu repräsentieren.

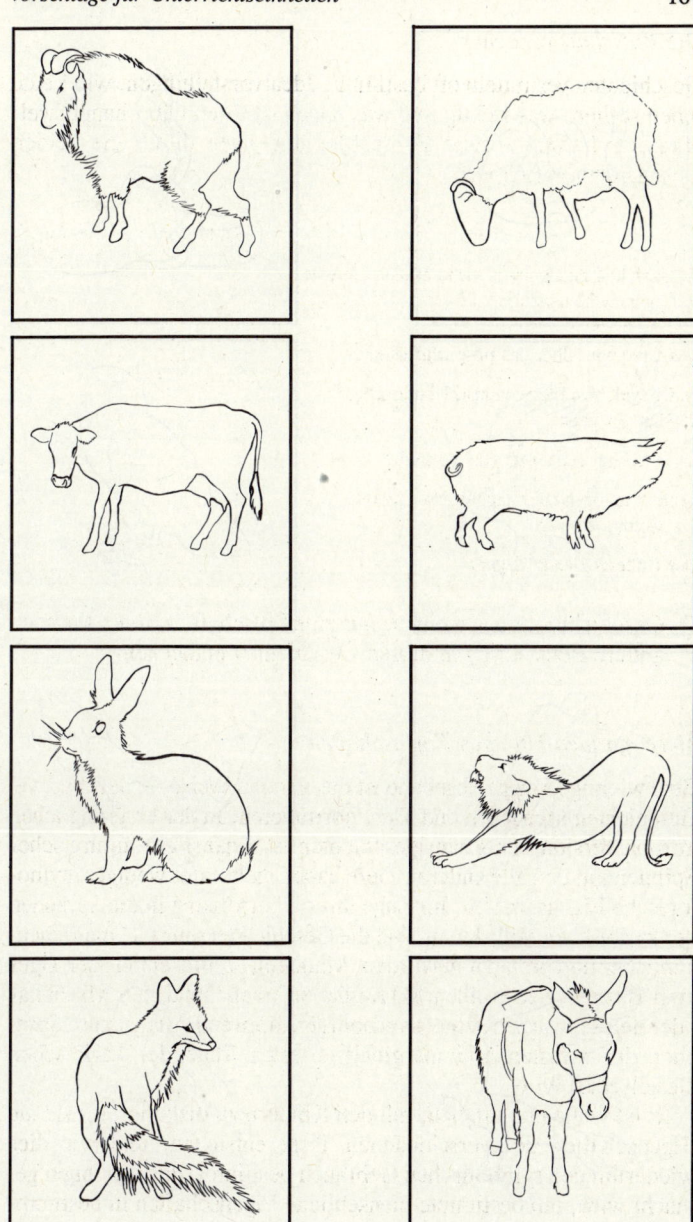

Benutzen Sie die Seiten mit den Tierzeichnungen und bitten Sie die Kinder zu sagen, welche Eigenschaften sie mit ihnen verbinden und welche Gefühle sie ihnen gegenüber haben.

Bitten Sie sie, eine Geschichte zu erfinden, in der diese Eigenschaften illustriert werden.

Nutzen Sie das Vorlesen der Geschichten, um eine allgemeinere Diskussion über die Beziehungen zwischen Menschen und Tieren, ihren Unterschieden und Gemeinsamkeiten in Gang zu setzen.

In diesem Kontext könnten die alltäglichen Haltungen zu Spinnen und die Geschichten über sie kritisch untersucht werden. Warum haben manche Leute so viel Angst vor Spinnen und vor anderen »schleichenden Kriechtieren«? Bitten Sie die Kinder, ihre eigenen Erfahrungen zu erzählen.

Anansi trifft Spiderwoman – eine kollektive Schreibübung

Die Interpretationen der Charaktere durch die SchülerInnen und die Bedeutung, die sie den Geschichten von Spiderman und Anansi geben, sollen zum Ausgangspunkt für eine neue Geschichte gemacht werden, in der die beiden Helden, mit ihrem jeweils unterschiedlichen kulturellen Hintergrund, aufeinandertreffen. Diese Übung schafft für die Kinder eine Möglichkeit, ihre Meinungen über die Geschichten miteinander auszutauschen, und dabei Formen der Verschmelzung der Kulturen, in die sie eingebettet sind, auszuhandeln. Auf den Seiten 173ff. finden sich Beispiele solcher Diskussionen, in der eine Gruppe von Schülerinnen während sie an ihrer Geschichte baut, ihre Erfahrungen austauscht, Unterschiede und Gemeinsamkeiten darin entdeckt.

Der folgende Entwurf ist nach einer Geschichte erstellt, die von einer Klasse von Zehnjährigen geschrieben wurde. Er illustriert die vorgeschlagene Methode. Die Kinder werden natürlich mehr Lust haben, sich mit einem Entwurf auseinanderzusetzen, den sie selbst erfunden haben. Die vorangegangene Arbeit wird den SchülerInnen soviel Verständnis für die beiden Charaktere Anansi und Spiderman vermittelt haben, das es ihnen möglich sein wird, ein neues Abenteuer zu erfinden, in dem beide eine Rolle spielen.

Umgeschriebene Geschichten

Spiderman arbeitet für eine große amerikanische Firma, die den Wald gekauft hat, in dem Anansi und die Tiere leben. Sie planen, den Wald zu räumen und die Tiere in ein Naturreservat zu bringen, wo sie eine zusätzliche Attraktion für Touristen sein werden. Als Anansi von dem Vorhaben hört, faßt er mit den Tieren einen Plan, mit dem sowohl der Wald, als auch er selbst gerettet werden soll ...

Die Techniken, die im folgenden zur Entwicklung der Geschichte vorgeschlagen werden, können natürlich auch bei anderen Entwürfen angewandt werden.

(Die folgenden Sätze sollten kopiert und auf Karten aufgeklebt jeder Arbeitsgruppe gegeben werden (1-9).

ANANSI HÖRT VON DEM PLAN DER FIRMA XY, DEN WALD IN EIN NATURRESERVAT ZU VERWANDELN.   1

SPIDERMAN/WOMAN MACHT SICH AUF IN RICHTUNG STADT, GEFOLGT VON ANANSI.   2

DIE FIRMA SCHICKT ROBOTER, UM DEN WALD ZU RÄUMEN – EINIGE TIERE WERDEN FÜR DAS NATURRESERVAT EINGEFANGEN: EIN PAAR AFFEN BEOBACHTEN, WAS GESCHIEHT UND GEHEN ZU DEN ANDEREN, UM ES IHNEN ZU SAGEN.   3

IM WALD BERUFEN DIE TIERE EINE VERSAMMLUNG EIN. SIE BESCHLIESSEN, GEGEN DEN PLAN WIDERSTAND ZU LEISTEN. SIE NEHMEN SICH VOR, SPIDERMAN EIN PAAR MANGOS MIT SCHLAFTABLETTEN ZU GEBEN.   4

SPIDERMAN/WOMAN TRIFFT ANANSI IM WALD –
ER/SIE VERSUCHT ANANSI MIT DEN PRÄPARIER-
TEN MANGOS ZU BESTECHEN, DAMIT ER SEINE
FREUNDE VERRÄT. ANANSI ISST DIE MANGOS
UND SCHLÄFT EIN. 5

WÄHREND ANANSI SCHLÄFT, ENTFÜHREN
DER LÖWE UND DIE SCHLANGE SPIDERMAN
MIT EINEM VON ANANSIS TRICKS. SIE WERDEN
SPIDERMAN FREILASSEN, WENN DIE FIRMA
EINWILLIGT, IHREN PLAN FALLEN ZU LASSEN. 6

XY KOMMT MIT EINEM PRIVATEN HELIKOPTER
IN DEN WALD: XY BEKOMMT EINEN WUTANFALL
UND ENTLÄSST SEINE GESAMTE MANNSCHAFT,
MUSS ABER AM ENDE DEN FORDERUNGEN DER
TIERE NACHGEBEN. SPIDERMAN/WOMAN WIRD
FREIGELASSEN. 7

WÄHRENDDESSEN IM WALD: DIE AFFEN WERDEN
VON DEN ROBOTERN GEFANGENGEHALTEN:
ANANSI WACHT AUF UND SPINNT EIN SPINNEN-
NETZ MIT DEN BUCHSTABEN H I L F E. SPIDER-
MAN/WOMAN KOMMT ZUR HILFE. 8

DIE TIERE VERANSTALTEN EINE PARTY, UM
IHREN ERFOLG ZU FEIERN. SPIDERMAN/WOMAN
FEIERN MIT. 9

Teilen Sie die Klasse in Gruppen und geben Sie jeder Gruppe einen Satz Karten mit den Sätzen und dazu aus Anansi-, Spiderman- und Spiderwomangeschichten kopierte Bilder von Personen und Schauplätzen (siehe Anhang). Damit können sie die Geschichten zusammenzubauen. Bitten Sie die Kinder, im Team zusammenzuarbeiten. Jedes Mitglied der Gruppe sollte eine oder zwei Karten bearbeiten, am besten zwei aufeinanderfolgende. Jedes Kind sollte alle Karten durchlesen, oder sie können laut vorgelesen werden. Dann sollten entsprechende Bilder zur Illustration ausgesucht und ein passender Text hinzugefügt werden.

Es ist vielleicht sinnvoll, den SchülerInnen bei der Vorbereitung folgendes zu sagen:

Die Karten geben nur das Gerüst der Geschichte wieder, sie muß ausgeschmückt werden. Nicht alle Sprechblasen in den verteilten Comicsequenzen müssen benutzt werden. Nicht alle Bilder müssen benutzt werden. Bildunterschriften können helfen, die Geschichte zu erzählen. Es können zusätzliche Bilder gemalt werden.

Die fertigen Arbeiten sollten ausgestellt werden, und die Gruppen sollten genug Zeit haben, über die Geschichten nachzudenken und darüber zu sprechen.

Andere Ausgangspunkte für Geschichten

Für jüngere Kinder:

1. Anansi stiehlt Mangos am Hafen und landet plötzlich in einer Kiste, die auf ein Schiff geladen wird, das nach Amerika fährt ...

2. Eine beliebte Anansigeschichte kann so umgeschrieben werden, daß sie, statt im Wald, in der Stadt spielt, zwischen Hochhäusern, Einkaufszentren etc.

Für ältere Kinder:

3. Zum Beispiel: Peter Parker sagt Mary Jane, daß er es satt hat, Spiderman zu sein und lieber ein ruhigeres, normaleres Leben führen will. Jemand anders soll seinen Job übernehmen. Aber die Leute von Marvel Comics (und seine Fans) wollen nicht zulassen, daß er sich zur Ruhe setzt und schicken ihm eine ganze Menge Schwierigkeiten, die ihn in Atem halten. Mary Jane hilft ihm und gemeinsam schaffen sie es, die Opposition zu besiegen.

Erfahrungen mit den Unterrichtsmaterialien

Gespräche im Klassenzimmer

Die folgenden drei Ausschnitte aus Gesprächen im Klassenzimmer, sollen eine Vorstellung davon vermitteln, was für Diskussionen aus der Arbeit heraus entstehen und welchen Nutzen sie haben können. Der erste Ausschnitt ist ein Beispiel für eine Diskussion, die sich aus der Entwicklung einer Geschichte über Anansi und Spiderman ergab. Die Gruppe besteht aus zwei weißen Mädchen, Klara und Sybille und aus zwei afrokaribischen Mädchen, Carla und Chantal. Sie sind Schülerinnen der fünften und sechsten Klasse.

Das Gespräch der Mädchen zeigt die Vielfalt der Themen, die bei der Arbeit an der Geschichte zur Sprache gebracht werden, ohne daß sie unmittelbar auf diese Arbeit bezogen sind. Die Schreibaktivität hat für die Mädchen einen Raum geschaffen, den sie für Gespräche über Aspekte ihres eigenen Lebens nutzen können, die für die Schule nicht immer relevant zu sein scheinen. Möglicherweise ist so ein geschützter Raum, in dem die Mädchen ihre kulturellen Erfahrungen mit ihren Klassenkameradinnen austauschen können, effektiver als direkte Fragen oder ein Projekt, das explizit über Kulturen in anderen Ländern arbeitet.

Die sehr wichtige Rolle des Lehrers besteht darin, ein Gefühl der Zugehörigkeit zu einer Gruppe aufrechtzuerhalten, die die Sprecherinnen unterstützt und ihnen Sicherheit gibt.

Rastamann

LEHRER: Wenn ihr fertig seid mit der Geschichte, werde ich euch ein paar Fragen dazu stellen.

CHANTAL: Oh, wir werden ernst reden müssen. Ich meine echt eeeernst. Es gab so 'ne schwarze Komödie mit diesem Rastamann und der sagte immer, 'eine eeeernste Sache'.«

Ihr Ton ist ironisch. Sie ist froh, reden zu können, aber sie macht sich über sich selbst lustig. Vielleicht, weil sie den Absichten des weißen, männlichen Lehrers nicht ganz traut, aber sie wendet die Zweifel gegen sich, halb im Scherz.

LEHRER: Magst du Bob Marley? Weißt du, daß sie ein Sportzentrum nach ihm benennen wollen?

Greift den Faden auf und gibt zu verstehen, daß dies wirklich »eine ernste Sache« ist, über die sich zu reden lohnt; etwas, was möglicherweise innerhalb der Gruppe auszuhandeln ist.

CHANTAL: Ja ... 'Don't worry' (sie singt). Er ist tot, er wurde getötet, er hatte Krebs, er war ungefähr 35 ... (zu den anderen Mädchen) »Wer mag Rastas?«

Sie kann ihr spezielles Wissen anbringen. Marley wird als tragischer Held konstruiert. Halb lädt sie die anderen ein, sich zu beteiligen, halb wehrt sie sie ab.

CARLA: du Rastaknödel

Liebevolles Necken

KLARA: Wir müssen auch Rastas mögen wie sie ... Rastafari

SYBILLE: (Carla nachmachend) Rastabürste, wie wär's mit Rastabürste?

Aus dem Necken wird Spott

CHANTAL: Mensch, halt die Klappe, Sybille. Sie redet Blödsinn, stimmts, Herr ...?

Hat Vertrauen, die Autorität auf ihre Seite zu ziehen.

LEHRER: (zu Sybille) Weißt du was Rasta bedeutet?

Unterstellt, daß Sybilles Reaktion auf Unwissenheit beruht, oder auf allgemeinen Stereotypen über den Rastamann.

SYBILLE: Nee (trotzig)

CHANTAL: Ja, aber ich sag's nicht. (Zu Carla) Weißen sollte man es nicht sagen.

Sie kann eine Position der Überlegenheit einnehmen, als diejenige, die das Wissen hat. Das bezieht sich zum Teil darauf, daß Rastafarianismus eine esoterische, keine bekehrende Religion ist. Sie hat sehr spezielle und ausschließende Kriterien der Zugehörigkeit. Aber das ist wiederum Teil einer umfassenderen Verteidigungsstrategie, mit der Schwarze ihre Kultur und ihre Identität vor der aufdringlichen Aufmerksamkeit kolonialer Anthropologen und anderer weißer Experten geschützt haben und schützen. Wenn der Lehrer schwarz gewesen wäre, hätte Chantal sich nicht so defensiv verhalten müssen. Aber daß der weiße Lehrer akzeptiert hat, daß dies ein Tabubereich ist und die Diskussion nicht weiter vorangetrieben hat, ist wichtig. Er hat damit ein Stück Kulturpolitik der schwarzen Religion in Britannien akzeptiert.

Stimmen

Die verschiedensten Gespräche finden im Klassenzimmer statt. Einige sind aufgabenbezogen und geben oder bitten um Information für einen bestimmten Zweck, einige sind Geplauder unter FreundInnen und einige bestehen daraus, sich mehr oder weniger passende Antworten auf die Fragen der LehrerInnen auszudenken. Alle diese Gesprächsformen sind zu bestimmten Zeiten notwendig. Aber sie sollten nicht die Gespräche ausschließen, in denen SchülerInnen und LehrerInnen in einer forschenden, aufmerksamen und sich gegenseitig unterstützenden Weise die Gefühle und Vorstellungen diskutieren, die die Alltagserfahrungen der SchülerInnen bestimmen. SchülerInnen werden dies nur tun, wenn ein entsprechendes Klima von Offenheit und Vertrauen geschaffen worden ist. Das ist nicht einfach.

Die Autorität der Lehrerrolle verleiht eine große Macht, darüber zu entscheiden, welches Thema für eine Unterhaltung in der Klasse passend oder unpassend ist. Die SchülerInnen lernen, das zu akzeptieren. Einige, insbesondere diejenigen, die aus Kulturen kommen, die in der Schule nicht dominieren, könnten es schwierig finden, an den Prozessen teilzunehmen, in denen Bedeutungen ausgehandelt werden. Um dies wirksam tun zu können, müssen sie Vertrauen in ihre eigenen Stimmen bekommen.

Daß die Mädchen, wie das folgende Gespräch zeigt, schon den bloßen Klang ihrer Stimmen nicht leiden konnten, läßt auf eine Unsicherheit in ihrer Selbsteinschätzung schließen und damit auf eine Unsicherheit hinsichtlich der symbolischen Position, die sie im Machtgefüge einnehmen. Diese gemeinsame Erfahrung artikulieren zu können, ist für die Mädchen ein erster Schritt, über ihre eigene Bedeutung nachzudenken und eine Möglichkeit, sich gegenseitig zu stärken.

LEHRER: Einige von euch haben gesagt, daß sie den Klang ihrer eigenen Stimmen nicht mögen. Was gefällt euch nicht daran?

CHANTAL: Hört sich blöd an.

SYBILLE: Idiotenstimme.

CARLA: Wenn man sie auf Band aufnimmt, wird sie ganz dunkel, hört sich überhaupt nicht wie die eigene Stimme an und am Telefon genauso.

LEHRER: Magst du denn deine Stimme normalerweise?

CARLA: Sie ist grauenhaft. Ich kann sie nicht leiden. Ich würde gern ... vornehm sprechen. (die anderen Mädchen lachen laut los)

SYBILLE: Sie redet zu Hause mit so einer Babystimme – Mamma.

LEHRER: Die Bemerkung ignorieren wir.

CHANTAL: (Carla unterstützend): Ich kann den Ton meiner Stimme auch nicht leiden. Sie klingt so ... yuppieartig ... könnte Carlas Stimme sein, oder Klaras.

KLARA: Ich rede viel, aber das heißt nicht, daß ich meine Stimme leiden kann. Ich hasse sie.

Chantals Reise nach Jamaica

CARLA (zum Lehrer). Fertig. ... soll ich es jetzt bunt malen?

LEHRER: Du brauchst etwas, um zu erklären, was auf dem Bild passiert. Was ist mit den Mangos?

CARLA: Gelb, vielleicht Orange.

CHANTAL: Ich hab' Mangos gegessen, als ich in Jamaica war.

Informationen über Jamaica, die sich indirekt aus der Arbeit ergeben, die gerade gemacht wird.

LEHRER: Wann bist du nach Jamaica gefahren?

CHANTAL: Im Juli.

LEHRER: Fährst du jedes Jahr? (Zu den anderen) Sie erzählt uns was über Jamaica.

Gibt zu verstehen, daß das interessant ist und schafft einen Raum für das Gespräch.

CARLA und KLARA: (zu Sybille und einigen Jungen im Hintergrund die viel Lärm machen). Schschsch! Seid ruhig!

LEHRER: Bist du mit deiner Familie gefahren?

CHANTAL: Ja, mit meinem Bruder, mit meiner Mutter, ich und mein Cousin. Ich ging nach Montego, St. Elisabeth Bay, und meine Mutter und mein Bruder gingen nach Kingston ... sie sind überall hingefahren. Sie hatten einen Autounfall, aber sie haben darüber gelacht. Sie haben sogar Fotos davon gemacht.

LEHRER: War es das erste Mal, das du dort warst?

CHANTAL: Nein, das zweite. Beim ersten Mal war ich drei. Ich hab' sechs Kästen mit Fotos. Carla hat sie gesehen. Wir waren vier Wochen da. (Es gibt eine Unterbrechung durch Sybille und einige Jungen).

Sie fährt fort nach einer Ermutigung des Lehrers.

SYBILLE: Wohin bist du gegangen? Hast du die Fotos gemacht? (kichert)

Sie macht Witze, versucht Chantal von ihrer Erzählung abzubringen.

CHANTAL: (wehmütig): Ich würde die Fotos so gern mal mitbringen.

CARLA: Wer war in Jamaica?

KLARA: Ich noch nicht, aber ich würde gern mal hinfahren.

Unterstützend, interessiert.

CARLA: (zu Klara, auf Sybille zeigend) Sie kann Mangos nicht leiden. Was ist los mit ihr?

Spöttisch, selbstbewußt.

SYBILLE: Mit mir ist überhaupt nichts los.

Jetzt defensiv, isoliert.

LEHRER: Was hast du gegessen?

Bestätigt das Interesse.

CHANTAL: Gesalzenen Fisch, Süßkartoffeln, Knödel, Bananen, Mangos …

LEHRER: Ißt du das hier auch?

CHANTAL: Nicht in der Schule, aber meine Mutter kauft gesalzenen Fisch und Ackee[57]. Ackee haß' ich, das bringt mich zum Kotzen … Ziege. Einmal hat mein Onkel eine Ziege gekauft und in zwei Teile geteilt und am Tag bevor ich abgefahren bin, hatten wir eine Ziegenparty. Es gab eine Suppe mit Ziege, aber ich hatte gar nicht das Gefühl, daß es Ziege ist. Wir haben viele Lieder gesungen (singt einige).

(Während Chantal über Essen spricht, hört man einige hmmmms von den anderen Mädchen, aber Sybille sitzt mit einem Ausdruck von Abscheu auf ihrem Gesicht da und sagt sehr laut iiiiihhh, als von der Ziege gesprochen wird.)

Chantal ist aber jetzt selbstbewußt genug weiter zu sprechen. Sybilles Isolation ist deutlich.

CHANTAL: (zum Lehrer) Wissen Sie, was Sybille gesagt hat? Sie hat zu Ricky gesagt, wenn ich über Ziegen essen rede, heißt das Geschlechtsteile.

Es wird deutlich, wie Sybille Chantal in der Vergangenheit demoralisiert hat. Jetzt, da Sybille einmal in der Defensive ist, werden alte Rechnungen beglichen. Der Lehrer vermeidet es, einbezogen zu werden.

KLARA: Hast du in Jamaica Ziegenmilch getrunken?

Das wirkliche Interesse ist offensichtlich.

CHANTAL: Ja.

KLARA: Schmeckt gut, ne? (Alle stimmen zu, außer Sybille).

CHANTAL: Es gab Schokoladenbrot, lecker, ich hätt' mich reinset-
zen können. Ich sag' euch, welches meine Lieblingsländer sind. Als
erstes Jamaica und dann Spanien. Jeder ist dort nett zu einem, weil
sie dich in dem Land noch nie vorher gesehen haben.

*Selbstbewußt und im Mittelpunkt. Impliziter Gegensatz zwischen der
freundlichen Aufnahme in Spanien und der Kälte im Vereinigten
Königreich.*

KLARA: Hast du Quallen in Jamaica gesehen? Die packen dich am
Bein?

CHANTAL: Das Wasser war warm und dunkelblau. Der Strand, an
dem ich war, hieß Ärztehöhle.

SYBILLE: Hört sich an wie 'ne Ambulanz.

CHANTAL: Es ist tief. Es hätte dir gefallen, Sybille. Wenn du in der
Mitte bist, geht dir das Wasser bis über den Kopf. (Das leitet über zu
einer langen Geschichte, die Sybille über ihre Erlebnisse in einem
örtlichen Schwimmbad erzählt. Dem folgt eine Diskussion über die
Gefahren des Fliegens).

*Chantal hat genug Selbstvertrauen, um Sybilles Sarkasmus zu igno-
rieren und zu versuchen, sie in ihre Geschichte einzubeziehen.
Chantal lädt ihre Klassenkameradin direkt ein, an dem Gespräch
teilzunehmen. Sie erkennt, daß Sybille in Schwierigkeiten ist und
wirft ihr einen verbalen Rettungsanker zu.*

CHANTAL: Da ist so eine lange Straße; die direkt runter zum
Strand geht (sich nach dem Lehrer umsehend und ihre Stimme
hebend). Hören Sie mich Herr ...? Ich sagte vom Anfang bis zum
Ende der Straße leben alle meine zwölf Cousins in Montego Bay ...

*Es ist wichtig, daß der Lehrer zuhört und anerkennt, was gesagt
wurde. Chantal ist sich ihrer jetzt so sicher, daß sie Teile der Lehrerrolle übernimmt und das Skript umarbeitet. Es ist klar, daß sie diejenige mit dem Expertenwissen ist. Es wurde ein Raum geschaffen, in
dem Chantal, selbstbewußt und expressiv, für eine gewisse Zeit ihre
Stimme gefunden hat.*

Jedes Bild erzählt eine Geschichte

Um einen konkreten Eindruck von den Prozessen zu vermitteln, die bei dieser Arbeit entstehen, ist es vielleicht am besten, einige Schulstunden möglichst detailliert zu beschreiben. Der folgende Bericht versucht ein Gefühl dafür zu geben, wie Material und Methoden mit einigen verborgenen oder zufälligen Themen von Kindern und LehrerInnen interagieren.

Es sind ungefähr 30 Kinder in meiner Gruppe, nur die Hälfte hat Fotos aus ihren Familienalben mitgebracht. Die anderen sollten keine mitbringen, aber irgendwie wurden sie trotzdem in die Gruppe eingeteilt. Ich weiß nicht, ob das organisiert wurde, damit die Lehrerinnen Zeit haben, meine Vorstellung zu bewundern, oder weil die Kinder so scharf darauf waren. Jedenfalls ist die Gruppe viel zu groß für so eine Arbeit und ich bin sauer, daß die Vorbereitung nicht besser war.

Ich erkläre ihnen die verschiedenen Umgangsweisen mit der Fotografie in Familien und Gemeinwesen, indem ich ihnen speziell hierfür vorbereitetes Material im A 3-Format auf einer Flip Chart zeige. In dem Beispiel, in dem es um Zeitspannen geht, erkennen die Kinder nicht, daß die Bilder von mir mit 5, 15 und 25 die gleiche Person darstellen oder irgendeine Ähnlichkeit mit meiner gegenwärtigen Inkarnation haben. Das bringt sie davon ab, in den gleichen Bahnen weiterzudenken und das ist gut. Sie mögen auch die Bilder mit Pose und Gegenpose und das führt dazu, daß einige von ihnen Grimassen schneiden, während ich herumgehe und Schnappschüsse von ihnen mache.

Es ist ziemlich schwierig, eine so große Gruppe bei der Stange zu halten; ich rudere ziemlich viel mit den Armen. Ich glaube, alle sind etwas erleichtert, als wir uns in kleine Gruppen und in Paare aufteilen, um mit den Familienfotos oder mit den Fotos vom Schulhof zu arbeiten, die ich mitgebracht habe. Ich erkläre ihnen, daß sie sich erst gegenseitig und dann mir eine Geschichte darüber zu erzählen sollen, was auf den Fotos passiert. Sie können sich auch etwas ausdenken. Wenn sie ihre Geschichte erzählt haben, werden sie gebeten, zusätzliches Material hineinzukleben oder zu zeichnen, um einige der fehlenden oder neue narrative Elemente einzufügen.

Ich merke bald, daß man bei dieser Übung zunächst Regeln darüber aufstellen muß, in welcher Reihenfolge man drankommt. Die andere Schwierigkeit besteht darin, daß es ziemlich lange dauert, bis die Erzählungen auf Band aufgenommen sind, obwohl drei Lehrerinnen durch die Klasse gehen. Einige Kinder wollen nicht zum nächsten Schritt übergehen, bevor ihre Geschichte nicht auf dem Band ist. In der Gruppe ist ein algerisches Mädchen, das kaum ein Wort Englisch versteht. Sie beobachtet, was die anderen tun und versucht zu folgen; eine Zeitlang hat sie offenbar keine Ahnung, was da vorgeht. Aber als wir unmittelbar mit Fotos arbeiten, kriegt sie mit, worum es geht. Vielleicht könnte man solche Elemente der Nachahmung strategischer ausnutzen, als Ergänzung zu der linguistischen Vertiefung. Aber dazu müßte man besonderes visuelles Material herstellen.

Die Geschichten, die die Kinder über ihre eigenen Fotos erzählen, sind interessant. Die meisten sind Schnappschüsse aus den Ferien oder Familienporträts. Nur wenige Bilder sind nicht »gestellt«. In einigen Fällen erzählen mir die Kinder, daß sie die Bilder nicht leiden können, weil sie gezwungen worden sind, eine bestimmte Haltung einzunehmen, um fotografiert zu werden. Die Autorität der Kamera verbündete sich mit der Autorität der Eltern; die Kindheit wurde eingefangen durch die Macht, das Kind zu zwingen, still zu stehen. Ein Thema, das man später in der Diskussion aufgreifen kann?

Ihre Assoziationen zu den Bildern vom Schulhof sind sehr aufschlußreich. Auf diesen Fotos sind weiße und schwarze Kinder (oder Jugendliche) in verschiedenen sozialen Zusammenhängen zu sehen. Sie wurden so zusammengestellt, daß verschiedene Muster der Ausschließung und Einschließung zu sehen sind. Die meisten suchen sich Bilder aus, die Kinder ihres eigenen Alters und ihres eigenen Geschlechts zeigen. Zwei weiße Jungen wählen das Bild aus, auf dem ein weißer Junge von zwei schwarzen flankiert wird (Titelfoto, s.a. S.122). Zu meiner Überraschung interpretieren sie es als einen Fall von Schikane, in dem die beiden schwarzen Jungen den weißen anmachen. Diese Interpretation ergibt sich, wenn man den Gesichtsausdruck des weißen Jungen als Grimasse und nicht als Lächeln entziffert. Alle anderen Kinder (schwarze und weiße) »sehen« ein Lächeln und lasen das Bild als eine Geschichte über Freundschaft.

Die Tatsache, daß sogar das normativste (um nicht zu sagen klischeehafteste) Bild der Einigkeit zwischen Schwarzen und Weißen dekonstruiert und rassistisch interpretiert werden kann, wurde durch einen weißen Jungen unterstrichen, der das Bild der zwei Arbeiter aussuchte, die sich in klassisch kameradschaftlicher Pose den Arm um die Schulter legen (Seite 122). Er zeichnete eine »geheime Denkblase« (seine Formulierung), die aus dem Mund des weißen Jungen kam und schrieb hinein: »Ich kann dich nicht leiden, du stinkst«. Aus dem, was der Junge erzählte, wurde klar, daß er dachte, der weiße Jugendliche sei von seinem Chef zu der Pose für das Foto gezwungen worden, damit seine Firma in der Lokalpresse positiv erwähnt wird. Vielleicht identifizierte er sich mit dem Jugendlichen als jemand, der gezwungen wird, etwas gegen seinen Willen zu machen (zum Beispiel an diesem Projekt teilzunehmen), um die Lehrer oder die Schule dazu zu bringen, ihn in der »pädagogischen Presse« positiv zu erwähnen. Durch diese und andere Geschichten, die im Zusammenhang mit den Fotos erzählt wurden, erfuhren wir wie leicht und in was für einem frühen Alter Rassismus zum Medium eines populären Widerstandes gegen die Autorität wird.

Die Übung war auch ein gutes Beispiel dafür, wie differenziert viele Kinder die Machtverhältnisse lesen, die bei der Konstruktion von Bildern wirksam sind. Wir waren erstaunt, wie schnell sie begriffen, daß man durch die »Denkblasen« Gedanken oder Gefühle öffentlich äußern konnte, die zwangsweise ins Private abgedrängt worden waren und wie sie gleichzeitig die »heimliche« Dimension, die Verleugnung beibehielten: das eine sagen und das Gegenteil meinen. Hier hatten wir eine graphische Illustration für die Art, wie Kinder lernen, mit gespaltener Zunge zu sprechen, wie sie lernen, sich in ein inneres »wahres« Selbst und in ein äußeres »falsches« Selbst zu spalten, das sich der sozialen Kontrolle anpaßt.

Es wäre jedoch verkehrt anzunehmen, daß es einen einfachen Gegensatz gibt zwischen diesen Techniken des Bedeutungsmanagements und einem eigentlichen, wesentlichen Interesse an der Wahrheit, das aus authentischen Gefühlen erwächst. Die Ideologie wirkt sogar noch effektiver durch spontane Gefühle als durch bewußte Kalkulation. Je mehr die Kinder sich zum Beispiel mit den abgebildeten Situationen oder Personen identifizierten, desto wahrscheinlicher war es, daß sie Aspekte ihrer eigenen inneren oder äußeren Erfahrungen hineinprojizierten. Dadurch »naturalisierten« sie die Bilder und bestätigten die Alltagsvorstellung, Fotos würden die »Realität« darstellen. So wurden viele verschiedene »Drehbücher« für das Bild des weißen Jungen geschrieben, der allein und traurig aussehend auf dem Schulhof steht und am Daumen lutscht:

»Er war allein und traurig, weil er neu war und keine Freunde hatte« (weißes Mädchen).

»Er ist unglücklich, weil er zu spät gekommen ist und jetzt hat er Angst reinzugehen, denn er wird vielleicht ausgeschimpft« (türkisches Mädchen).

»Er hat sich gerade geschlagen und hat verloren, deshalb steht er da wie 'ne Heulsuse« (weißer Junge). – »Er wurde schikaniert, sie waren gemein zu ihm und haben ihn beschimpft« (schwarzer Junge).

Obwohl den Kindern in manchen Zusammenhängen sehr wohl klar war, wie konstruiert und gestellt Fotos sein konnten, waren sie in diesem Fall vollkommen überzeugt, daß sie nur die Geschichte erzählten, die »im« Bild zu sehen war. Durch den Vergleich der vielen verschiedenen Geschichten, die sie aus dem gleichen Bild herauslasen, wurde es möglich, ihnen deutlich zu machen, was sie in das Bild hineinlasen und wie sie es taten. Es war wichtig, dabei so vorzugehen, daß die aktuellen Erfahrungen, auf die sie sich bezogen, nicht disqualifiziert wurden.

Diese Bilder sollen benutzt werden, um Themen wie Schikane, Ausschluß und Entfremdungsprozesse in der Schule zu diskutieren und um einige der damit verbundenen Gefühle zu erkunden, wie zum Beispiel Furcht, Angst, Wut, Trauer oder Haß, soweit sie in den Lesarten der Kinder auftauchen. Ihnen zu zeigen, daß die gleiche Situation unterschiedlich interpretiert werden kann, daß dies von den verschiedenen Erfahrungen und Haltungen abhängt, die jeweils eingebracht werden, heißt, ihre Wahrnehmungen aufzuwerten, nicht, sie zu entwerten. Genau aus diesem Grund gaben die Fotos den Kindern die Möglichkeit, sich einigen schmerzhaften Aspekte ihrer Schulerfahrungen zu stellen, was durch ein direkteres Herangehen wahrscheinlich verhindert worden wäre.

Leider können LehrerInnen einige der komplexeren Assoziationsketten, die Kinder in ihre Geschichten, Bilder und in vergleichbare expressive Arbeiten einbauen, nicht immer entziffern. In der Eile, die Arbeit fertigzubekommen und die Klasse aufzuräumen, übersahen wir zum Beispiel beinahe einen kleinen Jungen, der sehnsüchtig darauf wartete, daß seine Mutter ihn abholte. Er beschloß, ein Spiel mit dem Umschlag zu spielen, in dem seine Familienfotos waren. Selbst wenn man den Jungen bemerkt, ist es fraglich, ob man erkennen wird, was sein Spiel bedeutet: er öffnet und schließt den Umschlag und singt dabei immer wieder mit leiser Stimme, »hier, dort, weg, oben«. Ein anscheinend unwichtiger Vorfall, aber voller Bedeutung. Denn dieses kleine Ritual der Einschließung und Ausschließung, das sich hier wahrscheinlich auf das Schlafzimmer der Eltern und die Urszene bezog, ist wohl nicht für seine Beziehung zur Mutter reserviert. Möglicherweise wird es bei den Spielen auf dem Schulhof, wo andere Beziehungen warten, nur allzu zwanghaft wiederholt und agiert.

Anhang

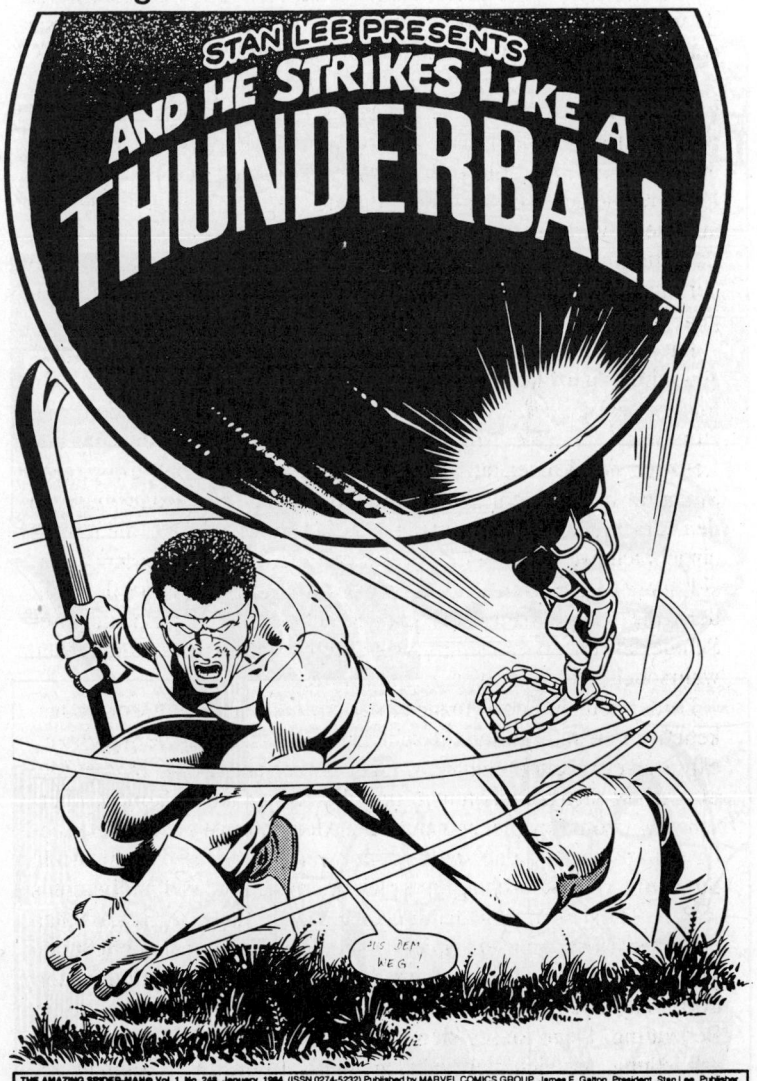

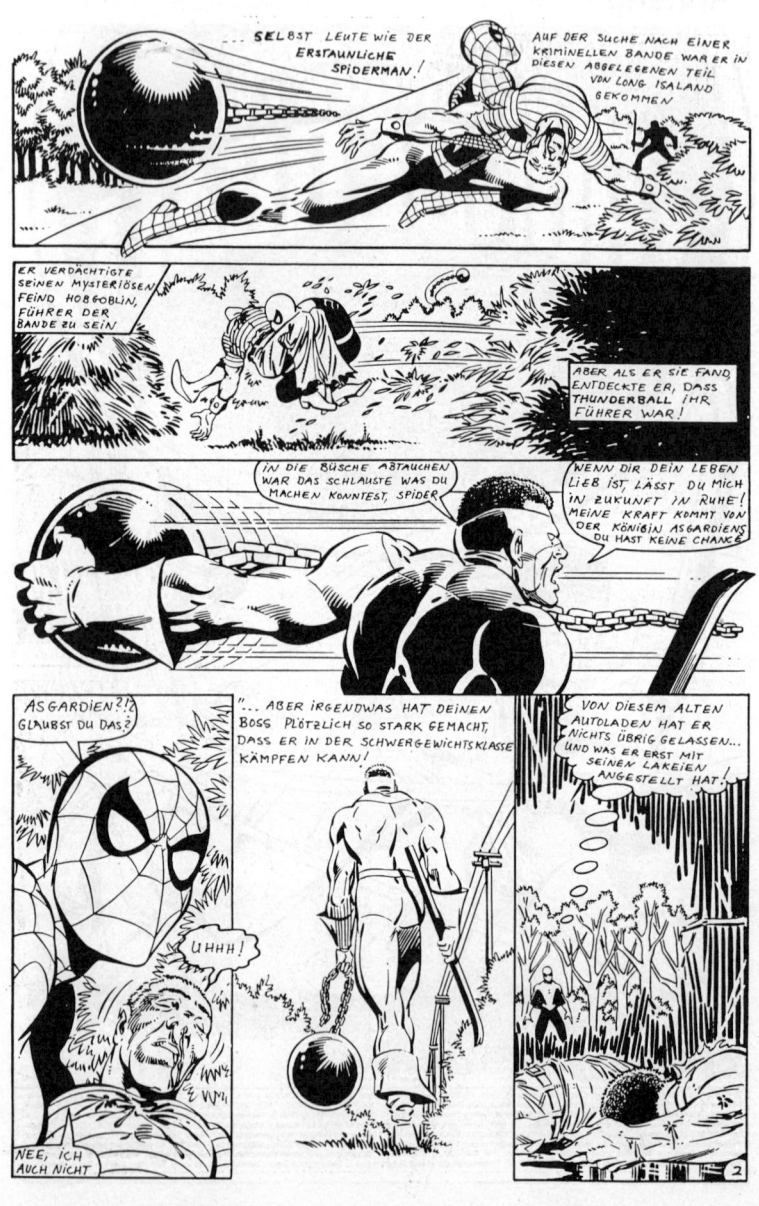

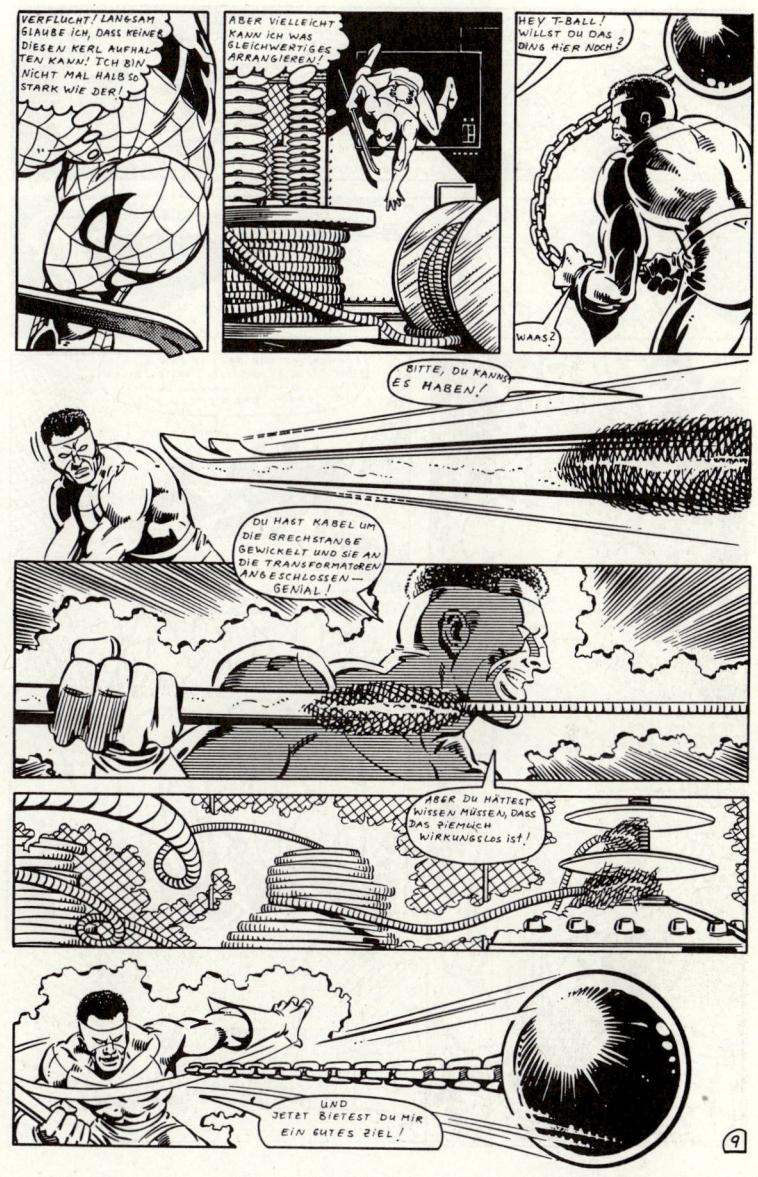

Eine Anansigeschichte

Vom Tiger zu Anansi

Es war einmal, vor langer Zeit, da war der Tiger der König des Waldes.

Abends, wenn alle Tiere im Kreis zusammensaßen, redeten und lachten, fragte Schlange:

»Wer ist der Stärkste von uns allen?«

»Tiger ist der Stärkste«, schrie Hund. Wenn Tiger flüstert, lauschen die Bäume. Wenn Tiger wütend ist und brüllt, zittern die Bäume.«

»Und wer ist der Schwächste von allen?« fragte Schlange.

»Anansi«, rief Hund, und alle lachten. »Anansi, die Spinne, ist der Schwächste von allen. Wenn er flüstert hört niemand zu. Wenn er schreit, lacht jeder.«

Eines Tages standen sich der Stärkste und der Schwächste Auge in Auge gegenüber, Anansi und Tiger. Sie trafen sich auf einer Waldlichtung. Die Frösche, die sich unter den kühlen Blättern versteckten, sahen sie. Die leuchtend grünen Papageien in den Zweigen hörten sie.

Als sie sich trafen, verbeugte sich Anansi so tief, daß seine Stirn den Boden berührte. Tiger grüßte ihn nicht. Tiger schaute Anansi bloß an.

»Guten Morgen, Tiger,« schrie Anansi. »Ich möchte dich um einen Gefallen bitten.«

»Und um welchen, Anansi?« fragte Tiger.

»Tiger, wir wissen alle, daß du der Stärkste von uns allen bist. Deshalb geben wir so vielen Dingen deinen Namen. Wir haben Tiger-Lilien und Tiger-Geschichten und Tiger-Motten und Tiger-Dies und Tiger-Das. Jeder weiß, daß ich der Schwächste von allen bin. Deshalb trägt nichts meinen Namen. Tiger, sorge dafür, daß etwas nach dem Schwächsten genannt wird, damit die Menschen auch meinen Namen wissen.«

»Naja«, sagte Tiger, ohne auch nur einen Blick auf Anansi zu werfen, »was soll denn deinen Namen tragen?«

»Die Geschichten«, schrie Anansi. »Die Geschichten, die wir uns im Wald jeden Abend erzählen, wenn die Sonne untergeht, die Geschichten über Schwester Schlange und Bruder Tacumah, Schwester Kuh und Bruder Vogel und über uns alle.«

Nun liebte Tiger diese Geschichten und er wollte, daß sie Tiger-Geschichten blieben. Er dachte bei sich, wie dumm, wie schwach ist doch dieser Anansi. Ich werde ihm einen solchen Streich spielen, daß alle Tiere über ihn lachen. Tiger bewegte seinen Schwanz langsam von einer Seite zur anderen und sagte, »sehr schön, Anansi, sehr schön. Ich werde die Geschichten nach dir benennen lassen, wenn du tust, worum ich dich bitte.«

»Tiger, ich werde tun was du sagst.«

»Ja, ich bin sicher, das wirst du, ich bin sicher, das wirst du«, sagte Tiger und bewegte seinen Schwanz langsam von einer Seite zur anderen. »Ich bitte dich nur um eine kleine Sache. Bring mir Frau Schlange lebendig. Kennst du Schlange, die unten beim Fluß wohnt, Herr Anansi? Bring sie mir lebendig und du kannst die Geschichten haben.«

Tiger hörte auf zu sprechen. Er bewegte seinen Schwanz nicht. Er sah Anansi an und wartete darauf, daß der etwas sagte. Alle Tiere im Wald warteten. Herr Frosch unter den kühlen Blättern, Herr Papagei oben im Baum, alle schauten auf Anansi. Alle waren bereit, ihn auszulachen.

»Tiger, ich werde tun, worum du mich bittest«, sagte Anansi. Bei diesen Worten brach ein lautes Gelächter im Wald los. Die Frösche und die Papageien lachten. Tiger lachte am lautesten von allen, denn wie konnte der schwächliche Anansi Schlange lebendig fangen?

Anansi ging weg. Anansi saß vor seinem Haus und dachte sich einen Plan nach dem anderen aus. Zum Schluß suchte er sich einen aus, der nicht schief gehen konnte. Er würde eine Kalebasse bauen.

Am Dienstagmorgen baute Anansi eine Kalebasse. Er nahm einen starken Weinzweig und machte eine Schlinge. Er versteckte den Zweig im Gras. In die Schlinge legte er einige von den Beeren, die Schlange am liebsten aß. Dann wartete er. Bald kam Schlange den Weg hoch. Sie sah die Beeren und schlängelte darauf zu. Sie lag auf dem Weinzweig und aß die Beeren. Anansi zog am Wein, um die Schlinge festzuziehen, aber der Körper von Schlange war zu schwer. Anansi sah, daß die Falle versagt hatte.

Der Mittwoch kam. Anansi grub ein Loch in den Boden. Die Seitenwände machte er mit Fett schlüpfrig. Auf den Boden legte er einige der Bananen, die Schlange gern aß. Dann versteckte er sich hinter einem Busch neben der Straße und wartete.

Schlange kam den Weg zum Fluß entlanggekrochen. Sie war hungrig und durstig. Sie sah die Bananen auf dem Boden der Grube. Sie sah, daß die Seitenwände schlüpfrig waren. Zuerst schlang sie ihren Schwanz fest um einen Baumstamm, dann langte sie runter in die Grube und aß die Bananen. Als sie fertig war, zog sie sich am Schwanz wieder heraus und kroch davon. Anansi hatte seine Bananen verloren und Schlange hatte er auch verloren.

Der Donnerstagmorgen kam. Anansi baute eine Falle. In die Falle legte er ein Ei. Schlange kam den Weg entlang. Sie war gut gelaunt an diesem Morgen, so gut gelaunt, daß sie ihren Kopf und ein Drittel ihres langen Körpers vom Boden erhob. Sie senkte ihren Kopf und nahm das Ei in den Mund und berührte nicht einmal die Falle. Die Falle konnte Schlange nicht fangen.

Was sollte Anansi machen? Der Freitagmorgen kam. Er saß da und dachte den ganzen Tag nach. Es nützte nichts.

Jetzt war es Samstagmorgen. Dies war der letzte Tag. Anansi ging am Fluß spazieren. Er kam an dem Erdloch vorbei, in dem Schlange lebte. Da war Schlange, ihr Körper war in der Erde versteckt, ihr Kopf ruhte am Eingang auf dem Boden. Es war früh am Morgen. Schlange beobachtete den Sonnenaufgang über den Bergen.

»Guten Morgen, Anansi«, sagte Schlange.

»Guten Morgen, Schlange«, sagte Anansi.

»Anansi, ich bin sehr wütend auf dich. Die ganze Woche hast du versucht, mich zu fangen. Du hast eine Falle aufgestellt, um mich zu fangen. Am Tag davor hast Du eine schlüpfrige Grube für mich ausgegraben. Und am Tag davor hast du eine Kalebasse gebaut. Ich hätte nicht übel Lust, dich zu töten, Anansi.«

»Oh, du bist zu schlau, Schlange,« sagte Anansi. »Du bist viel zu schlau. Ja, es ist so wie du sagst. Ich habe versucht, dich zu fangen, aber ich habe es nicht geschafft. Jetzt kann ich nie beweisen, daß du das längste Tier der Welt bist, sogar länger als der Bambusbaum.«

»Natürlich bin ich das längste aller Tiere«, schrie Schlange. »Ich bin viel länger als der Bambusbaum.«

»Was, länger als der Bambusbaum da drüben?« fragte Anansi.

»Klar«, sagte Schlange, »komm her und schau.« Schlange kam aus ihrem Erdloch und streckte sich in voller Länge aus.

»Ja, du bist sehr, sehr lang«, sagte Anansi, »aber der Bambusbaum ist auch sehr lang. Jetzt, wo ich dich sehe und den Bambusbaum,

muß ich sagen, der Bambusbaum scheint mir länger zu sein. Aber das ist schwer zu sagen, weil er weiter weg ist.«

»Dann bring ihn eben her«, schrie Schlange. »Fälle ihn und lege ihn neben mich. Dann wirst du gleich sehen, daß ich viel länger bin.«

Anansi rannte zum Bambusbaum und fällte ihn. Er legte ihn auf den Boden und sägte alle Äste ab. Zack, zack, zack! Da lag er, lang und gerade wie eine Fahnenstange.

»Jetzt leg ihn neben mich«, sagte Schlange.

Anansi legte den langen Bambusbaum auf den Boden neben die Schlange. Dann sagte er:

»Schlange, wenn ich nach oben gehe, um zu sehen, wo dein Kopf ist, dann wirst du nach oben kriechen. Und wenn ich runterlaufe, um zu sehen, wo dein Schwanz ist, dann wirst du nach unten kriechen. So wirst du immer länger aussehen als der Bambusbaum, der im Wirklichkeit länger ist als du.«

»Dann binde eben meinen Schwanz fest!« sagte Schlange. »Ich weiß, daß ich länger bin als der Bambusbaum, egal was du sagst.«

Anansi band den Schwanz der Schlange an den Bambusbaum. Dann rannte er zum oberen Ende.

»Streck dich, Schlange, streck dich, dann werden wir sehen, wer länger ist.«

Ein ganzer Haufen Tiere hatte sich versammelt, das war besser als ein Rennen. »Streck dich, Schlange, streck dich«, riefen sie.

Schlange streckte sich, so lang sie konnte. Anansi band sie in der Mitte fest, damit sie nicht zurückrutschte. Jetzt noch ein Versuch. Schlange wußte, wenn sie sich nur lang genug streckte, dann konnte sie beweisen, daß sie länger war als der Bambusbaum.

Anansi rannte zu ihr ans obere Ende. »Ruh' dich ein bißchen aus Schlange und dann streck dich nochmal. Wenn du dich noch zehn Zentimeter länger strecken kannst, dann wirst du länger sein als der Bambusbaum. Versuch dein bestes. Streck dich so lang, daß du sogar die Augen schließen mußt. Fertig?«

»Ja«, sagte Schlange. Dann strengte sie sich wahnsinnig an. Sie streckte sich so lang, daß sie sogar die Augen zukneifen mußte.

»Hurra«, schrien die Tiere. »Du gewinnst, Schlange, nur noch zwei Zentimeter.«

Und in dem Moment band Anansi den Kopf von Schlange an den Bambus. Das war's. Schließlich hatte er Schlange doch gefangen, ganz allein.

Die Tiere wurden ganz still. Ja, da lag Schlange, fertig verpackt, um sie zu Tiger zu bringen. Und der schwächliche Anansi hatte das fertiggebracht. Sie konnten nicht mehr über ihn lachen.

Und Tiger wagte es nie mehr, den Geschichten seinen Namen zu geben. Seitdem waren es Anansi-Geschichten, und das blieben sie bis auf den heutigen Tag.

Anmerkungen

Anmerkungen hinter kursiv gesetzten Ziffern sind von der Übersetzerin.

1 Eine kürzere Fassung dieses Artikels wurde auf dem Seminar des britischen Soziologenverbandes im Juni 1991 vorgetragen. Ich bedanke mich bei John Solomos, Stuart Hall und anderen Mitgliedern des Seminars für ihre nützlichen Kommentare und kritischen Einwände. Der Text wurde in der *James Donald Clinic für Psychosemantic Disorders* einer ausführlichen Behandlung unterzogen. Wenn die Kur nicht vollständig angeschlagen hat, so ist das ausschließlich dem Widerstand des Autors anzulasten. Viele der hier entwickelten Gedanken habe ich zuerst mit Ali Rattansi diskutiert für dessen Ermutigung und Unterstützung ich besonders dankbar bin. Die Transkription des ersten Dokuments entstand in Zusammenarbeit mit Dave Robins. Das zweite wurde in einem Kurs produziert, den ich mit Tuku Mukherjee durchführte. Keiner der hier genannten sollte für die vorgestellten Ansichten verantwortlich gemacht werden.

2 Der Scarman-Report war das Ergebnis einer von der Regierung eingesetzten Untersuchungskommission zum Verhalten der Polizei gegenüber der schwarzen Bevölkerung. Bei der sogenannten Swamp 81 Aktion, bei der die Polizei in Brixton Wohnungen und Häuser, in denen Schwarze wohnten, nach Rauschgift durchsucht hatte (ohne etwas Nennenswertes zu finden), wurden Personen geschlagen und verletzt, eine Person wurde getötet. Der Bericht bestätigte die Übergriffe und führte sie vor allem auf die Insensibilität der Polizei gegenüber dieser Bevölkerungsgruppe zurück, die wiederum durch mangelnde Information erklärt wurde. Es wurden einige Polizeireformen vorgeschlagen, u.a. Seminare über »andere Kulturen«.

3 Race Relations Act. Damit ist die Gesetzgebung über »Rassenbeziehungen« gemeint, die Gesetze gegen Diskriminierung und für Gleichstellung enthält.

4 Guy Fawkes Night. Feiertag, an dem das Mißlingen eines Attentats gefeiert wird, das bei der Parlamentseröffnung am 5. November 1605 auf James I. verübt werden sollte. Sein Ziel war, für die Katholiken in England mehr Rechte durchzusetzen. Guy Fawkes war einer der Verschwörer, die hingerichtet wurden. Eine Puppe, die ihn darstellen soll, wird zur Feier des Tages verbrannt, und es gibt Feuerwerk.

5 Mehrere deutsche Leser entdeckten keinen Rassismus im Polizeidokument. Einige Erläuterungen zum Kontext scheinen daher angebracht: Brixton gilt als »schwarzer Stadtteil«, weil dort mehr afrokaribische EinwanderInnen als in anderen Stadtteilen leben. Daß es überhaupt zu einer solchen Konzentration kommt, liegt an der Wohnungspolitik. Schwarze werden erwiesenermaßen beim Verkauf von Häusern diskriminiert (in Britannien leben 90 % der Bevölkerung in Eigentumswohnungen oder -häusern) Sie sind auf die Vermietung durch die staatlichen Wohnungsämter angewiesen, die ihnen vornehmlich Wohnungen in den inneren Stadtbezirken mit schlechter Bausubstanz zuweisen. Aufgrund der Diskriminierung an den Schulen und auf dem Arbeitsmarkt waren zu Beginn der achtziger Jahre 55 % der schwarzen Jugendlichen unter 19 Jahren in Brixton

arbeitslos. Dies war begleitet von Kleinkriminalität. Die Polizei reagierte darauf nicht nur mit verschärften, sondern mit weit überzogenen Polizeikontrollen. Frühmorgendliche Straßensperren und Hausdurchsuchungen, sowie ständige Durchsuchungen auf offener Straße wurden zum Alltag. Gesucht wurden Haschisch und Marihuana, deren Genuß zur Rastafari-Kultur gehört. Sechs Prozent der Londoner Bevölkerung waren Afrokariben, aber ihr Anteil an denen, die verhaftet wurden, weil man sie verdächtigte, eine Straftat begehen zu können (s. Fußnote 2), lag bei 44 Prozent. In einer solchen gespannten Atmosphäre führten einige Ereignisse zu Beginn der achtziger Jahre zu einer Reihe von Aufständen in Brixton und in anderen Stadtteilen Londons, sowie in anderen Städten Englands. Eine Spezialeinheit trug besondere »Aufstandshelme«. Sie rächten einen Angriff auf ihre Polizeistation mit einem Gegenangriff, bei dem einige schrien: »Nigger, nigger, nigger – oi, oi, oi«. In diesem Zusammenhang ist der Verweis auf die Helme und auf das Gebrüll zu verstehen. Dies soll nicht heißen, daß es keine gewalttätigen Angriffe von seiten der Jugendlichen gab. In dem Dokument werden jedoch die Machtverhältnisse auf den Kopf gestellt. Lebensbedingungen, die vor allem das Ergebnis rassistisch ausgrenzender Gesellschaftsstrukturen sind, werden als Eigenschaften der Jugendlichen dargestellt. Beamte, die durch ihre Polizeimethoden, durch die ungleiche Behandlung von schwarzen Jugendlichen und weißen rassistischen Gruppen für die Aufstände in Brixton mit verantwortlich sind, werden als Opfer vorgeführt. In dem Dokument wird eindeutig auf schwarze Jugendliche angespielt, obwohl von den während der Aufstände Festgenommenen 67 % Weiße waren. 20 % waren Schwarze, 5 % vom indischen Subkontinent, der Rest »nicht registrierte andere«. Sicher mögen sich PolizistInnen zu Recht von ihren Vorgesetzten im Stich gelassen fühlen. Die rassistische Form des Protestes besteht darin, die Konfliktkonstellation auf die angeblichen Eigenschaften der schwarzen Jugendlichen zurückzuführen und damit Ursache und Wirkung umzudrehen (vgl. zu den Aufständen in Brixton Hiro 1992: 81ff).

6 Der »Neue Rassismus«, der sich auf einen Diskurs über kulturelle Differenz (oder Ethnizismus) stützt statt auf biologische Merkmale, wurde zuerst von Barker (1981) identifiziert und so benannt. Für Reeves (1983) ist die Verschiebung zu einem indirekteren sprachlichen Kode ein Kennzeichen des Neuen Rassismus. Einige historische Forschungen legen nahe, daß weder die Benutzung kultureller Zeichen noch indirekte Ausdrucksformen neu sind, sondern jeweils in bestimmten diskursiven Konjunkturen auftreten. Der Einfluß der Neuen Rechten und des Thatcherismus wird in Gordon und Klug (1990) und in Deakin u.a. (1986) diskutiert. Die Frage, ob wir am Anfang einer spezifisch »postmodernen« Periode stehen, in der postmoderne Formen rassistischer Diskurse vorherrschen, wird kurz im Verlauf dieses Abschnitts behandelt und ausführlicher in Cohen 1992a.

7 Eine Kritik des methodologischen Individualismus findet sich bei Levine u.a. (1987), eine Verteidigung dieser Position bei Elster (1985).

8 Rodinson (1983) kritisiert diesen »globalen Partikularismus« und seine Bedeutung für ethnozentrische Auffassungen von Rassismus.

9 In einer Schule in Manchester (Burnage School) wurde bei einer Schlägerei ein indischer Junge von einem weißen Jungen erstochen. Der Direktor der Schule, die sowohl für ihre rassistische Alltagskultur auf dem Schulhof und in den

Klassenzimmern als auch für ihre antirassistischen Maßnahmen bekannt war, verbot daraufhin den weißen Kindern, an der Beerdigung teilzunehmen. Da der Junge viele weiße Freunde gehabt hatte, stieß diese Maßnahme auf Unverständnis und Protest und verschärfte die Situation noch. Es wurde eine Untersuchungskommission eingesetzt, der auch anerkannte schwarze Pädagogen angehörten. Sie stellten sowohl die starken rassistischen Tendenzen an der Schule fest, kritisierten aber auch den vor allem auf Verboten und Strafen basierenden Antirassismus, der an der Schule etabliert worden war. Die Regierung weigerte sich, den Bericht zu veröffentlichen, und so wurde er von den Kommissionsmitgliedern in eigener Regie publiziert. An ihm entzündeten sich sehr kontroverse Diskussionen über antirassistische Politik und Erziehung. Für viele Kritiker des ausschließlich disziplinierenden Antirassismus lieferte er nützliche Informationen über das Scheitern einer solchen Politik und Argumente für eine Umorientierung. Von der Rechten wurde er als Vorwand benutzt, um gegen jede Art von antirassistischer Erziehung Front zu machen.

10 Die Formel »Macht plus Vorurteil ist Rassismus« wurde in den frühen Tagen des Antirassismus wie ein Katechismus benutzt und war Bestandteil der berühmten politischen Deklaration der ILEA (Inner London Education Assembly) zu Beginn der achtziger Jahre.

11 Eine Kritik der These von der herrschenden Ideologie findet sich in Abercrombies u.a. (1980). Allerdings eine, die das Kind mit dem Bade ausschüttet.

12 Der Begriff des »notwendig falschen Bewußtseins« wurde zuerst von Lukács (1981) entwickelt. Auf die Erklärung des Rassismus wurde er von Gable (1975) angewendet. Allerdings löst er dabei die strukturelle Analyse der Klassenbeziehungen von Lukács in eine humanistische Psychologie der Entfremdung auf.

13 Defizitmodelle oder pathologische Modelle der Arbeiterkultur wurden Anfang der sechziger Jahre im Zusammenhang mit dem Problem mehrfacher Benachteiligung entwickelt. Sie führten dazu, daß man die fehlende soziale Mobilität auf den Lebensstil der ungelernten Arbeiterklasse zurückführte, statt auf die strukturellen Faktoren, die ihn hervorgebracht hatten. Defizitmodelle führten zu zahlreichen Versuchen kompensatorischer Erziehung, die diese Schicht in einen Kontext kleinbürgerlicher Ambitionen integrieren sollte. Obwohl dieses Konzept schon Ende der sechziger Jahre als Modell für die weiße Arbeiterklasse weitgehend diskreditiert war, wurde es für die »Rassenbeziehungen« neu belebt. Eine gute Kritik dieser Entwicklungen findet sich bei Gilman (1985) und in Centre for Contemporary Cultural Studies (1982).

14 Zur Sozialpsychologie des Vorurteils siehe die klassischen Studien von Bagley und Verma (1979) und als neueres Werk Bethlehem (1988).

15 Eine klassische Formulierung der linken antirassistischen Position, die auf der Teile-und-herrsche-These basiert, stammt von Edgar (1977). Seine Position wird heute meist mit den Rekrutierungskampagnen linker Splittergruppen in Verbindung gebracht, die ihren Einfluß unter ethnischen Minderheiten zu erhöhen suchen.

16 Rodinsons Kritik des Zionismus und des moslemischen Fundamentalismus demonstriert die Ausschlußtendenzen, die durch eine essentialistische Lesart der Geschichte gestützt werden.

17 Diese Interpretation ist nur dann verständlich, wenn man die Beschaffenheit der erwähnten Zuckerstange kennt. Nach einem langen Gespräch mit dem Autor ist bei der Übersetzerin ungefähr das folgende Bild entstanden: Die Zuckerstange ist auf ihrer Oberfläche jeweils mit dem Namen des Badeortes beschriftet, in dem sie verkauft wird. Bricht man die Stange durch, stellt man fest, daß dieser Schriftzug auch innen ist, daß er durch die ganze Zuckerstange durchgeht. Sie besteht praktisch aus aufeinanderliegenden Lagen dieses Schriftzuges, was jedoch von außen nicht sichtbar ist. Die »Kontinuität« der Beschriftung wird somit erst erkennbar (und damit hergestellt), wenn man die Stange durchbricht. Den LeserInnen sei empfohlen, beim nächsten Besuch in einem englischen Seebad eine solche Zuckerstange zu erwerben, um genau verstehen zu können, wie man den Rassismus nicht begreifen sollte.

18 Sibony hat als erster eine Theorie entwickelt, in der die Strukturen der unbewußten Darstellung rassistischer Ideologien grundlegend analysiert werden. Im Unterschied zu anderen psychoanalytischen Theorien, die rassistische Ideologien auf die individuelle Psyche reduzieren, hat er eine grundlegende Struktur der Phantasie, des Rituals und des Mythos herausgearbeitet, die auf der Ebene kollektiver Darstellungen wirksam ist. In meinen Analysen der popularen Kultur des Rassismus habe ich versucht, sie weiterzuentwickeln (Cohen 1990, 1991, 1992a, 1992b).

19 Um ein Beispiel zu geben: Man hat vielleicht die Vorstellung, das Schicksal seiner Eltern zu wiederholen, z.B. an der gleichen Krankheit wie der Vater zu sterben. Diese Vorstellung des Erwachsenen wird gespeist aus der frühkindlichen Erfahrung, auf die Eltern angewiesen zu sein. Solche Erfahrungen, Emotionen und Vorstellungen können die naturalisierenden rassistischen Argumente von der unvermeidlichen Verbindung zwischen Herkunft und Schicksal unmittelbar einleuchtend erscheinen lassen. Diese können ihrerseits in antirassistischen Argumentationen wieder auftauchen. Zum Beispiel, wenn Rassismus für so natürlich gehalten wird wie das Fell eines Leoparden.

20 Cohen meint hier nicht die vor allem innerhalb der Kriminologie entstandene Forschungsrichtung, die die Funktion des Opfers für die Täter untersucht. Gemeint ist eine Geschichtsschreibung, die eine Nation durch alle Wechselfälle der Geschichte hindurch immer als Opfer darstellt.

21 Ein Musikstil, der Reggae und Rock verbindet. Er wurde vor allem von Bands gespielt, die in der Anti-Nazi-League aktiv waren. Sie setzten sich gewöhnlich aus schwarzen und weißen Musikern zusammen.

22 Im Englischen »copper on the beat«, wobei beat sowohl »auf Streife« sein als auch »schlagen« heißt.

23 Die »Swamp 81« Operation in Brixton wird bei Scarman 1981 behandelt (s. Fn. 2). Die Kritik an der Praxis der Polizei gegenüber den schwarzen Gemeinwesen wurde von verschiedenen Gruppen und von unterschiedlichen Standpunkten aus formuliert (vgl. Bishton 1978, Benyon 1986, Institute of Race Relations 1987).

24 Historische Analysen popularer Kulturen des Rassismus befinden sich noch im Anfangsstadium. Die Mitte der viktorianischen Epoche untersuchen Samuel 1981, Lorimer 1978, Humphries 1981 und die Beiträge in Duane und McKenzie 1986. Zur Geschichte des polizeilichen Verhaltens s. Steedman 1984 und Cohen in Young 1981.

25 Die Polizeikultur untersucht Young 1991. Eine allgemeinere Analyse polizeilicher Strategien findet sich bei Keith und Murji 1989.

26 Die Farben des Union Jack, Fahne des Vereinigten Königreichs.

27 Der Begriff des *double bind* wurde ursprünglich von Bateson (1972) im Rahmen seiner Forschungen über schizophrene Muster familialer Kommunikation erfunden. Er wurde als Teil einer allgemeineren Theorie über die Pragmatik menschlicher Kommunikation durch Watzlawick, Beavon und Jackson (1990) weiterentwickelt. Rosolato (1978) hat den Begriff im Rahmen einer stark durch Klein und Lacan beeinflußten Psychoanalyse neu bearbeitet. Die Bedeutung der Konzeption des *double bind* in postmodernen Identitätstheorien wird in der Arbeit von Billig (1982 und 1991) entwickelt.

28 Ein Gesetz, das es erlaubte, Personen aufgrund des bloßen Verdachtes, daß sie eine Straftat begehen könnten, zu verhaften (eine Art Vorbeugehaft), und das vor allem gegen schwarze Jugendliche angewandt wurde.

29 Race-Relations-Industry: In Britannien gibt es seit dem Gesetz über »Race Relations« verschiedene halbstaatliche und private Institutionen, die über die Einhaltung der Gesetzgebung wachen, sowie Initiativen gegen rassistische Diskriminierung und rassistische Gewalt. Der Apparat, der sich so entwickelt hat und der ebenso wie alle anderen staatlichen und halbstaatlichen Apparate seine bürokratischen und politischen Gesetzmäßigkeiten ausgebildet hat, wird »Race-Relations-Industry« genannt. Darin ist die Kritik enthalten, daß der antirassistische Kampf zu einem blühenden Geschäftszweig von professionellen AntirassistInnen geworden ist, bei dem die ursprünglichen Ziele zugunsten der jeweiligen politischen und Reproduktionsinteressen in den Hintergrund getreten sind.

30 Die »letzte Nacht der Promenadenkonzerte«, die im Sommer in englischen Seebädern stattfinden. Zum Abschluß der Saison werden in der Royal Albert Hall in London noch einmal die beliebtesten Melodien gespielt, auch die Nationalhymne, und die ZuhörerInnen schwenken begeistert die Nationalflagge.

31 Die jüngsten Entwicklungen antireduktionistischer Theorien der rassistischen Ideologie, die deren vielfältige Artikulationsformen in den Vordergrund stellen, stammen von Gilroy in Bains und Cohen 1988, Fields 1990, Goldberg 1990 und Balibar und Wallerstein 1990.

32 Es ist bezeichnend für den Mangel an empirischer Sozialforschung auf diesem Gebiet, daß die wichtigsten Untersuchungen konkreter Situationen das Produkt juristischer oder quasi-juristischer Ermittlungen sind. Trotz ihrer unterschiedlichen Orientierungen und Zielsetzungen haben der Scarman Report (1981) und die Ergebnisse der Burnage-Inquiry (1989) komplexe Zusammenhänge zu Tage gefördert, die in den meisten antirassistischen Analysen beschönigt worden sind (vgl. Fn. 2 und 9).

33 Zur Benutzung der Ethnizität s. die Beiträge in Sollors 1989 und Anthias und Yuval-Davis 1992. Zu den Konstruktionen neuer Ethnizitäten in Britannien s. Hall 1992. Die europäische Dimension wird in den Beiträgen zu Liebkind 1989 behandelt.

34 Eine Diaspora-Ästhetik, die nicht solchen fundamentalistischen Positionen verpflichtet ist, wurde in jüngster Zeit zum Beispiel von den folgenden AutorInnen geschaffen: Toni Morrison (Beloved) 1989, Charles Johnson (Middle Passage) 1991 vom schwarzen Standpunkt, Salman Rushdie (Satanische Verse, Heimatländer

der Phantasie) 1989 und 1992, Hanif Kureishi (Mein wunderbarer Waschsalon) 1991 für die postkoloniale Situation. Das Werk von Primo Levi hat dem jüdischen Gemeinwesen einen vergleichbaren Dienst geleistet, indem es moralistische Darstellungen des Holocaust dekonstruierte, zum Beispiel in »Ist das ein Mensch?« (1991) und »Die Untergegangenen und die Geretteten« (1990).

35 Es hat viele Versuche gegeben, mit psychoanalytischen Konzepten die subjektiven Bedingungen oder Wirkungen der in der marxistischen politischen Ökonomie analysierten Macht- und Ausbeutungsstrukturen herauszuarbeiten. Beispielsweise Wilhelm Reich über den deutschen Faschismus (1933, 1981), Frantz Fanon über den französischen Kolonialismus (1980) und Joel Kovel über Rassismus in den USA (1987). Keine dieser Arbeiten hat erfolgreich Prinzipien der Korrespondenz zwischen den beiden Konzepten aufstellen können (oder zwischen den Realitäten, auf die sie sich beziehen), ohne Vermittlungsglieder einführen zu müssen. Das Ergebnis besteht oft darin, daß zwei komplementäre Formen des Reduktionismus in einer einzigen Analyse kombiniert werden. Ich behaupte, daß das Vermittlungsproblem von Foucault und den Poststrukturalisten nicht, wie oft behauptet wird, gelöst, sondern lediglich beiseitegeschoben wurde.

36 RAT: Racism Awareness Training. Zuerst von Katz (1978) in den USA entwickelt, später in veränderten Formen in den Niederlanden und seit ca. vier Jahren auch in der Bundesrepublik praktiziert. Ziel ist, den Individuen deutlich zu machen, daß sie Bestandteil der rassistischen Gesellschaftsstruktur und somit an rassistischer Unterdrückung beteiligt sind.

37 Eine Analyse rassistischer und sexistischer Kulturen auf dem Spielplatz findet sich bei MacDonald et al. 1989, Kelly und Cohen 1988 und im zweiten Teil dieses Bandes.

38 Die Reime wurden von Michael Haupt übertragen.

39 Play = das Spielen. Verweist auf das Spielen ohne feste Regeln (Seilspringen, Fangen, Mutter-und-Kind spielen etc.). Games = die Spiele. Verweist auf Spiele mit Regeln und festgelegtem Ziel (Wettkämpfe, Brettspiele etc.).

40 S. Fußnote 9: Der Bericht der Burnage-Kommission wurde unter der Federführung von McDonald herausgegeben.

41 Hier ist eine »Lehre« im informellen Sinne gemeint: die Fähigkeiten, die für für das Überleben in der Arbeiterkultur nötig sind, werden den Jugendlichen von Eltern und Arbeitskollegen (diese Arbeiterkultur ist vor allem männlich) durch eine Reihe alltäglicher Initiationsrituale beigebracht (vgl. Cohen 1989).

42 Ein Wortspiel mit den griechischen Wörtern orthos = richtig, und paideuein = spielen.

43 Die Docklands sind das ehemalige Londoner Hafengebiet und traditionell ein Arbeiterviertel gewesen. Nach der Schließung des Hafens sollte hier das Renommee-Projekt der Thatcherära entstehen: Bürohochhäuser, Einkaufszentren, Restaurants, teure Wohnungen sollten die Kraft des freien Unternehmertums beweisen. Inzwischen ist das Gebiet zum Symbol des Niedergangs dieser Ära geworden. Das teuerste Hochhausprojekt mußte Konkurs anmelden, andere Bauten blieben unvollendet. Aufgrund ihrer randständigen Lage und weil die Büros sich nicht mit den entsprechend hoch bezahlten Kräften füllten, fanden die Wohnungen wenig Anklang bei den erwarteten jungen Unternehmern. So erhielten schwarze Akademiker-Familien die Möglichkeit, hier einzuziehen. Auf diese

Weise hat sich eine Konstellation ergeben, in der eine weiße Arbeiterklasse, deren Mitglieder aber zu einem großen Teil arbeitslos sind, mit einer schwarzen Bevölkerung aus der höheren Mittelklasse zusammenwohnt. Die Propagandafeldzüge der rechtsextremen »British Movement« haben einen derartigen Erfolg gehabt, daß bei den Nachwahlen vom September 1993 ein Mitglied dieser Partei in die Kommunalverwaltung gewählt wurde.

44 Für die Schulhofaufsicht während der Pausen werden an britischen Schulen Hilfskräfte eingestellt, ebenso für die Unterstützung der Lehrenden im Klassenraum.

45 Das National Curriculum wurde nach langen Auseinandersetzungen und Widerstand von seiten liberaler und linker Kräfte noch während der Regierungszeit Thatchers durchgesetzt. Sein Ziel ist die Vereinheitlichung der Lernziele und Lerninhalte, wodurch der Spielraum der LehrerInnen stark eingeschränkt wurde. Erklärtes Ziel war die Wiedereinsetzung der britischen Tradition und der britischen, westlichen Werte, die man durch die zu starke Einbeziehung »multikultureller« Elemente in Gefahr sah. Für die jeweiligen Fächer wurden Lehrplankommissionen gebildet, deren Lehrpläne sich, je nach Zusammensetzung der Kommission mehr oder weniger an diese Vorgaben hielt.

46 Genderwatch ließe sich als »Beobachtung der Geschlechterverhältnisse« übersetzen. Wie bei ähnlichen Institutionen (Worldwatch) geht es darum, Verletzungen der Rechte von Individuen oder Gruppen festzustellen (in diesem Fall Benachteiligungen oder Angriffe gegen Mädchen und Frauen), und dagegen vorzugehen. Diese Institution ist in der britischen Politik sehr verbreitet. Nicht nur Bürgerinitiativen oder Vereine übernehmen solche Funktionen (wie in der Bundesrepublik z.B. die Organisation »Bürger beobachten die Polizei«), sie werden zuweilen auch politisch institutionalisiert.

47 Equal Opportunities Commission. Eine halbstaatliche Institution, die die Durchsetzung der gesetzlich verankerten Gleichstellung der Geschlechter überwacht. Eine parallele Organisation gibt es für die Gleichstellung der »Rassen«, die Commission for Racial Equality.

48 Vgl. Salman Rushdie (1991).

49 Schülerräte gibt es an den meisten englischen Schulen. Für die Wahl der Vertreter gibt es keine einheitlichen Regeln, manchmal werden sie von den LehrerInnen bestellt, manchmal von den SchülerInnen gewählt.

50 Die Schulen haben seit der Einführung des National Curriculum die Möglichkeit, ihre Gelder selbst zu verwalten (opting out), statt einer kommunalen Verwaltung unterstellt zu sein. Das führt dazu, daß gemeinsame Einrichtungen, wie kommunale Lehrerzentren mit Bibliotheken, Unterrichtsmaterial, Veranstaltungen zu bestimmten Themen etc. nicht mehr finanziert werden, weil die Schulen das Geld lieber für sich ausgeben, statt sie in solche Einrichtungen zu investieren. Dadurch gehen den LehrerInnen Kommunikationsmöglichkeiten verloren und die Möglichkeit, aus experimentellen Projekten neues zu lernen.

51 Turkey ist das englische Wort für Truthahn.

52 Zu den dabei sich entwickelnden Gesprächen über aktuelle Erfahrungen vergleiche die am Ende auszugsweise wiedergegebenen Klassengespräche.

53 Vergleiche den Erfahrungsbericht über die Arbeit mit Fotografien.

54 Wichtige Anmerkung: Fotomasken sollten vorsichtig benutzt werden. Einige Kinder könnten es bedrohlich finden, wenn andere in so realistischer Weise ihr

Gesicht»tragen«. Es ist also eine gründliche Vorbereitung nötig und die Methode sollte nur in Gruppen angewandt werden, in denen die Kinder schon gut zusammenarbeiten.

55 Vielleicht wäre es hier nötig, einige der Berufskarten durch Bilder zu ersetzen, die im deutschsprachigen Kontext vertrauter sind. Bei dem Versuch, dies zu tun, fanden wir kein Material, in dem Berufe durch Personen nicht-deutscher (oder nicht-mitteleuropäischer) Herkunft repräsentiert waren. Deshalb wurden schließlich die Zeichnungen aus dem englischen Original beibehalten.

56 Darüber hinaus könnten für den deutschsprachigen Raum zum Beispiel benutzt werden: Joan Aiken: Tim, der Mond und das Ungeheuer. Bilder von Alan Lee. Oetinger, Hamburg 1988. J.R.R. Tolkien: Bauer Giles von Ham. Illustrationen von Sergej Kovalenkov, Esslinger im öBV, Esslingen und Wien, 1991. Frank R. Stockton: Der Greif und der jüngste der Domherren. Bilder von Maurice Sendak. Diogenes, Zürich 1978.

57 Ein Fischgericht.

Literaturverzeichnis

Abercrombie, N. u.a. 1980: The Dominant Ideology Thesis. London

Althusser, L. 1974: Lenin und die Philosophie. Reinbek bei Hamburg

Anthias, F. und Yuval-Davis, N. 1992: Racialized Boundaries. London

Ardrey, R. 1992: The Territorial Imperative. London

Bagley, C. und Verma, V. 1979: Racial Prejudice. London

Bains, H. und Cohen, P. 1988: Multiracist Britain. London

Balibar, E. und Wallerstein, I. 1990: Rasse, Klasse, Nation. Berlin/Hamburg

Barker, M. 1981: The new Racism. Manchester

Bateson, G. 1956: The message »this is a play«. In: Bertram Scheffner (Hg.): Group Processes; Transactions of the Second Conference. (held 9-12 Oct. 1956 at Princeton, New Jersey) Conference in Group Processes. p. 145-242. New York

Bateson, G. 1987: Steps to an Ecology of Mind. London

Baudrillard, J. 1983: Simulations, Semiotext. New York

Benyon, J. 1986: A Tale of Failure: race and policing. Coventry

Berger, P. 1979: Facing Up to Modernity. Harmondsworth

Bethlehem, C. 1988: A Social Psychology of Prejudice. London

Billig, M. 1982: Ideology and Social Psychology. Oxford

Billig, M. 1991: Ideologies and Opinions: studies in rhetorical psychology. London

Bishton, D. 1978: Talking Blues. Birmingham

Bloch, E. 1978: Das Prinzip Hoffnung. Band 1 und 2. Frankfurt/M

Bodem, M. 1978: Purposive Explanation in Psychology. Hassocks

Brown, N. 1985: Life Aganist Death. London

Centre for Contemporary Cultural Studies 1982: The Empire Strikes Back. London

Cohen, P. 1989: »Old heads on young shoulders«. In: Held, J. (Hg.): Subjektbezogene Jugendforschung

Cohen, P. 1990: Gefährliche Erbschaften. Studien zur Entstehung einer multirassistischen Kultur in Großbritannien. In: A. Kalpaka, N. Räthzel (Hg.): Die Schwierigkeit, nicht rassistisch zu sein. Leer

Cohen, P. 1991: Wir hassen Menschen. Oder: Antirassismus und Antihumanismus. In: U. Bielefeld (Hg.): Das Eigene und das Fremde. Hamburg

Cohen, P. 1992a: Monströse Bilder – Perverse Vernunft. In: Institut für Migrations- und Rassismusforschung (Hg.): Rassismus und Migration in Europa. Berlin/Hamburg

Cohen, P. 1992b: Wandernde Identitäten. In: Rudolf Leiprecht (Hg.) Unter Anderen. Rassismus und Jugendarbeit. Duisburg

Davis, C.T. und Gates, H. L. 1985: The Slave's Narrative. Oxford

Deakin, N. u.a. 1986: The New Right: image and reality. London

Duane, P. und Mackenzie, J. (Hg.) 1986: Imperialism and Popular Culture. Manchester

Donzelot, J. 1979: Die Ordnung der Familie. Frankfurt/M

Eagleton, T.: 1991: Ideology. London

Edgar, D. 1977: Racism, faschism, and the National Front. In: Race and Class. 19 (2). London

Eisen, A. 1983: The Chosen People in America. Bloomington

Elster, D. 1985: Making Sense of Marx. Cambridge

Epstein, D. und A. Sealy 1990: Where Reality Matters. Birmingham

Erikson, E. 1978: Kinderspiele und politische Phantasie. Frankfurt/M

Erikson, E. 1982: Kindheit und Gesellschaft. Stuttgart

Eyles, H. 1988: Unglaublich. Frankfurt/M

Fairclough, N. 1989: Language and Powwer. Harlow

Fanon, F. 1980: Schwarze Haut, weiße Masken. Frankfurt/M

Fields, B. 1990: Racism in America. In: New Left Review, 181

Foster, P. 1990: Policy and Practice in Multicultural and Antiracist Education. London

Foucault, M. 1977: Sexualität und Wahrheit Bd. 1. Der Wille zum Wissen. Frankfurt/M

Freud, S. 1991: Totem und Tabu. Frankfurt/M

Freud, S. 1993: Abriß der Psychoanalyse. Das Unbehagen in der Kultur. Frankfurt/M

Gable, F. 1975: False Consciousness. Oxford

Gilman, S. 1985: Difference and Pathology. Ithaca

Gilroy, P. 1987: There Ain't No Black in the Union Jack. London

Gilroy, P. und E. Lawrence 1988: Two-Tone Britain: White and Black Youth and the Politics of Anti-Racism. In: Bains, S. und P. Cohen. a.a.O.

Goldberg, D. 1990: Racism and Irrationality, In: Philosophy of Science, 20 (3)

Gordon, P. and Klug, F. 1990: New Right, New Racism. London

Gorz, A. 1982: Abschied von der Arbeiterklasse. Frankfurt/M

Graham, R. 1989: Jimmy und das Monster. Mödling

Gramsci, A. 1971: The Prison Notebooks. London

Hall, Stuart 1989: Ausgewählte Schriften. Ideologie, Kultur, Medien, Neue Rechte, Rassismus. Mit einem Vorwort von H.G. Klaus. Berlin/Hamburg

Hall, Stuart 1992: New Ethnicities. In: J. Donald u. a. Rattansi: »Race«, Culture and Difference. London

Hall, Stuart 1992b: Cultural Studies and its Theoretical Legacies. In: L. Grossberg, C. Nelson, P.A. Treichler: Cultural Studies. London

Hall, Stuart und M. Jacques (Hg.) 1991: New Times. London

Hall, Stanley 1901: Psychology of Adolescence. London

Hampton, C. 1990: Ideology of the Text. Milton Keynes

Hebdige, D. 1987: Cut n Mix. London

Hewitt, D. 1987: White Talk, Black Talk. Cambridge

Hiro, Dilip 1992: Black British, White British. London

Hulme P. und Jordanova, L. 1990: The Enlightenment and its Shadow. London

Humphries, S. 1981: Hooligangs or Rebels. Oxford

Huizinga, J. 1987: Homo Ludens. Reinbek bei Hamburg

Insitut für Migrations- und Rassismusforschung (Hg.) 1992: Rassismus und Migra-tion in Europa. Berlin/Hamburg

Institute of Race Relations 1987: Policing Against Black People. London

Johnson, C. 1991: Middle Passage. London

Jones, S. 1987: Black Culture, White Youth. Basingstoke

Katz, J.H. 1978: White Awareness. Handbook for Anti-Racism Training

Keith, M. und Muirij, K. 1989: Reifying Crime, Legitimating Racism. Basingstoke

Kelly, E. 1991: Name Calling and Bullying in the Playground. Stoke on Trent

Kelly, E. und Cohn, T. 1988: Racism in Schools. Stoke on Trent

Kovel, J. 1987: White Racism: a psychohistory. London

Kureishi, H. 1991: Mein wunderbarer Waschsalon. Sammy und Rosie tun es. München

Laclau, E. 1981: Politik und Ideologie im Marxismus. Berlin (West)

Levi, P. 1990: Die Untergegangenen und die Geretteten. München

Levi, P. 1991: Ist das ein Mensch?/Die Atempause. München

Levine, A., E. Sober, E. Wright 1987: Marxism and methodological individualism. In: New Left Review, 162

Liebkind, K. 1989: New Identities in Europe: immigrant ancestry and the ethnic identity. Aldershot

Lorimer, D. 1978: Class, Colour and the Victorians. Leicester

Lukács, G. 1981: Geschichte und Klassenbewußtsein. Darmstadt

Lowenfeld, M. 1991: Play in Childhood. Cambridge

Lyotard, J.- F. 1982: Das postmoderne Wissen. Wien

Lyotard, J.- F. 1983: Just Gaming. Manchester

Mac an Ghail, M. 1988: Young, Gifted and Black. Milton Keynes

MacDonald, I. u.a. 1989: Murder in the Playground. London

Mannheim, K. 1978: Ideologie und Utopie. Frankfurt/M

Malson, L. 1972: Wolf Children. London

Marcuse, H. 1990: Triebstruktur und Gesellschaft. Frankfurt/M

Mason, P. 1962: Prospero's Magic. Oxford

McKee, D. 1988: Nicht jetzt, Jakob. Frankfurt/M

Mellor, B. u.a. 1984: Making Stories/Reading Stories

Miles, R. (Hg.) 1979: Racism and Political Action. London.

Miles, R. 1991: Rassismus. Einführung in die Theorie und Geschichte eines Begriffs. Hamburg und Berlin

Morrison, T. 1989: Beloved. London

Murray, R. 1989: Life after Ford. Cambridge

Nagel, E. 1979: Teleology Revisited. New York

Neusner, J. 1984: Messiah in Context. Philadelphia

Newson, J. & E. 1972: Infant Care in an Urban Community. London

Opie, P. und I. 1959: Language and Lore of Schoolchildren. Oxford

Opie, P. und I. 1969: Children Games in Street and Playground. London

Phizacklea, A. 1980: Labour and Racism. London

Piaget, J. 1981: Urteil und Denkprozeß des Kindes. Frankfurt/M

Porter, R. und Rousseau, G. 1990: Enlightenment and Exoticism. Manchester

Reeves, F. 1983: British Racial Discours. Cambridge

Reich, W. 1981: Die Massenpsychologie des Faschismus. Frankfurt/M

Rex, J. und D. Mason 1986: Theories in Race and Ethnic Relations. Cambridge

Rodinson, M. 1983: Cult, Ghetto, State. London

Roemer, J. 1982: A General Theory of Class and Exploitation. Cambridge

Rosolato, G. 1978: La Relation d'Inconnu. Paris

Rushdie, S. 1989: Die Satanischen Verse. Artikel 19 Verlag, o.O

Rushdie, S. 1991: Haroun und das Meer der Geschichten. München

Rushdie, S. 1992: Heimatländer der Phantasie. München

Salkey, A. 1973: Anancy's Score. London

Samuel, R. 1981: East End Underworld. London

Scarman 1981: The Brixton Disorders. London

Schwartman, E. Transformations. Harvard

Sendak, M. 1987: Wo die wilden Kerle wohnen. Zürich

Sivanandan, A. 1985: RAT and the degradation of Black struggle, In: Race and Class 26 (4)

Sluckin, A. 1981: Growing up in the Playground. London

Sollors, W. 1989: The Invention of Ethnicity. Oxford

Steedman, C. 1984: The Policing of the Victorian City. London

Taylor, P. 1989: Narrative of Liberation. London

Therborn, G. 1987: Power and Ideology. London

Troyna, B. und Williams, J. 1986: Race, Education and the State. London

Watzlawick, P., J. Beavin, P. Jackson 1990: Menschliche Kommunikation. Formen, Störungen, Paradoxien. Bern

Wright, L. 1976: Teleological Explanation. London and Berkeley

Wulff, H. 1988: Twenty Girls. Stockholm

Young, M. 1991: An Inside Job: policing and police culture. Oxford

Zizek, S. 1989: The Sublime Object of Ideology. London

Drucknachweise

»*Der Rassismus ist schuld*« – *verborgene Erzählungen in Rassismustheorien* ist unter dem Titel: » 'It's racism what dunnit': hidden narratives in theories of racism« erschienen in: James Donald und Ali Rattansi (Hg.) 'Race', Culture and Difference. London.

Anansi trifft Spiderwoman wird als »Anansi meets Spiderwoman« vom Institute of Education der University of London herausgegeben werden.

Wir danken Autor und Verlag für die Übersetzungsgenehmigung.

Über den Autor

Philip Chohen wurde 1945 in Großbritannien geboren, studierte und forschte am Centre for Contemporary Cultural Studies (CCCS) unter der Leitung von Stuart Hall. Er war Direktor des Forschungsschwerpunkts Cultural Studies am Institute of Education der University of London und leitet heute den Schwerpunkt Ethnic Studies an der University of East London. Seine Arbeitsschwerpunkte sind Jugend- und Rassismusforschung.

W.F.Haug

Vom hilflosen Antifaschismus zur Gnade der späten Geburt

Argument

2. erweiterte Auflage 1993. 340 Seiten. DM 28,00

»Dieses Buch schärft den Sinn für das Verständnis der Gegenwart und der Vergangenheit, und es schärft den Sinn für den Sinn von Irrtümern ...«

NDR

»Haug führt Protagonisten vor, aber nicht als Einzelkämpfer, sondern als Teil eines weitverzweigten kommunikativen und sozialen Geflechts. Sein Buch läßt über 300 Sprecher zu Wort kommen, beschränkt sich dabei nicht auf die Debatte 1986/87, sondern geht weit zurück, bis 1980.«

Tages-Anzeiger, Zürich

Robert Miles

Rassismus

Einführung in die Geschichte und Theorie eines Begriffs

Argument

2. Auflage, 191 Seiten, DM 24,00

»Miles schärft den Blick für unterschiedliche Formen von Rassismus...« *Wochenzeitung, Zürich*

»Miles' analytisches Interesse ist auf das theoretische Verständnis des Rassismus ausgerichtet. Vor allem gilt seine Aufmerksamkeit den Eingrenzungs- und Ausgrenzungsmechanismen im rassistischen Denken...«

FAZ

»Stoffreiche und differenziert-analytische Argumentation« *Bundeszentrale für politische Bildung*

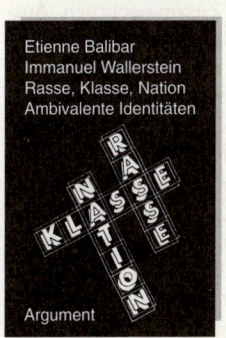

Etienne Balibar
Immanuel Wallerstein
Rasse, Klasse, Nation
Ambivalente Identitäten

Argument

2. Auflage, 279 Seiten, DM 28,00

Für die Autoren zeigt sich die Widersprüchlichkeit des Rassismus in der Formierung nationaler und ethnischer Identitäten ebenso wie in der zweideutigen Wirksamkeit herrschender Ideologien.

»In deutscher Sprache ist diese Sammlung so konkurrenzlos wie zukunftsweisend.«

literatur konkret

»Eine umfassende und solide belegte Analyse, gleich notwendig wie nützlich.« *Die Aktion*

»... wirken die Analysen von Balibar und Wallerstein lebhaft.« Detlev Claussen in *diskus*

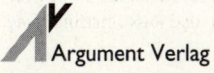

Argument Verlag

Argument Sonderband Neue Folge, Band 201
2. Auflage, 556 Seiten, DM 38,00

Rassismus und Migration in Europa

Insgesamt 40 Beiträge von international renommierten ForscherInnen zur Theorie und Praxis von Migrations- und Antirassismus-Politik liefern einen fundierten Überblick über eines der brennendsten europäischen Probleme.

»... bietet der Band in seiner Heterogenität dem interessierten Leser viele Informationen und einige anregende theoretische Ansätze.«

Badische Zeitung

»Pflichtlektüre für jeden Migrationspolitiker.«

Der Standard, Wien

Étienne Balibar
Die Grenzen der Demokratie

Argument-Sonderband Neue Folge, Band 211
240 Seiten, DM 29,00

Innerhalb wie außerhalb des nationalen Raums markieren die »Grenzen« (zwischen den Staaten und den sozialen Gruppen) die Grenzen der Demokratie. Zugleich sind sie Ausgangspunkt demokratischer Fortschritte.

In zwölf politischen und philosophischen Essays werden einige der wichtigsten aktuellen Fragen diskutiert: das Voranschreiten des Rassismus und des Nationalismus, die Krise des Staats-Sozialismus und dessen Zusammenbruch, Ausgrenzungen und Ungleichheit sowie plurale kulturelle Bewegungen und neue Dimensionen der Bürgerrechte und der Staatsbürgerschaft.

Balibar prüft Widersprüche und Dynamik einer Politik der Menschenrechte angesichts der Paradoxien des Universalismus, der Umwälzungen der Arbeitsverhältnisse, der Gewalt und des Friedens. Er zeigt, warum die Sicherheit aller auf dem Spiel steht - und daß der Rechtsstaat nicht überleben kann, wenn er nicht neue demokratische Anstrengungen unternimmt, wenn nicht durch Analyse und kollektives Handeln seine Grenzen erweitert werden.

Argument Verlag